Sean Smith

Die Schöpferin von Harry Potter

Das Leben der J. K. Rowling

EUROPA
VERLAG

Aus dem Englischen von Ulrich Hoffmann

SEAN SMITH

Die Schöpferin von Harry Potter

Das Leben der J. K. Rowling

Europa Verlag
Hamburg · Wien

Die Deutsche Bibliothek – CIP-Einheitsaufnahme
Ein Titelsatz für diese Publikation ist bei
Der Deutschen Bibliothek erhältlich.

Deutsche Erstausgabe

Lektorat: Christiane Winkler
Umschlaggestaltung: Kathrin Steigerwald, Hamburg
Foto: Mitchell Gerber, CORBIS
Satz: Greiner & Reichel, Köln
Druck und Bindung: Wiener Verlag, Himberg bei Wien
ISBN 3-203-82043-9

Informationen über unser Programm erhalten Sie beim
Europa Verlag, Neuer Wall 10, 20354 Hamburg
oder unter www.europaverlag.de

Inhalt

Einführung

Harry Potter war an mir vorbeigegangen. Wir schrieben Oktober 2000, und seit fast drei Jahren standen die Bücher über den Zauberschüler in den Regalen jedes Buchladens und fast jedes Haushalts. Aber nicht in meinem.

Ich hatte Thomas Taylors berühmte Illustration des ersten Buches auf zahllosen Plakaten gesehen und fragte mich, ob er sich einen jungen John Lennon oder vielleicht sogar Elvis Costello vorgestellt hatte, als er das Bild zeichnete. Ich hatte auch neidische Blicke auf die Bestsellerlisten in den Sonntagszeitungen geworfen und festgestellt, dass Harry Potter Woche um Woche mühelos Jeffrey Archer, Joanna Trollope, Nick Hornby und die anderen üblichen Verdächtigen überflügelte. Ich hatte sogar mit der Idee gespielt, ein paar Kurzgeschichten über eine Zauberkatze zu schreiben, die auf meinem eigenen Tierchen basierte, das auf meinem Schoß sitzt und schnarcht, während ich dies in meinen Computer tippe. Aber größere Auswirkungen auf mein Leben hatte Harry Potter noch nicht gehabt. Und ich hatte nicht die geringste Ahnung, wer J. K. Rowling war. Ich ging davon aus, dass es ein Pseudonym sei, wahrscheinlich für eine freundliche alte Dame, die irgendwo in Surrey Rosen in ihrem Garten züchtete.

Aber all das änderte sich, als ich in meinem Stammcafé in West London bei einem Morgen-Capuccino die *Sun* las. Auf

Seite eins der *Sun Woman*-Beilage – zwingender Lesestoff für die Männer der Stadt – fand sich ein zweitausend Worte langer Artikel von der Harry-Potter-Autorin J.K. Rowling über »Mein Leben als allein erziehende Mutter«. Ich las ihn von Anfang bis Ende. Es ging damit los, festzustellen, dass Joanne Rowling Großbritanniens bestbezahlte Frau wäre, sie hatte im vorigen Jahr über zwanzig Millionen Pfund gemacht. Aber nur sechs Jahre zuvor war sie eine frisch geschiedene Mutter eines jungen Babys gewesen, gefangen in der Sozialhilfefalle, gefangen auch in einer armseligen Wohnsituation und nicht in der Lage, ihre Situation zu verbessern, ohne die lebensnotwendigen Zahlungen zu gefährden.

Die Autorin beschrieb, wie das Scheitern ihrer Ehe sie an einem verschneiten Dezembertag zur Sozialhilfe in Edinburgh trieb: »Mir wurde klar, dass ich von siebzig Pfund die Woche leben würde. Siebzig Pfund, um mich und mein Baby zu ernähren und einzukleiden und all unsere Rechnungen zu bezahlen.« Joanne, damals siebenundzwanzig, hatte dabei sogar noch mehr Glück als andere. Sie konnte sich die Kaution für eine Mietwohnung leisten, ein Schlafzimmer und ein Wohnzimmer mit Küchenzeile. »Das Beste, was man über die Wohnung sagen konnte, war, dass sie ein Dach hatte«, erinnerte sie sich. »Wenn ich mich nur intensiv genug konzentrierte, wäre ich vielleicht in der Lage gewesen, das Rascheln der Mäuse auszublenden, die zwischen den Wänden umherhuschten.«

Es gab keinen einfachen Ausweg, niemand schrie »Eureka!«, als die ersten Worte des Harry-Potter-Goldes auf eine Seite trudelten. Eine bessere Unterkunft war schon deswegen nicht zu bekommen, weil an Leute, die Wohngeld bezogen, praktisch gar nicht vermietet wurde. Schlimmer noch war, dass sie höchstens zwei Stunden die Woche als Sekretärin arbeiten konnte, denn alle Einnahmen über fünfzehn Pfund die Woche wurden direkt von der Sozialhilfe abgezogen. Die Bürokratie, so schien es, war darauf angelegt, dass diejenigen, die erst einmal in die Armutsfalle tappten, dort auch blieben. Und über diese soziale Ungerechtigkeit präsidierte Premierminister John Major, der unrühmlicherweise auch noch erklärte, die Ungehörigkeit junger Kinder sei die Schuld allein erziehender Eltern.

Zwei Aspekte des Artikels erregten meine besondere Aufmerksamkeit. Zum einen Joannes Beschreibung, wie sie das erste Mal zur Post ging, um ihre Unterstützung abzuholen: »Es kam mir vor, als deutete ein riesiger Neonpfeil auf meinen Kopf. Ich zog mein Sozialhilfe-Büchlein erst heraus, als ich am Tresen stand, und ich schob es schnell hinüber; ich hoffte, dass niemand bemerkte, was es war.« Zum anderen, dass ihr eine wohlmeinende Gesundheitsinspektorin gebrauchte, abgegriffene Spielzeuge für ihre Tochter schenkte. Darunter war auch ein schmuddeliger alter Teddybär, den Joanne sich Jessica zu geben weigerte: »Wenn ich mich zuvor schon gedemütigt gefühlt hatte, so war das nichts im Vergleich zu den Gefühlen, als ich diesen Teddybär betrachtete.«

Joanne Rowling hatte Glück. Sie hatte Freunde, die ihr halfen, sich finanziell aus der Umklammerung der Sozialhilfe zu lösen, und sie konnte eine Ausbildung zur Lehrerin absolvieren. Wenn das Harry-Potter-Wunder nicht direkt nach ihrem Abschluss zustande gekommen wäre, dann hätte sie trotzdem das Stigma der allein erziehenden Mutter mit Hilfe ihres starken Willens und harter Arbeit hinter sich gelassen: »Zu behaupten, dass die meisten alleiner ziehenden Mütter nicht so viel Glück haben, wäre ein grobes Understatement. Sechs von zehn britischen Familien mit nur einem Elternteil leben in Armut.«

Ziel des Artikels in der *Sun* war, die Menschen zu alarmieren und darüber zu informieren, was im heutigen Großbritannien geschah, und zu enthüllen, dass die Gesellschaft nicht, wie früher, durch Klassen und das Schicksal der Geburt unterteilt wurde, sondern durch Geld. In dem Artikel machte Rowling auch auf ihre Rolle als Botschafterin des gerade gegründeten National Council for One Parent Families (Nationaler Verband für Ein-Eltern-Familien) aufmerksam. Dies fiel mir als ein erfrischend verantwortungsbewusster Einsatz ihres Ruhmes auf. Deshalb wollte ich gern mehr über sie erfahren.

Ich musste nicht lange warten. Eines Sonntagmorgens schaltete ich mein Radio an und erfuhr, dass sie Sue Lawley ihre »Desert Island Discs« verriet. Die musikalische Auswahl war in ihrer Ehrlichkeit hochinteressant – »Everybody Hurts« von REM beispielsweise stand für das Elend ihres ersten Weihnachtsfestes in Edinburgh, als sie zum ersten Mal bei der Sozialhilfe gewesen war. Aber interessanter noch war, was sie zwischen den Platten über ihr Leben verriet. Ihre Mutter hatte an einer »galoppierenden« Form multipler Sklerose gelitten, die diagnostiziert wurde, als Joanne fünfzehn war. »Zu Hause zu sein«, gab sie zu, »war nicht immer einfach.« Joannes Mutter starb mit fünfundvierzig.

Sie hatte, für diejenigen, die Listen mögen, und ich gehöre dazu, folgende Platten ausgewählt: The Beatles – »Come Together«, The Smiths – »Bigmouth Strikes Again«, Beethoven – die *Appassionata*, Tschaikowsky – Violin-Konzert in D-Dur, REM – »Everybody Hurts«, Marianne Faithfull – »Guilt«, Jimi Hendrix – »All Along the Watchtower« und Mozart – Requiem in D-Moll, das war ihr Lieblingsstück von allen. Rowling erschien mir als jemand, der bescheiden, nachdenklich und offen sprach. Mir gefiel, dass sie zugab, wenn sie die *Appassionata* höre, würde sie sich vorstellen, das Stück in einem Ballkleid vor einem begeisterten Publikum zu spielen. Sie musste nicht wirklich auf ihre »reiche Fantasie« hinweisen.

Aus zwei Quellen kannte ich nun eine skizzenhafte Lebensgeschichte, die beinahe wirkte wie ein Roman, in dem eine junge Heldin alle möglichen Schwierigkeiten und traurigen Ereignisse überwinden muss, bevor sie schließlich dann doch triumphiert. Jetzt war die Zeit gekommen, gründlich zu recherchieren. Erst einmal schaute ich natürlich im Internet nach, wo ich einen Artikel mit der Überschrift »The Not Especially Fascinating Life So Far of J.K. Rowling« fand. Was für eine Fehleinschätzung. Ihr Leben war zweifelsohne gleichermaßen dramatisch und bunt. Sie hatte vielleicht nicht im Ersten Weltkrieg gekämpft oder ein Heilmittel gegen Pocken entdeckt, aber was Gefühle und Fantasie anging, hatten Joannes fünfunddreißig Lebensjahre einiges zu bieten. Die standardisierte Medien-Biografie wurde ihr kaum gerecht, unterteilte ihr Leben aber immerhin in einfache Abschnitte: geboren in Chipping Sodbury, lebte bis zum Alter von neun Jahren in Bristol, zog dann in ein Dorf in der Nähe von Chepstow, Gesamtschule, Exeter University, Tod der Mutter, Umzug nach Portugal, wo sie Englisch unterrichtete, Heirat und Tochter, Rückkehr nach Großbritannien, Harry Potter.

Was kann ich über Harry Potter sagen? Ich habe die ersten vier Bände alle zusammen gekauft und so schnell gelesen, dass ich ganz traurig war, als mir nichts mehr zu lesen übrig blieb. Viel wurde schon über die Faszination gesagt, die Harry Potter auch auf Erwachsene ausübt. Die meisten klassischen Kindergeschichten kann man das ganze Leben lang wieder und wieder lesen. Ich lese immer noch gern *Der Wind in den Weiden* von Kenneth Grahame und die William-Bücher von Richmal Crompton, deren wundervolle Ironie mir völlig entging, als ich sie mit sieben Jahren das erste Mal verschlang. Ich vermute, das ist das Geheimnis der Dauerhaftigkeit von Kinderbüchern – wenn wir älter werden, vielleicht sogar klüger, dann entdecken wir verschiedene neue Aspekte in diesen Büchern. Ein Zehnjähriger, der Harry Potter liest, genießt vielleicht die schönen klassischen Kämpfe des Helden gegen die Bösen und die fantasievolle Ausschmückung des Ganzen. Mir kam Harry wie ein gequälter Charakter vor, der völlig unerwartet die Macht hat, den Verlauf seines unschönen Lebens zu verändern.

Mein Vorsatz für dieses Buch bestand darin, die Schritte Joanne Rowlings nachzuzeichnen, in der Hoffnung, vielleicht einige der Einflüsse zu entdecken, die bei der Geburt von Harry Potter, Hermine, Ron, Hagrid, Snape und all den anderen Pate standen. Ich wollte herausfinden, wer Harry Potter ist. Es wurde eine faszinierende Reise. Seine Erfinderin hatte Sue Lawley verraten, dass die Zeitungsartikel über sie zu ungefähr fünfzig Prozent korrekt und fünfzig Prozent Erfindung waren. Ich hatte das Gefühl, dass J. K. Rowling, der Mensch, viel interessanter war als Harry Potter, ihr ausgedachter Held.

Joannes Eintrag im *Who's Who 2001* war nicht gerade hilfreich und auch nur einhundertelf Worte lang, davon nur vierzig biografisch relevant, das füllte keine Lücken in der Geschichte J. K. Rowlings. Dort stand nicht einmal, wo sie geboren oder zur Schule gegangen war. Es wurde erwähnt, dass sie 1992 heiratete, aber die folgende Scheidung fehlte. Es war also offensichtlich viel zu tun. Wenigstens wusste ich, wo ich anfangen musste: Chipping Sodbury. Das einzige Problem bestand darin, dass ich herausfand, dass J. K. Rowling nicht wirklich in Chipping Sodbury geboren worden war und auch niemals dort gelebt hatte …

★ 1 ★

Die Öffnung der Kammer

»Joanne ist oben und schreibt.«

Mr. und Mrs. Rowling im Sundridge Park Nummer hundertneun waren stolz darauf, ganz und gar normal zu sein, sehr stolz sogar. Dies war ihr erstes Heim als frisch Verheiratete, neue Gesichter aus London begaben sich auf ein Abenteuer, und bald würde ein Baby geboren werden. Für das junge Paar war alles sehr schnell gegangen. Erst ein Jahr zuvor hatten sich die beiden im Zug kennen gelernt, der sie aus dem Bahnhof King's Cross rund fünfhundert Meilen nach Norden zum Marinekommandoposten 45 in Arbroath an der Ostküste Schottlands brachte. In dem Zug gab es noch altmodische Abteile, und das Schicksal schlug zu, als ein kleiner, dunkelhaariger Rekrut mit einer Cliff-Richard-Tolle sich auf den Platz neben einem hübschen Mädchen quetschte. Damals, Anfang der Sechziger, dauerte es neun Stunden bis hoch nach Schottland, und so hatten die beiden Achtzehnjährigen reichlich Zeit, einander kennen zu lernen. Sie kuschelten sich unter Petes Duffelcoat aneinander und sahen zu, wie die Landschaft vorbeiflog.

In den folgenden Monaten blühte ihre Beziehung auf. Pete Rowling und Anne Volant entschieden, dass sie nicht für ein Leben am Meer geschaffen waren. Anne war außerdem schwanger, was, wenn man die Armee und die Gesellschaft damals, 1964, allgemein betrachtete, viel schwerwiegender war als heute. Sie beschlossen, dem Vorbild von Petes Vater Ernie zu folgen und ihr Glück außerhalb Londons zu versuchen, denn beide wollten, dass ihr Kind auf dem Lande aufwuchs. Ernie war aus Walthamstow, einem einfachen Vorort nordöstlich Londons, der vor allem für seine Hunderennbahn berühmt ist, in das Dörfchen West Moors nahe Bournemouth gezogen, wo er einen Obst- und Gemüseladen eröffnete, der später eine Quelle der Inspiration für seine Enkelin Joanne werden sollte.

Ernie war ein ausgebildeter Werkzeugmaschinenbauer, und Pete entschied sich, auch hier dem Weg seines Vaters zu folgen und nach Arbeit in der Maschinenindustrie Ausschau zu halten. Er bekam eine Lehrstelle in der Fertigungsstrecke der Bristol-Siddeley-Fabrik in Filton, einem Stadtteil Bristols. Es bestand die Chance, im West Country Wurzeln zu schlagen. Aber zuvor musste noch geheiratet werden.

All Saints Parish Church lag in der Nähe von Annes Elternhaus in der Fairmead Road, Tufnell Park, damals eine nun wirklich nicht besonders angesehene Gegend im Norden Londons. Die Invasion junger Berufstätiger, die aus den zahllosen Straßen mit großzügigen Reihenhäusern begehrte und insofern teure Wohnobjekte machte, lag noch über zwanzig Jahre in der Zukunft. All Saints in der Tytherton Road war ein viktorianisches Monster von 1884, so groß, dass man dort problemlos drei oder vier Hochzeiten gleichzeitig hätte feiern können, ohne dass die Beteiligten einander begegneten. Natürlich wurde die Kirche mittlerweile säkularisiert und in acht Luxuswohnungen verwandelt, von denen jede über einen eigenen Eingang verfügt.

Als sie am 14. März 1965 heirateten, war Anne bereits im fünften Monat schwanger, was bei ihrer schlanken Figur nicht zu übersehen war. Zwei Wochen zuvor hatte ihr frisch angetrauter Ehemann seinen zwanzigsten Geburtstag gefeiert, der ihre lag sechs Wochen zurück. Sie waren sehr jung und, da außerdem ein Baby unterwegs war, hätten sie leicht in ein deprimierendes Leben in einem möblierten Zimmerchen in London abrutschen können, doch Petes Elan – und sein Beruf – stellten sicher, dass dieses Schicksal seiner Familie nicht widerfahren würde, so jung sie beide auch waren.

Eine derartige Verantwortung für ein Paar, das selbst kaum das Teenageralter hinter sich gelassen hatte, bedeutete allerdings, dass die »Swinging Sixties« an ihnen vorbeigingen. Aus einer gewissen Sehnsucht heraus neigt man dazu, zu vergessen, dass die Sechziger nur eine Generation vom Zweiten Weltkrieg entfernt waren. Sowohl Anne als auch Pete waren während des Krieges geboren worden und in einem Land aufgewachsen, in dem man sich erst langsam von den Verwüstungen der sechs Kriegsjahre erholte. Als sie heirateten, war ein junger Walliser namens Tom Jones mit dem Hit »It's Not Unusual« Nummer eins der Hitparade. Seine dröhnende Stimme würde bald schon durch die »Bad Boys« der Musikszene, den Rolling Stones, mit »The Last Time« ersetzt werden. Joanne Rowling erinnerte sich später, dass ihre Eltern beide die Beatles liebten und alle ihre LPs hatten und dass sie im Wohnzimmer zu ihrer Musik tanzten. Es war eine Erinnerung an ihre Jugend, bevor sie mit nur zwanzig Jahren ein altes, verheiratetes Paar wurden. Und Yate, wo sie hinzogen, konnte man nun wirklich bei aller Liebe und Fantasie nicht als »Swinging« bezeichnen.

Yate, zehn Meilen nordöstlich von Bristol, der größten Stadt im West Country, ist eine wachsende »neue Stadt«. Diese modernen Wohngegenden werden normalerweise verflucht, weil sie kein Herz haben, keine Seele und keine Gemeinschaft. Aber 1965 lagen Yates schlimmste Zeiten, in denen Häuser und Fabriken aus Einkaufszentren hervorzuwachsen schienen, noch in der Zukunft. Es wirkte sehr kleinstädtisch, als Pete und Anne in ihr erstes einfaches einstöckiges Haus zogen. Die Straße Sundridge Park war von

Feldern umgeben. Den einzigen dunklen Fleck auf der Landkarte bildete das dreihundert Meter weiter am Ende der Straße liegende Yate Town Shopping Center, das ein Jahr zuvor eröffnet worden war. Es war berühmt geworden als das erste außerstädtische Einkaufszentrum im Vereinigten Königreich und sollte sogar Kunden aus Bristol anziehen. Wie die Stadt selbst ist auch das Einkaufszentrum über die Jahre gnadenlos gewachsen, heute hat es mehr als hundert Läden.

J.K. Rowling hat oft gesagt, dass sie aus Chipping Sodbury stammt, eine Quelle der Inspiration für ihre Liebe zu eigenartigen Namen. Chipping Sodbury ist Yates eleganter Nachbar, dort wimmelt es von Antiquitäten-Läden und idyllischen Gasthöfen. Es ist sehr snobistisch, und für einen Makler ist eine Adresse in Chipping Sodbury Gold wert. Yate aber hat, trotz des modernen Auftretens, eine Geschichte, die über zweitausend Jahre zurückreicht. Der Name ist eine Verfälschung des angelsächsischen Wortes Gete, Geate oder Giete, was ursprünglich »gateway« hieß – Durchgang –, in diesem Fall zu einem bewaldeten Gebiet, in dem sich die königlichen Jagdgründe befanden. Historiker vor Ort haben die Geschichte des Hauses Yate bis ins Jahr 778 n.Chr. zurückverfolgt, in dem Offa, der König von Mercia, der Worcester Abbey in Gete zehn »ansehnliche Wohnsitze« genehmigte.

Im Zweiten Weltkrieg griffen die Deutschen Yate an, weil sich die Parnall Aircraft Factory in der Stadt befand. Deutsche Kriegsarchive enthüllen, dass Yate von einem Aufklärerflugzeug der Nazis, fünf Tage bevor am 3. September 1939 der Krieg erklärt wurde, fotografiert worden war. Im folgenden Februar flog ein einsamer deutscher Bomber unbehelligt über die Stadt und bombardierte die Fabrik, zweiundfünfzig der viertausend Arbeiter kamen ums Leben. Drei der sechs Bomben gingen nicht hoch, sonst wären noch viel mehr umgekommen. Es war insofern ein erstaunlicher Überfall, als dass das Flugzeug, auf dessen Tank eindeutig ein Haken-

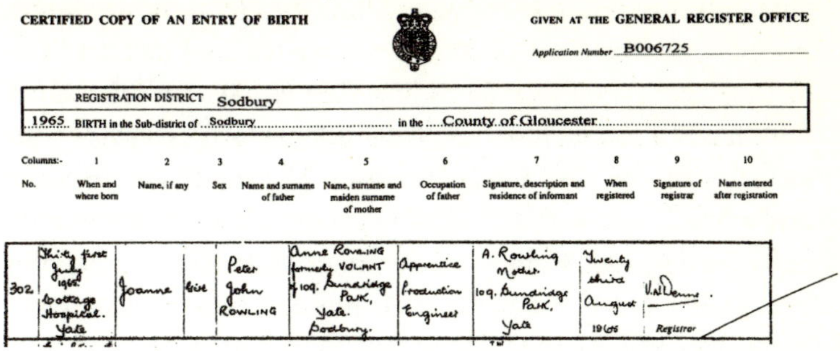

CERTIFIED COPY OF AN ENTRY OF BIRTH

GIVEN AT THE GENERAL REGISTER OFFICE

Application Number B006725

REGISTRATION DISTRICT Sodbury

1965 BIRTH in the Sub-district of Sodbury in the County of Gloucester

Columns:-	1	2	3	4	5	6	7	8	9	10
No.	When and where born	Name, if any	Sex	Name and surname of father	Name, surname and maiden surname of mother	Occupation of father	Signature, description and residence of informant	When registered	Signature of registrar	Name entered after registration
302	Thirty first July 1965 Cottage Hospital. Yate	Joanne	Girl	Peter John ROWLING	Anne ROWLING formerly VOLANT of 109. Sundridge Park, Yate. Sodbury.	Apprentice Production Engineer	A. Rowling Mother. 109. Sundridge Park, Yate	Twenty third August 1965	V.N. Dennis Registrar	

Eine Kopie von Joanne Rowlings Geburtsurkunde

kreuz zu sehen war, am helllichten Tag über die Dächer anflog, bevor es seine tödliche Last abwarf. Dann verschwand es in einer tief liegenden Wolkenschicht und konnte ungehindert entkommen.

Das Cottage Hospital in der 240 Station Road in Yate war ursprünglich ein Privathaus namens Melrose House. 1920 investierte der örtliche War Memorial Fund die damals beachtliche Summe von zweitausend Pfund, um im Gedenken an diejenigen ein Krankenhaus zu begründen, die ihr Leben im ersten Weltkrieg von 1914–18 verloren hatten. Die Toten aus neunzehn Dörfern sind alle auf einer beeindruckenden Holztafel in der Eingangshalle aufgeführt. 1951 wurden die meisten Stationen nach Bristol verlegt und das Cottage Hospital zu einer reinen Entbindungsklinik.

Sie war beliebt. Die Fließband-Mentalität heutiger Entbindungskliniken hatte noch nicht um sich gegriffen. Werdende Mütter durften zehn Tage bleiben und sollten folgende Dinge mitbringen: Für die Mutter: zwei Nachthemden, Bademantel, Hausschuhe, Toilettenartikel, zwei Badehandtücher, zwei BHs, ein Päckchen Stilleinlagen, Blutgruppenkarte, Milchmarkenbuch. Für das Baby: Puder, Seife, Sicherheitsnadeln, zwei Musselin-Windeln. Die Besuchszeit war täglich von sieben bis viertel nach acht Uhr abends, nur für Ehemänner.

Unten auf der gedruckten Hausordnung stand ausdrücklich: »Kinder sind nicht gestattet.«

Anne Rowling kam Ende Juli 1965, um eines der zwölf Betten unter Aufsicht der Oberschwester Miss Irene Norton zu belegen, die alle nur Nellie nannten. Unter den Müttern herrschte große Kameradschaft. Am 31. Juli brachte Anne ein Mädchen zur Welt, das J. K. Rowling später als »fett und blond« beschrieb. Anne und Pete beschlossen, die Kleine einfach Joanne zu nennen – keine weiteren Vornamen.

Joanne Rowlings früheste Erinnerung geht auf die Geburt ihrer Schwester Dianne zurück. Der Neuzugang in der Familie Rowling wurde zu Hause im Schlafzimmer in Sundridge Park Nummer 109 geboren. Und zwar am 28. Juni 1967. Sie berichtete Lindsey Fraser in *Telling Tales: An Interview with J. K. Rowling*: »Mein Vater schenkte mir an dem Tag, als sie zur Welt kam, Knete, um mich zu beschäftigen, während er immer wieder ins Schlafzimmer lief. Ich kann mich nicht daran erinnern, das neue Baby gesehen zu haben, aber ich kann mich daran erinnern, dass ich die Knete aß.« Auch Dianne bekam, wie schon ihre Schwester und ihre Mutter, nur einen Vornamen. Alle nannten sie Di.

Pete machte sich in der Bristol-Siddely-Fabrik gut – seine Lehre hatte er abgeschlossen. Er war ein aufgeweckter junger Mann und darauf aus, das Leben seiner Frau und der jungen Familie zu verbessern. Ihr Heim in Sundridge Park begann bereits in wuchernden grauen Siedlungen zu ersticken. Das war nicht das ländliche Leben, das sich die Rowlings für ihre Töchter erhofft hatten.

Vier Meilen entfernt lag Winterbourne – zu groß für ein Dorf, zu klein für eine Stadt und mittlerweile kaum mehr als ein Vorort. Ursprünglich war es einmal ein Bauern- und Steinbruch-Handelszentrum gewesen. Dort hatte man noch eher das Gefühl eines Ortes als in Yate, und Pete Rowling entdeckte die Nicholls Lane, eine Straße mit hübschen Drei-

Zimmer-Häusern aus grauen Ziegeln, die ein ortsansässiger Bauherr 1963 errichten ließ. Sie kosteten neu knapp dreitausend Pfund und nicht viel mehr, als er Ken und Rowena Evans ein akzeptables Angebot für die Nummer fünfunddreißig machte. Es war vielleicht nicht ihr Traumhaus, aber ein Schritt in die richtige Richtung. Alan Hall, der zwei Türen weiter wohnte, erinnert sich: »Als wir hierher zogen, waren hier überall Felder. Am Ende der Straße befand sich eine alte Traktorenwerkstatt und ein Schmied. Da ist jetzt ein Safeway.«

Anne und Pete, von Natur aus freundliche Londoner, passten gut in eine letztendlich kosmopolitische Gesellschaft, in der sich Leute aus dem ganzen Land zusammenfanden, die in den Fabriken Bristols arbeiteten und in nahe gelegenen Dörfern und Städten wohnten. Viele arbeiteten ebenfalls bei Bristol-Siddely, das nach verschiedenen Übernahmen Ende 1971 in einer einzigen Firma aufging, der Rolls-Royce. Entgegen den weit verbreiteten Vorstellungen produzierte diese Firma, die über zehntausend Arbeiter beschäftigte, nicht teure Autos, sondern war auf Flugzeug-Motoren spezialisiert. Pete arbeitete in der Montage, wo die Motoren zusammengesetzt wurden. Seine Einheit stellte die Pegasus-Motoren für Harrier-Kampfflieger her. Es waren harte Arbeitstage, von halb acht Uhr morgens bis fünf Uhr nachmittags, und oft blieben die Monteure länger, wenn sie eine Arbeit am Ende der Schicht nicht unvollendet lassen wollten. Pete stieg schon bald ins Management auf, er musste nicht mehr in der Fertigung arbeiten.

Die Rowlings und Halls wurden gute Freunde. Alle vier waren bei der Armee gewesen – Anne und Pete in der Royal Navy, Alan und Helen Hall in der RAF. Alan fuhr zudem auch jeden Morgen die halbe Stunde zu Bristol-Siddeley. Sonntags gingen er und Pete auf ein Bier runter ins Wheatsheaf Inn in der High Street, während die Frauen das traditionelle Sonntagsessen vorbereiteten. Alan erinnert sich: »Ich kann mich noch gut an die politischen Diskussionen erinnern, die ich mit ihm führte. Im Grunde war er ein ruhiger Mann, der die Dinge sehr ernst nahm, vielleicht hat Joanne das von ihrem Vater. Auf jeden Fall sah sie ihm unheimlich ähnlich.«

Nicholls Lane war eine sehr nachbarschaftliche Straße. Helen Hall weiß noch, dass Anne in einem Jahr sehr krank wurde, sie hatte eine Brustfellentzündung, und alle Nachbarn sprangen ein und halfen ihr beim Einkaufen und Kochen und dabei, sich um Joanne und Di zu kümmern. An Silvester luden die Halls ihre Nachbarn ein. Helen ist Schottin und sie verbreitete alljährlich ein wenig von der schottischen Silvesterstimmung, dem Hogmanay in der Nicholls Lane; Anne und Pete kamen vorbei, saßen mit ihren Freunden auf dem Fußboden und hießen das neue Jahr willkommen.

Pete arbeitete viel, so dass Anne Rowling den größten Einfluss auf ihre Töchter ausübte. Sie hatte ihren Beruf aufgegeben, um sich ganz ihrer Aufgabe als Mutter zu widmen. Joanne erklärte später: »Sie ließ sich nieder, um sich um ihre Familie zu kümmern und den Haushalt zu führen, und ich habe niemals, auch später nicht, auch nur das kleinste Anzeichen dafür entdecken können, dass sie es bereut hätte, kein Single mehr zu ein.« Durch Anne kam die Liebe zu Büchern in die Familie, und schon hier in der Nicholls Lane waren die ersten Anzeichen von J. K. Rowlings unbändiger Fantasie zu beobachten.

Ihre früheste Erinnerung an Bücher geht auf ihren Vater zurück, der ihr *Der Wind in den Weiden* vorlas, als sie mit Masern das Bett hütete. Joanne muss uns noch verraten, wie sie auf den Namen Weasley für Harry Potters besten Freund kam, aber er klingt wirklich sehr ähnlich wie »measly« (an Masern erkrankt). Die ersten Bücher können einen großen Einfluss auf Kinder ausüben. Pete Rowling zog einen Stuhl heran, setzte sich neben das Stockbett im hinteren Schlafzimmer und unterhielt seine vier Jahre alte Tochter mit den Abenteuern von Ratz, Maulwurf, Kröterich und Dachs. Auch in den Potter-Geschichten sind Tiere ungeheuer wichtig, vor allem, weil mit ihrer Hilfe Moral und menschliche Gefühle veranschaulicht werden. Das ist ein wohl bekannter Weg aus Kenneth Grahames Fantasie. In dem eitlen Gilderoy Lockhart, Lehrer der Verteidigung gegen die schwarze Magie in *Harry Potter und die Kammer des Schreckens*, finden sich Spuren von Kröterich, einem schrecklichen Angeber voller Prahlerei und Eitelkeit. Vielleicht steckt in Dumbledore, Hogwarts' Schulleiter, ein wenig von dem einfühlsamen Charakter des Dachses. Vor allem aber haben Grahames »Wilder Wald« und Rowlings »Verbotener Wald« eines gemeinsam: Sie sind irgendwie düster und bedrohlich für die Helden und die guten Menschen.

Ian Potter, ein Jahr jünger als Joanne, lebte in der Nummer neunundzwanzig. »Wenn man zu den Rowlings auf Besuch kam, standen da Regale voller Bücher«, erinnert er sich. Seine Mutter Ruby und Anne liehen sich untereinander die Bücher aus. Am liebsten mochten sie die erfolgreichen historischen Romanzen von Autorinnen wie Victoria Holt.

Anne las ihren Töchtern viel vor. »Sie war davon überzeugt, dass zur Kindererziehung auch Geschichten gehörten«, erklärt Ruby Potter. Die junge Joanne interessierte sich nie sehr für die Noddy-Bilderbücher von Enid Blyton. Die Geschichten von Big Ears, PC, Plod, Golliwog und dem Helden, der immer einen spitzen Hut mit einer Glocke daran trug, mochte sie nicht. Richard Scarry (»Ich bin der kleine Hase«) war da schon etwas anderes – ein weiteres Beispiel dafür, wie sehr Kinder Tiere lieben, die menschliche Eigenschaften annehmen.

In den Scarry-Büchern, die erstmals Ende der Sechzigerjahre erschienen, gab es Katzen und Mäuse, Schweine und Hunde und alle möglichen anderen Tiere, um den Kindern von der Welt zu erzählen und sie zu belehren. Klassiker wie *Busiest People Ever* und *What Do People Do All Day?* sind so beliebt, dass selbst in den letzten Jahren viele Neuauflagen davon gedruckt wurden. Züge, die sowohl in J. K. Rowlings Leben als auch in ihrem Werk immer wichtig waren, kommen in beinahe jedem Scarry-Buch vor und werden meist von einem Fuchs gefahren. Ihre Eltern trafen sich in einem Zug, die Idee zu Harry Potter kam ihr in einem Zug, und in den Büchern selbst transportiert der Hogwarts-Express Harry aus dem Elend der realen oder »Muggel«-Welt in die Freiheit der Zauberei.

Die junge Joanne Rowling liebte die Scarry-Bücher und sie beflügelten sie schon mit sechs Jahren, einen Stift zur Hand zu nehmen und ihre erste Geschichte zu schreiben. Sie hieß »Rabbit« (Kaninchen). Der Kaninchen-Held musste mit Masern zu Hause bleiben, und seine Freunde heiterten ihn auf, indem sie vorbeikamen, unter ihnen auch eine riesige Hummel namens Miss Bee. Joanne mochte schon immer Kaninchen. Sie hatte ihrer jüngeren Schwester eine selbst erfundene Geschichte erzählt, in der Di in ein Kaninchenloch fiel und dann von einer Kaninchenfamilie mit Erdbeeren gefüttert wurde. Der Familien-Terrier wurde, nach dem kessen Kaninchen im Walt-Disney-Film *Bambi*, Klopfer genannt. Die jungen Rowling-Mädchen wollten immer gerne ein Kaninchen haben und waren neidisch auf die Familie Potter, die einen schwarz-weißen Hasen namens Flump hatten, den die beiden immer mit Gras fütterten.

»Rabbit«, gibt Joanne zu, war vielleicht ein bisschen von Richard Scarry abgeschaut – in einer seiner Geschichten liegt ein junges Kaninchen krank in einem Klinikbett –, aber ungewöhnlich war vor allem, dass eine Sechsjährige Lust hatte, sich eine Geschichte auszudenken. Helen Hall erinnert sich, dass sie einmal bei Anne vorbeischaute und sich nach ihrer Ältesten erkundigte. »Joanne ist oben und schreibt«, war die stolze Antwort. Was würden wohl die meisten Eltern dafür geben, ein Kind zu haben, das zufrieden auf seinem Zimmer liest oder Geschichten schreibt.

Der erste Mensch, der Joannes Geschichten hörte, war ihre Schwester, und so blieb das dreißig Jahre lang. Die Begeisterung für ihre Kreativität war eine der großen Stützen im Leben J. K. Rowlings. Ihre Mutter hörte auch gern die Geschichten ihrer Tochter, und so ist das erste Harry-Potter-Buch beiden gewidmet. Diese familiäre Unterstützung verlieh der jungen Joanne die Zuversicht und Begeisterung, sich immer neue Geschichten auszudenken und sie mit anderen zu teilen. Aufgrund ihrer unglaublichen Fantasie wurde sie ganz von allein die Anführerin der Kinder in der Nicholls Lane, die stets in irgendeinem der Gärten spielten. Es gab keine Zäune zwischen den Vorgärten der Grundstücke, und die Nachbarn konnten problemlos auf eine Tasse Tee und einen Plausch vorbeischauen oder, im Falle der Kinder, auf eine Runde »Zauberer und Hexen« von und mit Joanne Rowling.

Damals waren sie weder mit Computerspielen noch mit Mobiltelefonen beschäftigt. Stattdessen plünderten Joanne, Di, Ian Potter und seine Schwester Vikki den Kleiderschrank von Anne Rowling. »Die Kinder stibitzten dauernd die Besen aus der Garage, um auf ihnen herumzufliegen«, erinnert sich Ruby Potter. »Joanne war immer die Anführerin, immer der Chef.« Joanne dachte sich ein Spiel aus, bei dem die Mädchen sich als Hexen verkleideten und die Jungs, meistens nur Ian, als Zauberer, doch manchmal spielte auch noch ein Nachbarsjunge namens Christopher White mit. Sie setzten sich unter einen Baum, und Joanne dachte sich Flüche aus und tat so, als würde sie aus irgendwelchen ekelhaften Zutaten Zaubertränke zusammenbrauen. »Ich trug meistens den langen Mantel meines Vaters verkehrt herum, um auszusehen wie ein Zauberer«, erinnert sich Ian. »Ich glaube, in einer Schachtel gab es auch eine Scherzbrille – ein bisschen so wie

Harrys. Joanne dachte sich immer irgendwelche Zaubersprüche und so was aus, und Geschichten, in denen wir alle vorkamen.« Solange sie denken kann, hat Joanne sich Geschichten ausgedacht, daran können ihre Freunde sich erinnern. Obwohl sie sich immer davor scheute, den Leuten zu zeigen, was sie geschrieben hatte, verlor sie nie die Fähigkeit, andere mit Hilfe faszinierender Geschichten für sich zu gewinnen.

Joanne war zwar die Anführerin, doch Ian Potter konnte sich hin und wieder dafür rächen. Eines Nachmittags gelang es ihm, sie vor dem Tee dazu zu überreden, dass eine fette, saftige Raupe auch etwas Leckeres sei. Kein Wunder, dass sie, als sie nach der Veröffentlichung von Harry Potter gefragt wurde, welches Tier sie am liebsten wäre, entgegnete: »Ich wäre gerne ein Otter, das ist mein Lieblingstier. Es wäre frustrierend, wenn ich eine Schnecke oder so etwas wäre.« In Kapitel zwei (»Ein Fenster verschwindet«) von *Harry Potter und der Stein der Weisen* schreibt sie: »Die Dursleys sprachen oft über Harry, als ob er gar nicht da wäre – oder vielmehr, als ob er etwas ganz Widerwärtiges wäre, das sie nicht verstehen konnten, eine Schnecke vielleicht.« Und der eklige Dudley Dursley, mit seinem dicken, fetten Kopf, ist auch ziemlich schneckenartig.

An einem Wochenende bauten Ians Vater Graham und sein Onkel Roger eine neue Garage neben der Nummer neunundzwanzig, sie hatten gerade einen Betonboden gegossen. Der spitzbübische Ian schaffte es, Joanne, Di und seine Schwester Vikki dazu zu bringen, über den Zement zu stapfen, sie hinterließen Fußabdrücke, als wären sie Hollywood-Stars vor Graumann's Chinese Theatre am Sunset Boulevard. Ein genervter Pete Rowling musste hinübergehen und seinen Nachbarn helfen, den Boden wieder glatt zu streichen. Ironie des Schicksals; in diesen unfassbar kommerziellen Zeiten wäre ein Fußabdruck der jungen Joanne Rowling wahrscheinlich mehr wert, als eine neue Garage kosten würde.

Das Zweite, was Joanne nicht ausstehen konnte, waren Spinnen. Ruby Potter erinnert sich an diese Aversion vor allem deswegen, weil ihre Tochter sie teilt. Selbst wenn man heute J.K. Rowling fragt, was sie besonders hasst, entgegnet sie: »Spinnen.« Kein Wunder, dass sie in ihren Büchern eine wichtige Rolle spielen, vor allem Ron fürchtet sich vor ihnen. Der gruselige Kindheits-Albtraum wird in der *Kammer des Schreckens* noch einmal durchlebt, als Ron und Harry im Verbotenen Wald nach Aragog suchen, wo sie auf »Spinnen, so groß wie Kutschpferde, achtäugig, achtbeinig, schwarz, behaart, riesig« treffen. Wenn Joanne Rowling einem Irrwicht begegnen müsste, einem Wesen, das sich die Form dessen geben kann, was man am meisten fürchtet, dann würde es sich, so sagt sie, in eine Spinne wie Aragog verwandeln.

★ 2 ★

Eine Leseratte

»Joanne war immer ernsthafter ... das Kinn nach unten, den Blick nach vorn, sie war eine verantwortungsbewusste kleine Person.«

Als Joanne 1970 ihren fünften Geburtstag feierte, gab es kein McDonald's oder Burger King, um die jungen Gaumen zu verführen. Stattdessen saßen die Kinder um einen Tisch und Anne oder Ruby servierten Wackelpudding und Eiscreme, Sandwiches und glasierte Törtchen. Anne Rowling war eine begabte Köchin. »Sie liebte es«, sagte Ruby. »Es gab keine Fertiggerichte. Dafür hatten wir das Geld gar nicht. Wir konnten nicht einfach in den Supermarkt gehen und ein fertiges Essen mitnehmen, um es auf den Tisch zu stellen. Wir mussten das Essen kochen. Anne buk auch viele Kuchen für die Familie. Sie kochte die Gemüse immer richtig, statt sie in die Mikrowelle zu stellen. Alles war frisch. Wir gingen zu Sullivan's, unserem Obst- und Gemüseladen, und kauften unsere Kartoffeln und das Gemüse und Obst.

Wir spionierten einander nicht aus, doch wir waren beide Mütter und wir waren zu Hause. Wenn man eine Familie hatte, dann blieb man eben daheim. Das ist nicht wie bei den Müttern heutzutage, die arbeiten gehen müssen, weil das Geld sonst nicht reicht.«

Gemeinsam am Tisch zu sitzen war bei den Rowlings keine geburtstägliche Besonderheit. Anne bestand stets darauf, dass die Familie gemeinsam aß, und wenn Pete von der Arbeit nach Hause kam, sofern er keine Überstunden machte, brachen Joanne und Di sofort ihre Spiele ab und gingen zum Essen nach Hause. Und so begeisterte sich auch Harry Potter von Anfang an für die große Auswahl leckerer Gerichte, die man den Schülern in Hogwarts servierte: Im *Stein der Weisen* präsentierte man ihm als erste Schulmahlzeit eine große Auswahl an Gerichten, darunter »Roastbeef, Brathähnchen, Schweine- und Lammkoteletts, Würste, Schinken, Steaks, Pellkartoffeln, Bratkartoffeln, Pommes, Yorkshire-Pudding, Erbsen, Karotten, Ketchup«. Keine Pizza, keine Whopper oder Big Macs für diese Kinder – einfach bloß gute altmodische englische Küche, genau wie Joannes Mutter sie bot. Und das, bevor »Apfelkuchen, Zuckergusstorten, Schoko-Eclairs und marmeladegefüllte Donuts, Biskuits, Erdbeeren, Wackelpeter, Reispudding ...« zum Dessert folgten.

Zwei Monate nach ihrem fünften Geburtstag ging Joanne zum ersten Mal zur Schule. Die St. Michael's Church of England School lag in der High Street, nur wenige Schritte vom Wheatsheaf Inn entfernt und nur fünf Minuten zu Fuß von der Nummer fünfunddreißig in der Nicholls Lane. Am ersten Schultag begleitete Anne ihre älteste Tochter, was sie auch später immer wieder tat, selbst als Joanne schon ein Teenager war. Joanne sah gut aus in ihrer Uniform: rotes Oberteil und grauer Rock.

William Wilberforce, der als Parlamentsmitglied vor allem dadurch bekannt wurde, dass er 1788 der Sklaverei den Kampf ansagte, besuchte Anfang des neunzehnten Jahrhunderts die ländlichen Gegenden rund um Bristol und empfahl, dass Winterbourne dringend eine Schule benötigte. Deswegen wurden 1813 einhundert Pfund zur Gründung von St. Michael's bereitgestellt. Zuerst befand sich die Schule im Clubraum des Green Dragon Inn, wo sie bis 1867 blieb, bevor sie in ein Gebäude neben dem Wheatsheaf Inn umzog. Wie es scheint, brauchten die netten Leute von Winterbourne ganz in der Nähe einen Ort, wo es etwas zu trinken gab, wenn sie mit dreihundert kleinen Jungs und Mädchen konfrontiert wurden. 1970 befanden sich die erste und zweite Klasse immer noch in der High Street, danach gingen die Kinder in Linden Close in die Grundschule. Das war auch nur fünf Minuten von der Nicholls Lane entfernt, nur dass man nach links, statt nach rechts gehen musste.

Joanne ging von Anfang an gern zur Schule. Das Schulgebäude sah aus wie eine kleine viktorianische Kapelle mit großen Erkerfenstern. Das einzige Problem war, dass sie dachte, jetzt wäre für immer Schluss mit der Schule, als ihre Mutter sie am ersten Tag nach dem Mittagessen von der Schule abholen wollte. Der Autorin Lindsey Fraser erzählte sie: »Ich dachte, das war's, ich wäre fertig mit der Schule und müsste nie wieder hin.« Das erinnert auf eine nette Weise an Laurie Lees *Des Sommers ganze Fülle.* Die junge Laurie ist nach dem ersten Tag in der Dorfschule außer sich, weil sie nicht das versprochene Geschenk bekommen hatte. Sie erzählt ihren Schwestern: »Sie haben gesagt: ›Du bist Laurie Lee, oder? Komm, setzt dich erst mal hin und zeig Präsenz.‹ Ich habe den ganzen Tag da gesessen, aber mein Präsent nie bekommen. Da geh ich nicht noch mal hin!«

St. Michael's war eine recht altmodische Dorfschule. Der jetzige Schulleiter, Ken Carruthers, bemerkt: »Damals hatten die Kinder viel mehr Zeit, Kinder zu sein.«

Der Schulleiter der Grundschule, in die Joanne im September 1972 kam, hieß Alfred Dunn. Obwohl er dem alten Komiker Arthur Askey ein bisschen ähnlich sah, genoss er großen Respekt. Mr. Dunn, inzwischen schon fast neunzig, wurde plötzlich von Fernsehen und Presse heimgesucht, denn denen war aufgefallen, dass seine Initialen dieselben wie die von Hogwarts' Schulleiter Albus Dumbledore waren. Daraus schlossen sie, dass er die Vorlage für den illustren und weisen Mann in Harry Potter geliefert haben musste. Doch in Wirklichkeit versteckt sich hinter Dumbledore einer der zukünftigen Rektoren von Joanne Rowling – oder vielleicht sogar ihr Vater.

Mr. Dunn leitete eine Schule, in der Englisch und Mathe zu den Hauptfächern gehörten noch bevor es einen allgemein gültigen Lehrplan gab. Er kann sich an Joanne nicht mehr erinnern. Sie war eine der Jüngsten ihrer Klasse, denn ihr Geburtstag fiel auf den letzten Julitag, darum war sie in der Schule besonders schüchtern und still. Doch wie die anderen Jungs und Mädchen liebte auch sie den Maibaum, der im Mai auf dem Spielplatz aufgestellt wurde, und die Michaelmas Mop Fair, die alljährlich am 29. September stattfand. Mr. Carruthers erzählt: »Bei uns in der Schule gibt es traditionell für jedes Kind an diesem Tag einen Apfel als Belohnung dafür, dass es sich gut benommen hat. Im Grunde ist das Bestechung.«

Äußerlich hat sich im Laufe der Zeit nicht viel in St. Michael's verändert. Das Gebäude in der High Street ist jetzt zu einem bewachten Wohnhaus für alte Leute geworden, doch die Grundschule, wo Himmel-und-Hölle-Felder auf den Spielplatz-Beton gemalt sind, ist immer noch voll wilder Kinder, die in leuchtend roten Pullovern herumtollen, in den Pausen ihre Spiele spielen und fürchten, zu spät zum Unterricht zu kommen, wenn die Schulglocke geläutet hat. Und auch dieselbe topfförmige Messingglocke gibt es noch, in die »A. R. P.« (für »Air Raid Patrol«, was soviel wie »Bombenwarnung« bedeutet) eingraviert ist, die auch Joanne schon aus der Pause von der großen Rasenfläche hereinlaufen ließ, die sie jeden Morgen mit Di und ihrer Mutter auf dem Weg von der Nicholls Lane nach Linden Close umrundete.

Winterbourne ist ein ruhiger Ort. Anne Rowling wartete oft mit Ruby Potter am Anfang der Nicholls Lane darauf, dass ihre Kinder aus der Schule kamen, ihre beiden Töchter stets Hand in Hand. Dann gingen sie mit den Kindern zum

Ententeich in der Mitte des Dorfes oder zu den Pferden und Eseln in den Reitställen und manchmal auch zu den Docks, wo sie die großen Schiffe anlegen sahen. Anne und Pete Rowling waren froh, ihren Töchtern eine behütete Kindheit in einer geschützten Umgebung zu ermöglichen. Dieses idyllische Leben sollte sich jedoch ändern, als Joanne in ihrer nächsten Grundschule zu der strengen Mrs. Sylvia Morgan kam.

Zu versuchen, Ereignisse und Begegnungen aus Joanne Rowlings Leben mit Ereignissen und Begegnungen in der Harry-Potter-Saga in Verbindung zu bringen, ist recht amüsant. Züge von Mrs. Morgans beängstigender Art hat auch der Lehrer für Zaubertränke, Professor Severus Snape, in Hogwarts. Andere Quellen der Inspiration sind offensichtlicher. Dursley beispielsweise ist eine harmlose Stadt in Gloucestershire, die das Schicksal ereilt hat, denselben Namen der ekelhaften Verwandten zu tragen, die Harry als einen Außenseiter in der »Muggel-Welt« großziehen und ihn dazu zwingen, im Schrank unter der Treppe zu schlafen. Und wer einen Blick in ein alphabetisches Ortsverzeichnis wirft, findet Dudley, eine Stadt in den West Midlands, auf derselben Seite. Das ist es also: Dudley Dursley, der Name einer der großartigsten Figuren der Kinderliteratur, ohne irgendeine sympathische Eigenschaft.

Dudleys Herkunft ist völlig klar, die des brillentragenden Schülers Harry Potter nicht so ganz. Vielleicht war es unausweichlich, dass der Mythos aufkam, Joanne sei bei der Namensfindung von ihrem Kindheitsfreund Ian Potter in der Nicholls Lane, Winterbourne, inspiriert worden. Die Zeitungen wollten um jeden Preis eine einfache Verbindung herstellen und haben sich auf ihn gestürzt, um den »echten Harry Potter« zu finden. Doch außer dem Nachnamen gibt es keine Verbindung. Ian, ein Familienvater, der in Yate lebt und arbeitet, ist stolz darauf, Joanne kennen gelernt zu haben, und sie gibt offen zu, dass der Name Potter von einer Familie stammt, die ein paar Türen weiter lebte. Das könnte aber genauso gut Dennis Potter gewesen sein, der berühmte Autor aus dem Forest of Dean, wohin die Rowlings umziehen sollten.

Als die Harry-Potter-Bücher herauskamen, schrieb Ruby Potter der Autorin, um ihr zu ihrem Erfolg zu gratulieren. Per »Eulenpost« kam eine handgeschriebene Antwort von Joanne, die sich bei Ruby für den Brief bedankte und ihr versicherte, dass Harry nichts mit ihrem Sohn Ian zu tun hatte. Joanne gab dabei auch zu, dass sie den Nachnamen Potter »geklaut« hatte, den sie Rowling übrigens vorzog, einem Namen, den sie hasste.

⋆ ★ ⋆

Die Potters und die Rowlings waren ab 1974 keine Nachbarn mehr, als nämlich Pete und Anne sich in ein kleines Dorf und ein Häuschen auf der anderen Seite der Seventh Bridge verliebten. Für die neunjährige Joanne war dieser neue Spielplatz der siebte Himmel. Direkt in der Nähe der B4228 zwischen den Städtchen Tutshill und St. Briavels gibt es eine Klippe, von der aus man den schönsten Blick auf den Fluss Wye hat, der sich durch das Tal schlängelt. Eine der Legenden besagt, dass Sir John Wynters sich während des englischen Bürgerkrieges von dieser Klippe aus auf seine Verfolger stürzte, sich freie Bahn durch die Flussmündung verschaffte und so Cromwells Truppen entkam. Hier nennt man den Wye Hufeisen-Fluss, weil er in weitem Bogen an den Ruinen der Lancourt Church vorbeifließt, in der Joanne sich mit ihren Wichtel-Freundinnen an warmen Sommerabenden zum Picknick traf und den Raben und Bussarden zuschaute, die über ihren Köpfen kreisten. Man kann sich leicht vorstellen, dass mit der Beobachtung der Vögel die Fantasie eines jungen Mädchens beflügelt wurde. Fliegen zu können, hat sie gesagt, sei ein Kindheitstraum von ihr gewesen, den sie in den Harry-Potter-Büchern hatte umsetzen können.

Um einen schönen Picknickplatz zu finden, marschierte die Second Tidenham (St. Mary's) Wichtelgruppe von der Straße aus an Offa's Dyke vorbei – heute ein beliebter Wanderweg – vorbei am Meend Krankenhaus, einer ehemaligen Leprakolonie, durch den Wald, in dem die Vögel sangen. Für die jungen Abenteurer war das aufregend und anregend zugleich.

In einiger Entfernung befinden sich die Otter Hole Caves, kilometerlange Labyrinthe, die unter dem Rennplatz in Chepstow liegen, dann erreicht man St. Arvans. In *Harry Potter und der Gefangene von Askaban* findet Harry mit der Karte des Herumtreibers seinen Weg von Hogwarts nach Hogsmeade, das einzige nur von Zauberern und Hexen bewohnte Dorf Britanniens, indem er durch einen unterirdischen Geheimgang mit vielen Windungen geht, der wie ein riesiger Kaninchenbau wirkt.

Tutshill, still und unberührt, war das Tor zu tausend Schätzen und Geheimnissen für fantasievolle junge Köpfe. Pete und Anne Rowling entdeckten das Dörfchen, als sie über die Severn Bridge und dann über die Stadtgrenze von Chepstow hinaus in den Forest of Dean fuhren. Die Brücke, die 1966 von der Queen eröffnet wurde, hatte diese wundervolle Gegend für Ausflügler aus Bristol erschlossen, und die Fahrt zur Rolls-Royce-Fabrik in Filton dauerte nicht länger als eine halbe Stunde. Als die Rowlings ein ausgefallenes Steinecottage sahen, das am Rande des Dorfes zum Verkauf stand, beschlossen sie, dass die Zeit gekommen war, Winterbourne zu verlassen.

Der Verkauf ihres Hauses in der Nicholls Lane verlief ohne Schwierigkeiten. Ein junges Paar namens Tanya und Dave Cowles sahen sich in der Gegend um, nachdem sie auf einem Feld ein paar Esel entdeckt hatte. Sie sahen ein »Zu verkaufen«-Schild in der Auffahrt von Nummer fünfunddreißig und wussten, dass sie vor ihrem neuen Haus standen. Tanya erinnert sich noch, dass Anne gerade staubsaugte, als sie zum ersten Mal hereinschauten. Sie freute sich, ihnen das Heim einer offensichtlich glücklichen Familie zeigen zu können, im Geräteraum standen eine ganze Reihe Fahrräder. Anne war stolz auf ihren Garten und schenkte Tanya noch einen Topf mit weißen Veilchen. Tanya, ebenfalls eine begeisterte Gärtnerin, hat immer noch zwei Büsche im Garten stehen, die vor über fünfundzwanzig Jahren von Anne Rowling gepflanzt worden waren – einen Riesenfarn und eine Liebliche Weigelie. Die Cowles boten elftausend Pfund für das Vier-Zimmer-Haus und Pete Rowling willigte ein, weil er so schnell wie möglich umziehen wollte.

Für die Rowling-Schwestern, die gerade neun und sieben Jahre alt waren, gehörte dies zu den größten Veränderung ihres jungen Lebens. Es bedeutete, dass sie neue Freunde finden und in einem neuen Haus leben mussten; und, was am wichtigsten war, sie mussten auf eine neue Schule gehen. Einer der Hauptgründe, weshalb ihr Vater sich entschlossen hatte, die Familie aus einem zwar angenehmen, aber unscheinbaren Umgebung in Winterbourne herauszureißen, war das Church Cottage. Während Nicholls Lane 1963 gebaut worden war, verfügte Church Cottage über eine lange Geschichte sowie einen wunderbaren Blick über das Severn Estuary. Das Besondere an Tutshill ist, dass es genau zwischen den wunderbaren Flüssen Wye und Severn liegt. Das Dorf befindet sich direkt an der Grenze zwischen England und Wales. Chepstow ist eine Meile entfernt, liegt steil bergab in Wales, während Tutshill im englischen Landstrich Gloucestershire liegt, obwohl im Dorf natürlich starke walisische Einflüsse auszumachen sind.

Trotz seines wunderbaren Ausblicks ist Tutshill kein Bilderbuchstädtchen, es erstreckt sich einfach nur entlang der Hauptstraße. Gehobene Mittelklasse könnte man sagen. Dai Rees, Leiter der Dorfschule von 1971 bis 1991, bestätigt:

»Tutshill war für die Gegend schon ein besseres Dorf.« Die M4-Autobahn ist zwar nur zehn Minuten entfernt, dennoch bewahrte Tutshill seine Abgelegenheit, es liegt in der Nähe des wunderschönen Forest of Dean, über hundert Quadratkilometer alter Eichen, Buchen und Koniferen, um die sich Mythen und Legenden ranken.

Church Cottage liegt direkt neben der St. Luke's Church, und auf der anderen Seite steht die Tutshill Church of England School, in der Joanne ihre Ausbildung fortsetzte. Das Cottage war seit September 1884 vorerst als Schulraum genutzt worden, und bis die Kirche 1853 fertig gestellt war, wurden hier auch die Gottesdienste des Dorfes abgehalten – bis zu hundertzwanzig Gläubige fanden Platz. Das Cottage blieb bis 1893 Schulgebäude, bis es eindeutig zu klein geworden war, um die über hundert Jungen und Mädchen aus dem Dorf aufzunehmen.

Ursprünglich sollten in dieser Schule die armen Kinder von Tidenham unterrichtet werden. Das Gebäude selbst kostete zweihundertfünfzig Pfund und wurde durch Gebühren und den Verkauf theologischer Schriften finanziert, die der Vikar Ref. John Armstrong verfasste. Aus alten Aufzeichnungen geht hervor, dass die jährlichen Kosten der Schule, inklusive des Gehalts für die Schulleiterin, sich auf dreißig Pfund beliefen, die durch Gebühren, den Vikar, den »school pence« (einen alten Penny die Woche pro Schüler) und von einem anonymen Spender, der »ganz schön weit« weg saß, getragen wurden.

Mit der Schulreform von 1880 wurde der Schulbesuch zur Pflicht, bis die Kinder zehn Jahre alt waren und aufhören konnten, wenn sie laut Schulbuch oft genug anwesend gewesen waren. Dann gingen sie meist in den Fabriken arbeiten. Kamen sie nicht regelmäßig, mussten sie, bis sie dreizehn Jahre alt wurde, bleiben. Christine Leighton schreibt in ihrer Geschichte über die Schule, dass der Hauptgrund für das

Fehlen der Kinder in Dörfern wie diesem das Wetter und Krankheiten waren. Die Kinder verpassten die Schultage aber auch, um Heu zu machen, Kartoffeln zu pflanzen und auszugraben, Äpfel zu pflücken und im Juni zum alljährlichen Wollmarkt in Chepstow zu gehen. Sie hatten aber auch einen Tag frei, um an der Hochzeit ihrer Handarbeitslehrerin, Miss Maggie Evans aus Tutshill Lodge, teilzunehmen, die am 12. Mai 1885 heiratete und über einen Blumenteppich, den die Kinder extra für sie gemacht hatten, zur Kirche schritt.

Church Cottage lag nach Meinung von Joanne und Di Rowling möglicherweise ein bisschen zu nahe an der Schule, ihr Vater war jedoch ganz begeistert. Alan Hall, ihr ehemaliger Nachbar aus Nicholls Lane, erinnert sich, dass er zur Einweihungsfeier kam und von Pete durchs Haus geführt wurde, der ihn ganz begeistert in seine Pläne einweihte: »Er hatte nach etwas gesucht, was man in Schuss bringen musste. Er war ganz aufgeregt darüber, was er alles vorhatte, und er freute sich darauf, es umzusetzen.«

Bevor sie nach Tutshill zogen, hatten die Rowlings immer in modernen Häusern gelebt, in denen wenig getan werden musste. Church Cottage mit den Kopfsteinböden gab Pete die Möglichkeit, nach der er suchte, die Gelegenheit, alte Dinge mit neuen Ideen zu verbinden. Ein Freund erinnert sich, dass er das erste Mal ein Gasfeuer mit »künstlicher« Flamme bei den Rowlings zu Hause gesehen hat. Ein anderer Besucher war beeindruckt davon, wie Pete den Teppich im Wohnzimmer beiseite rollte, um einen alten Brunnenschacht zu zeigen.

⋆ ★ ⋆

Joanne Rowling ging die fünfundzwanzig Meter von der Eingangstür ins Church Cottage durch das Schwinggatter im Gartenzaun bis zum Spielplatz der Tutshill Church of England Primary School am ersten Tag des Schuljahres 1974. Hätte sie sich umgedreht und über die blaue Umzäunung der Schule geschaut, hätte sie grüne Felder gesehen, die sich bis hinunter zum Fluss Severn erstreckten – die Freiheit. Natürlich fielen die neuen Schülerinnen und Schüler in ihren makellosen Uniformen auf. Joanne trug eine hellblaue Bluse, eine dunkelblaue Strickjacke und einen Rock in derselben Farbe und war sehr nervös, als sie das heruntergekommene Klassenzimmer von Mrs. Sylvia Morgan betrat. Später beschrieb sie es als »ziemlich teuflisch«. Die Holztische verfügten noch über altmodische Rollschübe mit Tintenfässern.

Mrs. Morgan versetzte die Herzen der Kinder von Tutshill in Angst. Alle sind sich darüber einig, dass sie eine sehr strenge Lehrerin der alten Schule war. Dai Rees erinnert sich, dass er die Eltern, deren Kinder neun Jahre alt wurden und in die Klasse von Mrs. Morgan kommen sollten, beruhigen musste: »Die Kinder fürchteten sich vor ihr, in manchen Fällen gerieten sie geradezu in Panik. Die Eltern beschwerten sich bei mir, dass ihre Kinder solche Angst hatten, in Mrs. Morgans Klasse zu gehen, dass sie schrien und weinten; dann kamen die besorgten Eltern zu mir. Ich sagte ihnen: ›Hören Sie, das empfinden die Kinder jetzt vielleicht so. Aber warten Sie, bis sie in ihrer Klasse sind. Wenn sie etwas Zeit in ihrer Klasse verbringen, gewöhnen sie sich und stellen fest, was für eine gute Lehrerin sie ist.‹ Wie viel Angst sie auch ertragen mussten, schließlich haben sie den Einsatz zu schätzen gewusst, den sie ihnen zuliebe brachte. Sie setzte bestimmte Maßstäbe und ließ nicht locker, was wirklich eine außerordentlich gute Sache ist.« Doch auch diese glühende Referenz für Mrs. Morgan, eine altmodische, gottesfürchtige walliser Kampfaxt, sollte der kleinen, schüchternen Joanne Rowling keine Hilfe sein.

Eine Mitschülerin beschreibt Mrs. Morgan als »klein und dick, mit Brüsten, die bis auf ihre Taille herunterhingen, mit einem wettergegerbten Gesicht, das meistens missmutig dreinschaute. Sie murmelte oft ›ach was‹, wenn sie mit etwas nicht einverstanden war, was meistens der Fall war. Ich kann mich nicht daran erinnern, dass irgendjemand sie mochte. Die Kinder hatten wirklich Angst vor ihr«.

Das Erste, was Mrs. Morgan in einer neuen Klasse von 35–40 Jungen und Mädchen tat, war, die klugen Schüler von den anderen zu trennen. Sie tat dies mit Hilfe eines Arithmetik-Tests, den sie die »täglichen Zehn« nannte. Dazu musste man Kopfrechnen und an diesem speziellen ersten Tag auch Bruchrechnen können, was Joanne Rowling noch nicht gelernt hatte. Doch zumindest war das Erlebnis hilfreich, als sie das Kapitel »Der Sprechende Hut« im ersten Harry-Potter-Abenteuer schrieb. Harry hatte bei seiner Ankunft in Hogwarts schreckliche Angst vor einem Test, weil er ja die Zauberei erst lernen musste und sich nicht vorstellen konnte, was für Fragen ihm gestellt werden würden. Glücklicherweise erwies sich Harrys »Test« leichter, als er befürchtet hatte.

In ihrem eigenen Test schaffte Joanne einen halben Punkt, was ziemlich schlecht war, und bekam einen Platz ganz rechts im Klassenzimmer. Sie wusste das damals noch nicht, aber Mrs. Morgan hatte sie in die Idiotenreihe gesetzt. In der Klasse weinte Joanne nicht. Sie weinte auch nicht, als sie Jahre später selbst Lehrerin wurde. Es bedurfte schon viel größerer Verzweiflung als dieser, um sie zwanzig Jahre später zum Weinen zu bringen.

Vorerst konzentrierte sie sich darauf, Mrs. Morgans Einschätzung ihrer Fähigkeiten zu verbessern. Abgesehen von den »täglichen Zehn« gab es auch wöchentliche Arbeiten, die ihr die Möglichkeit gaben, in Bereichen außerhalb der Mathematik zu glänzen. Dai Rees erinnert sich: »Mrs. Morgans Stärken waren Englisch, exzellent war sie auch im Nähen und in Handarbeit. Sie übernahm alle weiblichen Aktivitäten der Schule.« Mrs. Morgans Lehrkonzept basierte auf den drei Rs – »reading, 'riting and 'rhitmetic« (lesen, schreiben, rechnen) – obwohl mehr als ein Beobachter ihre Methoden eher als »repetition, repetition, repetition« (wiederholen, wiederholen, wiederholen) bezeichnen würde. Selbst der loyale Mr. Rees gibt zu: »Man kann Kinder zwingen, ihr Einmaleins zu lernen. Aber dann werden sie in gewisser Hinsicht Papageien, und die Anwendung des Gelernten wird problematisch.«

Am Ende des Schuljahres war Joanne auf die linke Seite des Klassenraumes aufgerückt, wo die klügeren Schüler saßen. »Sie war ganz eindeutig überdurchschnittlich begabt«, beobachtete Mr. Rees. Das bemerkte schließlich auch Mrs. Morgan. Joanne erinnerte sich später: »Ich konnte in die zweite Reihe links wechseln. Aber das hatte auch seinen Preis. Mrs. Morgan ließ mich mit meiner damals besten Freundin tauschen. Auf einem kurzen Weg quer durchs Klassenzimmer wurde ich klug, aber verhasst.«

Obwohl Mrs. Morgan in Joannes Augen keinerlei gute Eigenschaften besaß, diente sie ihr als Vorbild, als sie die Lehrer von Hogwarts, der Schule für Hexerei und Zauberei, erschuf: »Einige Menschen haben mich zu der Figur des Snape in meinen Büchern inspiriert, Mrs. Morgan gehörte bestimmt dazu. Ich fand sie sehr beängstigend.« Joannes Oberstufen-Chemielehrer kämpfte später um die zweifelhafte Ehre, Vorbild für den Zaubertranklehrer von Hogwarts gewesen zu sein. Mrs. Morgans Einfluss kann man auch in der Figur der stellvertretenden Schulleiterin Professor McGonagall wiederfinden, die in *Harry Potter und der Stein der Weisen* ihren Schülern mitteilt: »Jeder, der in meinem Unterricht Unsinn anstellt, muss gehen und wird nicht mehr zurückkommen. Ihr seid gewarnt.«

Die Erleichterung der Kinder darüber, endlich Mrs. Morgans Klasse überstanden zu haben, wurde gedämpft durch die Tatsache, dass sie im Jahr darauf unter die Fuchtel ihres

Mannes John geraten würden, seit 1952 stellvertretender Rektor. Er war groß, onkelhaft und schon ziemlich alt, als Joanne zehn wurde. Ein Schüler, der sich daran erinnert, dass er immer einen hellgrauen Anzug trug, sagt: »Er war eigentlich ganz nett und machte einem nur selten Angst.«

John Morgan war, wie seine Frau, tief religiös und viele Jahre Gemeindevorsteher in Tutshills. Was seine Lehrmethoden anging, war er zwar streng und altmodisch, trotzdem aber viel beliebter als seine Frau. Dai Rees sagt: »Er war nicht so streng. Er war einer von der alten Schule, aber nicht so gnadenlos wie seine Frau. Die Kinder mochten ihn.« Mrs. Nicky Ford, eine andere Lehrerin in Tutshill, erinnert sich: »Mrs. Morgan machte ihnen allen Angst, aber John Morgan war ein toller Kerl. Nach dem Mittagessen bildeten die Kinder für ihn zwei Reihen auf dem Spielplatz, durch die er wie durch eine Ehrengarde hindurchmarschieren konnte.«

Sylvia Morgan starb 1989, ihr Mann folgte ihr 1998. Sie kann also ihre Unterrichtsmethoden nicht länger verteidigen. Manche mögen mit einem zweifelhaften Sinn für Nostalgie ihre altmodischen Methoden vielleicht vermissen, die vermutlich jedoch eher dazu geeignet waren, den Mindeststandard in der Klasse zu heben, als die besonderen Begabungen einzelner Schüler zu fördern. Außerhalb der Schule waren die Morgans Säulen für die Dorfgemeinschaft. Ihre Freundin Sylvia Lewis, die Leiterin der Wichtel, erklärt: »Sie waren gute Leute, gastfreundlich und machten alles gerne mit. Unsere Töchter und ihre Töchter waren befreundet, und ich kann mich noch erinnern, dass wir stets gemeinsam das Feuerwerk abbrannten. Aber Sylvia war eine strenge Lehrerin, und das war ihr stets das Wichtigste.«

Im Jahre 2001 hätte Joanne die Schule in Tutshill wahrscheinlich kaum wiedererkannt. Ihr schäbiges, altes Klassenzimmer war von den Eltern extra ausgemalt worden, so dass »der Aufenthalt dort angenehmer ist« wie die derzeitige Rektorin Linda Hey sagt. Das Gebäude hat etwas Fröhliches, hinzu kommen der wunderbare Blick und die Tatsache, dass die Schule stets ziemlich weit oben unter den Schulen in Gloucestershire rangiert. Wenn man bedenkt, wie wichtig Eulen in den Geschichten von Harry Potter sind, passt es eigentlich, dass die Schule im Jahre 2000 Veranstalter eines naturwissenschaftlichen Wettbewerbs war, der »Barn Owl Trophy«, den der Gloucestershire Wildlife Trust organisierte, und bei dem noch dazu die Dursley Church of England School den zweiten Platz belegte.

Inzwischen lesen ältere Schüler den jüngeren Jungen und Mädchen vor, und die Harry-Potter-Bücher gehören zu den beliebtesten, um das zu üben. Die Schule sammelt Geld für »Comic Relief« und »Children In Need«, hat mehr als tausend Pfund für einen Brutkasten in einem Krankenhaus in Litauen gesammelt und unterstützt ein Kind in Uganda. Traurigerweise werden Joannes Erinnerungen überschattet von ihren Qualen unter Mrs. Morgan, und Tutshill erscheint ihr darum viel unangenehmer als ihre erste Schule in Winterbourne, die sie liebte.

Als die Schule in Tutshill 1998 ihr 150-jähriges Jubiläum feierte, versuchten die Direktoren sie dazu zu überreden, ihr drittes Buch *Harry Potter und der Gefangene von Askaban* dort vorzustellen, da sie nicht nur eine ehemalige Schülerin, sondern durch ihre vielen Jahre im Church Cottage dem Dorf auch verbunden sei. Doch ohne Erfolg. Tutshill tauchte noch nicht einmal in Joannes *Who's who*-Liste auf. Man hat das Gefühl, dass die berühmte Autorin nicht gerade sentimental veranlagt ist.

Nur einmal kommt Tutshill in J.K. Rowlings Werk vor, nämlich in dem »Comic Relief«-Büchlein *Quidditch Through The Ages* (*Quidditch im Wandel der Zeiten*), in dem die Tutshill Tornados auf der Liste der Quidditch-Mannschaften Großbritanniens und Irlands stehen. Die Tornados tragen

»himmelblaue Roben mit einem doppelten, dunkelblauen T auf der Brust und dem Rücken«.

⋆ ★ ⋆

Ihr erstes Todeserlebnis hatte Joanne in der Familie – abgesehen von ihrem Meerschweinchen, das von einem Fuchs gefressen wurde – als sie neun war. Ihre Großmutter Kathleen, die Mutter ihres Vaters Pete, starb im Krankenhaus in Poole, Dorset, nachdem sie einen Herzanfall erlitten hatte. Sie war erst zweiundfünfzig Jahre alt und Joanne war am Boden zerstört: »Ich habe sie geliebt, und meine traurigsten Erinnerungen aus dieser Zeit stehen mit ihrem Tod in Verbindung.« Sie erwies ihrer Großmutter Kathleen eine ganz persönliche Ehre, als sie das K ihres Vornamens annahm, aus dem dann das berühmte »J. K. Rowling« wurde.

Kathleen und ihr Mann Ernie besaßen einen Obst- und Gemüseladen, den »Glenwood Stores« in der Station Road in West Moors in der Nähe von Wimborne Minster in Dorset. Joanne und Di fanden es wunderbar, wenn sie mit ihren Eltern dorthin auf Besuch fuhren. Die Wimbourne Wasps sind ebenfalls eine der Quidditch-Mannschaften von Großbritannien und Irland.

Die Großeltern lebten in einer gemütlichen Wohnung über dem Laden, doch das Schönste für die Mädchen war, wenn sie unten spielen durften. Wenn keine Kunden da waren, konnten die Schwestern mit den richtigen Waren, den Dosen voller gebackener Bohnen, Suppen und Sardinen, den Kekspäckchen und allen möglichen Süßigkeiten so tun, als würden sie kaufen und verkaufen. Joanne war die Ladenbesitzerin, die alles sorgfältig abwog, und Di die zufriedene Kundin. Damit verbrachten sie viele Stunden und so konnten ihre Eltern oben ein wenig den Frieden genießen. Das hieß aber auch, dass sie ihre Zeit nicht damit verbrachten, irgendeinen

Mist im Fernsehen anzuschauen, obwohl Joanne zugibt, dass sie Zeichentrickfilme liebte.

In Hogwarts, der Schule für Hexerei und Zauberei, gibt es keine moderne Technik. Im Gemeinschaftssaal von Gryffindor hallt nicht die Titelmusik von *Nachbarn* wider oder Jerry Spinners Stimme, wenn er das streitende Publikum auseinander treibt. Wenn Hermine Granger, Ron Weasley und Harry Potter in der Schulbibliothek nach einem Hinweis auf Nicolas Flamel suchen, dann nicht mit Hilfe eines Computers. Sie müssen unzählige verstaubte Bände wälzen. Joannes Leben in der Familie wurde von Büchern, Gesprächen und gemeinsamen Mahlzeiten geprägt, und das spiegelt sich in Hogwarts wider. Selbst in der echten »Muggel-Welt« hat Harry Potter kein Interesse an Fußballmannschaften oder den neuesten Popstars.

Stanley und Frieda Volant waren Joannes Großeltern mütterlicherseits. Sie lebten über dreißig Jahre in demselben Haus in Tufnell Park, bis zu Stanleys Tod 1977. Joanne beschrieb das Haus als »chaotisch« und Stanley und Frieda als »unglücklich verheiratet«. Ganz sicher hatte sie wenig übrig für Frieda, die ihre zahlreichen Hunde lieber mochte als kleine Kinder, und die zum Teil als Vorlage für die schreckliche Tante Magda herhalten musste, die in *Harry Potter und der Gefangene von Askaban* in den Haushalt der Dursleys einfällt. Tante Magda kann mit jeder Menge Hundeweisheiten aufwarten: »Das ist eine Grundregel der Zucht. Bei Hunden kann man es immer wieder beobachten. Wenn etwas mit der Hündin nicht stimmt, wird auch mit dem Welpen etwas nicht stimmen.« Joanne hat nie verraten, ob ihre Großmutter Frieda Pete und Anne jemals kritisiert hat, doch die Szene, in der Harry Tante Magda wie einen Ballon aufbläst, ist mit großem Vergnügen geschrieben.

An Stanley und Ernie aber erinnerte sie sich gern. Joanne verriet Lindsey Fraser in *Telling Tales: An Interview with*

J.K. Rowling, dass »sie beide tolle Menschen waren«. Stanley war beratender Ingenieur, und im Alter arbeitete er im Krankenhaus als Briefträger, um sich zu beschäftigen. »Er war ein großer Träumer und verbrachte viel Zeit in seinem Schuppen, wo er irgendetwas bastelte«, erinnerte sich Joanne. Ein Tribut an ihre Großväter kann man in *Der Gefangene von Askaban* finden, in dem Stan und Ernie die Besatzung des Fahrenden Ritters sind, eines doppelstöckigen magischen Reisebusses, der Harry Potter rettet.

In Tutshill war jedoch nicht alles furchtbar für die Rowling-Mädchen. Sie waren gerne bei ihrer Wichtelgruppe, obwohl Di die Treffen am Dienstagabend mit viel größerer Begeisterung wahrnahm als ihre Schwester. Sylvia Lewis, die Leiterin der Wichtelgruppe, erinnert sich: »Di überschlug sich immer vor Begeisterung. Sie stolperte herein, lachte immer und konnte es gar nicht erwarten, bis wir begannen. Joanne war immer ernsthafter, sie hielt den Kopf unter ihrer kleinen Mütze gesenkt, das Kinn nach unten, den Blick nach vorn, sie war eine verantwortungsbewusste kleine Person. Die beiden Mädchen waren sehr unterschiedlich.« Der Tutshill-Rektor Dai Rees erinnert sich auch daran, dass Di, mit ihren tiefschwarzen Haaren, mit weitem Abstand »das lebhaftere der beiden Mädchen« war.

Joanne wurde im September 1975 von Mrs. Lewis in die Second Tidenham (St. Mary's) Wichtelgruppe aufgenommen. Der Aufnahmetest bestand aus vier Aufgaben:

1. Verstehen: Das Wichtelversprechen: Ich verspreche, mein Bestes zu geben, meine Pflicht Gott und der Königin gegenüber zu erfüllen, jeden Tag anderen zu helfen, insbesondere zu Hause. Das Gesetz: Ein Wichtel gibt Älteren Recht; ein Wichtel gibt niemals auf. Das Motto: immer hilfreich. Der Gruß. Das Lächeln. Die Wendung zum Guten. Der Wichtelring. Der Versammlungsring.

2. Das eigene Halstuch falten und knoten können.
3. Zöpfe.
4. Das Teegeschirr abwaschen.

Die schwierigste dieser vier Aufgaben war eindeutig das Halstuch zu falten und zu knoten. Das war auch das Wichtigste. Mrs. Lewis erklärt: »Sie mussten es abnehmen können, falls sich jemand den Arm brach, und es als Schlinge verwenden. Sie konnten nicht Mitglied werden, bevor sie dieses Tuch knoten konnten. Es ist für kleine Mädchen von sieben Jahren wahrhaftig nicht einfach, dieses Halstuch richtig zu falten.« Aber mit zehn war Joanne der Aufgabe mehr als gewachsen. Sie legte drei Prüfungen ab, während sie bei den Wichteln war: Signalsprache, Signale geben und erste Hilfe. Ihre Mutter Anne gab ihr fünfunddreißig Pence, so dass sie sich bei Mrs. Lewis ihr Erste-Hilfe-Buch kaufen konnten.

Die Wichtelgruppe bot unschuldigen Spaß, Kameradschaft und erzog ein bisschen zu sozialer Verantwortlichkeit. Zwei Stunden die Woche trafen sich vierundzwanzig Mädchen aus dem Dorf im Kirchensaal, in einer Welt fernab der stählernen Blicke von Mrs. Morgan. Wie die anderen sammelte auch Joanne Pennies in Smarties-Röhrchen. Ein Vierteljahrhundert später wurde sie dann Preisträgerin des »Triple Smarties Gold Award« für Kinderbücher, als sie 1999 den begehrten Preis zum dritten Mal in Folge erhielt. Einer besonderen Planung bedurfte es im Wichteljahr der Weihnachtsfeier und der Theateraufführung für die Rentner des Dorfes. In dem Jahr, in dem Joanne Mitglied wurde, bekam die Gruppe einen besonderen Preis vom Forest of Dean Round Table für ihre Verdienste gegenüber den älteren Leuten der Gegend. Die Rentner freuten sich so sehr über ihr Engagement, dass sie sich mit einer Feier für die Wichtel in einer örtlichen Schule bedankten. Die Wichtel feierten außerdem Halloween, sie grillten und natürlich hielten sie im Sommer Picknicks in der Lancourt Church ab.

Zudem umgab die Wichtel etwas Magisches. Joannes Gruppe war in sechs Untergruppen aufgeteilt – »Feen«, »Kobolde«, »Geister«, »Elfen«, »Gnome« und »Racker« – Namen, an die Joanne sich vielleicht erinnerte, als sie über die Elfen Dobby und Winky schrieb und die störenden Gnome im Garten der Weasleys.

Anne Rowling war eine der jüngsten Mütter im Dorf und half begeistert bei den Wichteln und anderen Aktivitäten der Kinder mit. Sylvia Lewis erinnert sich an eine morgendliche Wohltätigkeitsveranstaltung in Church Cottage. Die Rowlings gestatteten der Schule auch, für das alljährliche Fest und die Sportveranstaltungen Strom aus ihrem Haus zu zapfen; kein Lichtblick für Joanne, die in Sport schlecht war. Etwas besser war sie im Country Dancing, was in der Tutshill School ein Pflichtfach war und jeden Sommer darin gipfelte, dass die Jungs und Mädchen einen Tanz im Dorf aufführten. Tutshill war wirklich eine ganz eigene Welt.

Joanne hatte die Welt der Bücher in ihrer neuen Umgebung nicht verlassen. Seit ihrer ersten eigenen Bemühung »Rabbit« hatte sie eine Kurzgeschichte mit dem Titel »The Seven Cursed Diamonds« geschrieben, obwohl sie die damals für einen Roman hielt. Die Abenteuergeschichte ähnelte sehr den Werken von Edith Nesbit, der Autorin von Büchern wie *Die Eisenbahnkinder* und *Die Schatzsucher*. Mit dieser Kinderbuchautorin identifizierte sich die erwachsene Joanne mehr als mit allen anderen: »Sie hat einmal gesagt, dass sie sich aus irgendeiner glücklichen Fügung heraus genau daran erinnern könne, wie sie sich als Kind gefühlt und was sie gedacht hat. Ich würde sagen, dass ich mich selbst noch sehr genau daran erinnere, wie ich mich fühlte, als ich elf war oder auch später noch. Deshalb glaube ich, dass allein *Die Schatzsucher* ein Beweis dafür sind, dass niemand Kinderbücher schreiben sollte, der sich nicht an seine Kindheit erinnern kann.«

Church Cottage war schon wie Joannes voriges Zuhause in Winterbourne voll mit Büchern, nicht zuletzt auch deshalb, weil Anne Rowlings Schwester Lektorin bei Mills & Boon war und alle paar Monate eine große Kiste voller Romane schickte. Bei einer Radiosendung des vierten Programms der BBC mit dem Titel *With Great Pleasure* erinnert Joanne sich: »Ich war noch sehr jung, als ich mich an die Mätzchen kräftig gebauter Männer mit breiten Kiefern in einem nur schwer kontrollierbaren Zustand der Erregung gewöhnte; dann kehrte ich meistens zu Enid Blytons *What Katy Did* oder dem üblichen C. S. Lewis zurück.«

»Der übliche C.S. Lewis« war die klassische Serie der *Chroniken von Narnia*, deren Einfluss auf *Harry Potter und der Stein der Weisen* im Vergleich zu *Der König von Narnia* besonders deutlich wird. In beiden Romanen wird eine Pforte beschrieben, durch die der Held oder die Heldin in eine fantastische, magische Welt gelangen. In Harrys Fall ist es das magische Gleis neun dreiviertel am King's Cross Bahnhof. Lewis Heldin heißt hingegen Lucy, erreicht das Narnia-Land durch einen Wandschrank und wird dort von dem Faun Tumnus, einem Fabelwesen, begrüßt. »›Hier ist das Narnia-Land‹, sagte der Faun. ›Hier, wo wir stehen. Es liegt zwischen der Straßenlaterne und dem großen Schloss Feeneden, am östlichen Meer. Kommst du aus dem Westen, aus den wilden Wäldern?‹

›Nein, aus dem Wandschrank im leeren Zimmer‹, sagte Lucy.«

Lewis beschreibt viele Fabelwesen, wie Faune und eines, das er Boggle nennt, oder Tiere, die sprechen können, zu denen auch Aslan der Löwe gehört. Mr. Tumnus hatte in seinem Schlafzimmer eine Büchersammlung, die sich auch in der Bibliothek von Hogwarts nicht schlecht gemacht hätte:

Leben und Briefe des Silenus; *Der Lebenswandel der Nymphen*; *Menschen, Mönche und Wildhüter*; *Studie volkstümlicher Legenden*; *Ist der Mensch nur ein Mythos?*

Lucys Bruder Edmund bekommt von der weißen Hexe einen speziellen Trank: »Nie zuvor hatte er etwas derart Köstliches genossen. Es schmeckt süß und sahnig, perlte und wärmte ihn bis in die Zehenspitzen.« Harry erfährt etwas Ähnliches, als er seinen ersten Becher dampfend heißen Butterbiers im Drei Besen trinkt: »Das war das Leckerste, was er je getrunken hatte, und es schien ihn von innen bis in die letzte Pore zu erwärmen.«

⋆ ★ ⋆

Joanne hat stets zugegeben, von dem Werk anderer Autoren beeinflusst worden zu sein und spricht ganz offen über ihre Zeit als Teenager. In der Radiosendung *With Great Pleasure* erzählte sie: »Ich war die typische Leseratte, klein und rund, mit dicker Kassenbrille, ich träumte in den Tag hinein, schrieb endlose Geschichten und tauchte dann ganz plötzlich aus meiner Traumwelt auf, um meine arme Schwester zu piesacken und sie zu zwingen, sich meine neueste Geschichte anzuhören und die Spiele zu spielen, die ich gerade erfunden hatte.« Diese wenig schmeichelhafte und bescheidene Beschreibung ihrer selbst gibt zu der Vermutung Anlass, dass sie ihre eigene Vorlage für die wichtigste weibliche Figur in den Harry-Potter-Geschichten ist, die »Muggel«-geborene Zahnarzttochter Hermine Granger. Das streitet sie auch nicht ab. »Hermine war sehr leicht zu erfinden, weil sie praktisch genauso ist, wie ich selbst mit elf war. Im Grunde ist sie eine Karikatur von mir. Wie Hermine war auch ich davon besessen, Leistungen zu erbringen. Im Grunde verdeckte das jedoch nur meine schreckliche Unsicherheit. Ich glaube, dass sich sehr viele junge Mädchen so fühlen.«

Wie Joanne ist auch Hermine eine fast schon olympiaverdächtige Lernerin. Bei ihrem allerersten Treffen mit Harry berichtete sie ihm: »Ich habe noch ein paar andere Bücher, sozusagen als Hintergrundlektüre, und du stehst in der *Geschichte der modernen Magie*, im *Aufstieg und Niedergang der dunklen Künste* und in der *Großen Chronik der Zauberei des Zwanzigsten Jahrhunderts*«; in *Harry Potter und die Kammer des Schreckens* bemerkt Ron Weasley: »Ich glaube, sie will bis Weihnachten die ganze Bibliothek durchlesen.«

Joanne gibt zu: »Ich hatte immer das Gefühl, etwas leisten zu müssen, meine Hand immer als Erste heben und immer Recht haben zu müssen.« Dieses Gefühl teilt sie auf amüsante Art und Weise mit Hermine, was insbesondere in den Unterrichtsstunden des gefürchteten Snape, des Lehrers für Zaubertränke zum Ausdruck kommt, der Hermines enthusiastischen Versuche, seine Aufmerksamkeit auf sich zu lenken, weil sie die Antworten auf seine Frage weiß, regelmäßig ignoriert.

Vielleicht hat Hermine Angst zu versagen, doch anders als Joanne macht sie nicht diese Erfahrung. Während Joanne nur einen lächerlichen halben Punkt bei ihrem ersten »täglich Zehn«-Test von Mrs. Morgan erlangt, brüstet Hermine sich vor Harry und Ron damit, bei dem Zauberkunst-Lehrer Professor Flitwick in seiner Prüfung hundertzwölf Prozent erreicht zu haben. Sie ist natürlich Jahresbeste. Und während Hermine, zumindest am Anfang der Geschichte, nicht viel mehr als die Karikatur einer Besserwisserin ist, ist Harry Potter derjenige, bei dem sich die Unsicherheit der elfjährigen Schülerin Joanne manifestiert. Er ist derjenige, der bei der Ankunft in Hogwarts Angst vor seinem Test hat. Er ist derjenige, der in Snapes Klassenzimmer leidet, genau wie Joanne unter ihrem Chemielehrer John Nettleship in der Wyedean Gesamtschule, ihrer nächsten Schule, gelitten hat. Harry ist derjenige, der seine Mutter schrecklich vermisst, genau wie Joanne, als ihre eigene Mutter Anne starb.

Erst gegen Ende des *Stein der Weisen*, als sie Harry viel Glück wünscht, enthüllt Hermine eine tiefere, emotionalere Seite von sich: »Bücher! Schlauheit! Es gibt wichtigere Dinge – Freundschaft und Mut und – oh Harry, sei *vorsichtig*!«

Hieraus könnten auch Anne Rowlings Wertvorstellungen sprechen. Als Joanne neun Jahre alt war, gab Anne ihr ein Buch, von dem sie offen zugibt, dass es »mehr als jedes andere Buch die Harry-Potter-Geschichten beeinflusst hat«. Das Buch hieß *Das kleine weiße Pferd* von Elizabeth Goudge und hatte bei seiner Erstveröffentlichung 1946 die Carnegie Medaille für Kinderliteratur erhalten. Die BBC verfilmte es unter dem Titel *Moonacre*, wahrscheinlich um auch kleine Jungs zu faszinieren, die sich einen Film mit einem kitschigen Titel wahrscheinlich sonst nicht angesehen hätten. Auf dem Buchdeckel der Auflage aus dem Jahr 2000 ist ein Zitat von J. K. Rowling zu lesen: »Ich habe *Das kleine weiße Pferd* unglaublich geliebt. Die Handlung ist großartig ... Es ist unheimlich und romantisch zugleich und hat eine lebhafte Heldin.«

Die Heldin mit dem wundersamen Namen Maria Merryweather mag zwar lebhaft sein, doch wahrscheinlich identifizierte Joanne Rowling sich eher damit, dass sie ein ganz normales Mädchen mit roten Haaren war: »Sie war dreizehn Jahre alt und galt als normal. Sie hatte seltsame silbergraue Augen, die sehr beunruhigend und durchdringend blicken konnten, glatte rote Haar und ein schmales, blasses Gesicht mit schrecklich vielen Sommersprossen.«

Als Vorlage dafür, wie man ein erfolgreiches Kinderbuch schreibt, ist *Das kleine weiße Pferd* kaum zu schlagen. Unbewusst speicherte die junge Joanne Rowling natürlich das Wesentliche, was ihr fünfzehn Jahre später, als sie Harry Potter schrieb, zugute kam. Die Figuren haben klangvolle, ausgefallene Namen. Da gibt es neben Maria Merryweather ihre Gouvernante Miss Heliotrope, Monsieur Cocq de Noir, Loveday Minette und den Zwerg Marmaduke Scarlet, der wie der Hauself Dobby in der Potter-Geschichte in der Küche arbeitet, kocht und sauber macht.

Maria ist ein Waisenkind und wird wie Harry Potter in eine unbekannte Welt gestoßen. Sie fährt mit Miss Heliotrope und Wiggins von London zum Schloss ihrer Cousine, das im wunderschönen, geheimnisvollen Moonacre-Tal liegt. Um das Schloss zu erreichen, müssen sie durch einen unterirdischen Tunnel gehen. Die Figur des Wiggins ist eine spielerische Erfindung von Goudge, die J. K. Rowling gefallen haben wird. Wiggins ist »gierig, eingebildet, übellaunig, selbstsüchtig und faul«. Warum um Himmels willen nimmt Maria ihn mit auf Reisen? Eine Seite später wird alles erklärt. Wiggins ist ein Cockerspaniel, ein reinrassiger King Charles.

Tiere spielen auch bei Goudge eine große Rolle und sind, so wie in den Harry-Potter-Büchern, nicht immer das, als was sie erscheinen. Wrolf, ein großer, gelbbrauner Hund, stellt sich später als Löwe heraus, der Maria beschützt. Die Katze Zachariah ist hingegen sehr klug und schreibt mit ihrem Schwanz verschlüsselte Botschaften in die Asche des Küchenherdes. Serena, der Hase, ist ebenfalls weise. Auch in den Harry-Potter-Geschichten gibt es eine kluge Katze namens Krummbein. Sie gehört Hermine und weiß, dass Rons Hausratte Krätze in Wirklichkeit der verschlagene Pettigrew in Animagus-Gestalt ist.

Aber natürlich gibt es auch das kleine weiße Pferd, das durch den Pinienwald galoppiert: »Maria war nicht einmal überrascht, als es seinen hübschen Kopf ein wenig umwandte und sie ansah, und sie sah ein seltsames kleines silbernes Horn aus seiner Stirn herausragen. Das kleine weiße Pferd war ein Einhorn.« Auch Harry entdeckt im Verbotenen Wald so ein Fabelwesen: »Etwas Hellweißes schimmerte auf dem Boden. Vorsichtig traten sie näher. Es war das Einhorn, es war tot. Harry hatte noch nie etwas so Schönes und zugleich Trauriges gesehen.« Das Einhorn kommt auch in der Comic-

Serie *Fantastic Beasts & Where To Find Them* (*Sagentiere und wo man sie findet*) vor, in der es heißt, »es ist so leichtfüßig, dass man es nur schwer fangen kann«.

Vor allem was das Essen betrifft, wird der Einfluss, den Goudes Buch auf J.K. Rowling ausübte, deutlich: »Es gab jede Menge Pflaumenkuchen, Safrankuchen, Kirschkuchen, glasierte Törtchen, Éclairs, Lebkuchen, Baisers, Sillabub, Mandelfinger, Plätzchen, Schokoladenkuchen, Pfefferkuchen, Sahnehörnchen, Biskuitplätzchen, pikante Blätterteigpasteten, Marmeladenbrötchen, Zitronenquark, Sandwichs, Salatsandwichs, Zimttoast und Honigtoast, von denen man zwanzig und mehr hätten essen können.« Erstaunlicherweise ist das nicht die Beschreibung eines Essens in Hogwarts, sondern stammt aus dem letzten Kapitel des *Das kleine weiße Pferd*, und J.K. Rowling gibt gern zu, was sie ihrem Lieblingskinderbuch verdankt.

Elizabeth de Beauchamp Goudge kam 1900 in einer etwas freundlicheren Umgebung zur Welt als Joanne Rowling, die in Sundridge Park, Yate, geboren wurde, doch ihr Wunsch zu schreiben und ihre Bescheidenheit erinnern sehr an die Autorin, die sie später so beeinflussen sollte. Goudge war Halbfranzösin, die Eltern ihrer Mutter, so hieß es, stammten von den Mundschenken William des Eroberers ab. Joannes Mutter Anne, die mit Mädchenname Volant hieß, hatte ebenfalls gallische Vorfahren.

Elizabeths Vater war Leiter des theologischen Colleges an der Kathedrale in Wells in Somerset und die Familie bewohnte ein gemütliches altes Haus, »in dessen Zimmerecken Engel geschnitzt waren und in dem es dunkle Winkel und Schleichwege gab, wo man wunderbar Verstecken spielen konnte«. Ihre Mutter war invalid und nach Elizabeth zu urteilen, »die wunderbarste Geschichtenerzählerin der Welt«. Vieles in ihrer Kindheit erinnert an Joanne Rowling, doch am meisten der Einfluss, den auch ihre Mutter auf sie ausübte. Obwohl

Elizabeth Goudge in einer viel romantischeren Zeit im edwardianischen England aufwuchs, so ist doch auch im heutigen Forest of Dean die Zeit ein wenig stehen geblieben.

Elizabeth ging nie in die Grundschule, doch ihre Gouvernante Miss Lavington war mindestens genauso streng wenn auch nicht ganz so beängstigend wie Mrs. Morgan mit ihren »täglichen Zehn«, und impfte dem jungen Mädchen »alle Daten der Könige von England, von William dem Eroberer an abwärts, ein, bis sie sie auswendig aufsagen konnte, sowie das Einmaleins bis zwölf.« Als Einzelkind verbrachte Elizabeth ihre Nachmittage damit, mit anderen Kindern in deren Garten zu spielen. Die Familienurlaube verlebte sie auf der Insel Guernsey, wo »tiefe Wasserrinnen sich zu den steinigen Stränden hinunterschlängelten und mit ihren Buchten voller Seeanemonen ein Paradies für Kinder waren.«

Als ihr Vater Kanonikus der Ely Cathedral in Cambridgeshire wurde, zogen Elizabeth und ihre Familie in ein verwunschenes Haus, das zum Klosterkrankenhaus gehört hatte, als es in Ely noch ein Kloster gab. »Zu fast jedem Haus rund um die Kathedrale gab es eine Geistergeschichte«, erinnerte sich Elizabeth, »und ich sah so oft einen grauen Mönch durch unser Haus gehen, dass ich irgendwann keine Angst mehr vor ihm hatte.«

All diese Kindheitserlebnisse fanden auf die eine oder andere Art ihren Weg in Goudges Romane. Sie war schrecklich schüchtern, vor allem, was ihre Englischarbeiten betraf. Auf dem Internat wurden ihre Geschichten laut der Klasse vorgelesen, »während ich mit hochroten Ohren unter meinen Zöpfen und scheu gesenktem Kopf dasaß; aber insgeheim war ich voller Stolz«. Ihre ersten Schreibversuche ereilte dasselbe Schicksal wie später die von J. K. Rowling: Sie wurden von der Literaturwelt zurückgewiesen. Sie verdiente ihren Unterhalt, indem sie Kunst und Handarbeit unterrichtete und schrieb, wann immer sie konnte: »Ich stand früh auf und schrieb vor dem Frühstück, spät am Abend und wann immer ich Zeit dazu hatte.« Tatsächlich verbrannte sie ihren ersten Roman, weil sie ihn schrecklich fand und ihr nächster Versuch, *Island Magic*, ein Buch über Guernsey, wurde von zwei Verlagshäusern abgelehnt, bevor der Titel schließlich von Gerald Duckworth and Co. angenommen wurde. Diese Folge von Ereignissen weist eine bestürzende Ähnlichkeit mit dem auf, was später auch Joanne Rowling widerfahren sollte. Fast schon unheimlich mutet es da an, dass beide Autorinnen ihren ersten literarischen Erfolg mit zweiunddreißig feierten.

Zu diesem Zeitpunkt konzentrierte sich Goudge auf Romane für Erwachsene, sie schrieb *Green Dolphin Country*, eine faszinierende und wahre Geschichte über einen Mann von einer der Kanalinseln, der nach Amerika auswanderte und, als er schließlich ein Vermögen beisammen hatte, dem Vater des Mädchens, das er liebte, schrieb und um ihre Hand anhielt. Versehentlich hatte er jedoch die Namen der beiden Schwestern verwechselt, seiner Frau von diesem Fehler später jedoch nie erzählt. Ihre berühmtesten Kinderbücher sind *Das kleine weiße Pferd* und *The Valley of Song*, die sie nach dem Zweiten Weltkrieg schrieb, und sie gehören zu den Büchern, von denen Elizabeth sagte, dass sie sich für sie »am wenigstens schämen« würde – wieder einmal eine sehr bescheidene Äußerung.

Die Parallelen zwischen den Biografien von Elizabeth Goudge und Joanne Rowling sind zwar faszinierend, doch lange nicht so bedeutend wie der literarische Einfluss, den Goudge auf Joanne Rowling ausgeübt hat. Beide Autorinnen besitzen das, was das *Dictionary of National Biography* als »die reiche Fantasie einer geborenen Geschichtenerzählerin« bezeichnet.

Und trotzdem gleichen sie einander nicht völlig. Elizabeth Goudge, eine gläubige Christin, verbrachte ihr Leben als gut betuchte, kinderlose und nie einsame vornehme Dame. Sie griff auf ihre eigenen Erfahrungen zurück und schrieb, worüber sie Bescheid wusste. So entstanden sechzehn Romane und sechs Kinderbücher. Die Begeisterung von J. K. Rowling für Goudges Bücher wird sie auch einer jungen Generation wieder näher bringen.

In *Das kleine weiße Pferd* heißt das Merryweather-Motto: »Ein tapferes und reines Gemüt und ein liebendes und frohes Herz werden das Königreich ererben ...« Auch das lieferte die Vorlage für Harry Potters Mut und Hermine Grangers Begeisterung für Freundschaft und Tapferkeit.

★ 3 ★

Möchtegern-Rebellin

»Für junge Leute wird hier absolut gar nichts geboten.«

Die Teenager-Mädchen an der Gesamtschule in Wyedean konnte man grob in fünf Gruppen einteilen: Streber, Tussen, Großmäuler, Stinker und den Rest, all die normalen Jugendlichen, die im Leben die Fußsoldaten stellen. Für ihre Mitschüler gehörte Joanne – oder Jo, wie sie sich von ihren Freunden jetzt lieber nennen ließ – ganz eindeutig in die Gruppe der intelligenten Streber. Sie brauchte ein paar Jahre, um das Image einer Hermine Granger abzuschütteln, doch als Teenager verwandelte Joanne sich von der verhassten Streberin in ein beliebteres, aufgeschlosseneres Mädchen, das von ihren Schulkameradinnen so gemocht wurde, dass sie sie im letzten Schuljahr sogar zur Schulsprecherin wählten. Joanne empfand das so, als hätte man sie gewählt, weil sie »am wenigsten gefährdet war, in den Knast zu gehen«, was deutlich zeigt, welche Meinung sie von der Schule hatte ... Einmal hat sie gestanden, dass sie eigentlich »ganz gerne auf die weiterführende Schule ging«, doch eine ihrer Freundinnen sieht das ganz anders: »Wyedean war eine schreckliche Schule; ich und Jo konnten es gar nicht erwarten, endlich von dort zu verschwinden.«

Im Teenageralter wurde Joanne aufgeschlossener und freundlicher. Fast alle ihre Mitschüler aus Tutshill gingen auf das Wyedean Institut, das 1976 als eine moderne weiterführende Schule galt und gerade in ein neues Gebäude im Nachbardorf Sedbury umgezogen war. Heute stehen die zwei Meilen von Church Cottage zur Schule voller Häuser, so dass sich kaum noch erkennen lässt , wo das eine Dorf endet und das andere beginnt. Sedbury besteht im Wesentlichen aus einem großzügig angelegten Schulgebäude, dem gegenüber in der Beachley Road eine Kaserne steht. Um nach Wyedean zu gehen, mussten die Schüler keine Aufnahmeprüfung ablegen. Es genügte, in der Gegend zu wohnen. Und da es eine staatliche Schule war, waren auch keine Gebühren zu entrichten.

Wyedean ist keine Schule, von der die Regierung behaupten könnte, sie sei »eine elende Gesamtschulklitsche«. Zwischen einer staatlichen Provinzschule und einer städtischen Gesamtschule liegen Welten, denn in den Großstädten ist die Trennung der sozialen Schichten zum Teil noch viel stärker. Der ehemalige Chemielehrer von Wyedean, John Nettleship, erinnert sich: »Wir hatten immer alle möglichen jungen Leute aus den umliegenden Dörfern bei uns.« Es gab Kinder aus ganz normalen Arbeiterfamilien, aber auch Kinder, die aus Familien kamen, die wie die Rowlings hierher gezogen waren, weil sie die Gegend als eine bessere Umgebung für ihre Kinder ansahen. Diese Leute brachten neuen Wohlstand in die Gegend.

Für Joanne bedeutete Wyedean weg von den Morgans. Aber dafür gab es eine Menge neuer Lehrer, mit denen sie sich arrangieren musste. Der Schulleiter hieß Ken Smith und wurde von Mr. Nettleship als »wahrer Gentleman« beschrieben. Ein Mitschüler von Joanne beschreibt ihn hingegen eher als »einen strengen Mann mit Stock«. Mr. Nettleship ist davon überzeugt, dass in Albus Dumbledore, dem Schulleiter von Hogwarts, mehr von Ken Smith steckt, als man auf den ersten Blick vermuten mag, wenn man bedenkt, dass er die körperliche Züchtigung an der Schule wieder einführte.

»Es ist doch faszinierend, dass Dumbledore wohl der beste Zauberer der Welt ist, seine Macht jedoch nicht nutzt«, erklärt Mr. Nettleship. »Er ließ das Chaos walten. Ken Smith war ein sehr moderater Mensch und glaubte fest daran, dass seine Kollegen ihre Angelegenheiten schon selbst regeln würden. Das brachte ihm den großen Vorteil, dass er sie ihren individuellen Ansichten und Einflüssen überlassen konnte, wobei dies wiederum zu schulinternen Streitigkeiten führte – doch das ist in Hogwarts nicht anders.« Einer von Joannes Freunden teilt hingegen keineswegs Mr. Nettleships Sicht über den Schulleiter, sondern meint: »Ich bin sicher, dass Dumbledore nichts mit Smith zu tun hat.«

Als Schulsprecherin hatte Joanne viel engeren Kontakt zur Schulverwaltung und dem Schulleiter als die meisten anderen Schüler. Vielleicht hat sie auch Charakterzüge ihres alten Rektors in der Figur des Dumbledore verewigt, auch wenn der Leiter von Hogwarts eine Mischung aus mehreren Persönlichkeiten zu sein scheint. Selbst wenn man in Dumbledores Stillhaltetaktik vielleicht Hinweise auf Ken Smith finden kann, so ist es nicht gesagt, dass seine gesamte Persönlichkeit Züge von Schulleitern hatte, denen Joanne begegnet ist. Womöglich hat er viel mehr mit ihrem Vater Pete gemein, den Mr. Nettleship als »einen sehr klugen Mann« beschreibt.

Dass John Nettleship selbst als Vorlage für Snape, den Lehrer für Zaubertränke in Hogwarts, gedient haben mag, ist viel wahrscheinlicher. Er ist nachdenklich, äußerst genau, scharfsinnig und verfügt über die Fähigkeit, zum Kern eines Problems vorzudringen, was die weniger selbstbewussten Schüler verängstigt haben muss. »Stinger« (Piekser), wie er gehässig genannt wird, ist froh, ja sogar stolz darauf, die Vorlage für Harrys schlimmsten Lehrer geliefert zu haben. Chemie war kein Fach, in dem die künstlerisch begabte Joanne Rowling glänzte, und während sie das Periodensystem vielleicht vergessen haben mag, vergaß sie nie den traumatischen Unterricht von Mr. Nettleship. »Ich hatte die Angewohnheit, mir jeden Schüler einzeln vorzuknöpfen und ihm Fragen zu stellen«, erinnert sich Nettleship, »und oft knöpfte ich mir Joanne vor, weil sie eine der besseren Schülerinnen der Klasse war.«

Harry ist hingegen oft das Ziel von Professor Snapes strengen Fragen, und unruhig sitzt er auf seinem Platz und bemüht sich, die unmöglichen Aufgaben seines Lehrers zu lösen: »›Potter!‹, sagte Snape plötzlich. ›Was bekomme ich, wenn ich meinem Wermutaufguss geriebene Affodilwurzel hinzufüge?‹« Stellt man sich nun Joanne Rowling an Potters Stelle vor, so kann man sich leicht ein Bild davon machen, wie die junge Joanne sich gefühlt haben muss, wenn sie zu einer Doppelstunde Chemie in den naturwissenschaftlichen Trakt der Schule ging. Nettleship erklärt: »Ich denke, das Harrys Mangel an Selbstbewusstsein etwas ist, das auch Joanne in ihrer Schulzeit manchmal empfunden haben mag.«

Dass er womöglich die Vorlage für Snape geliefert hat, sieht Nettleship gelassen: »Ich denke, dass die Charaktere der einzelnen Figuren sehr unterschiedlich sind, ich kann viel von mir in Snape wiederfinden. Zuerst habe ich mich für Albus Dumbledore gehalten. Doch dann fuhren die Reporter bei mir zu Hause vor und sagten ›Sie sind Snape, oder?‹ und meine Frau Shirley meinte, sie hätte versucht, dies vor mir zu verheimlichen, weil sie es mir nicht sagen wollte. Ich glaube, viele Schüler haben mich als sehr streng empfunden, vor allem in den Siebzigerjahren. Damals waren viele Kinder schrecklich verwöhnt.

Für mich ist jedoch ganz eindeutig, dass Snape jemand ist, der mit sich selbst genauso große Probleme hat, wie er sie anderen bereitet, und wenn die Geschichte von Harry Potter in Band sieben zu Ende ist und die meisten Dinge sich geklärt haben, kann ich mir ja vielleicht ein paar Ratschläge mit auf den Weg nehmen, wie ich den Rest meines Lebens besser verbringen kann. Vielleicht wird alles sich doch noch zum Guten wenden.«

John Nettleship war deshalb besonders wichtig für die Familie Rowling, weil er als Leiter des Fachbereichs Chemie ein Bewerbungsgespräch mit Anne führte, als diese sich als Laborassistentin bewarb, kurz nachdem Di Joanne nach Wyedean gefolgt war. Zuerst hatte sie kein Glück.

»Ich musste das entscheiden«, gibt Nettleship zu. »Meine Frau Shirley war Leiterin der technischen Abteilung, und wir suchten eine Stellvertretung. Ich musste mich zwischen Anne und einer anderen Dame entscheiden, die überaus gut als Technikerin qualifiziert war. Ich gebe nur ungern zu, dass ich den Job lieber der Bewerberin mit der größeren Erfahrung anbieten wollte. Shirley war darüber sehr erbost. Unsere neue Mitarbeiterin erwies sich schließlich auch als reichlich unfähig. Glücklicherweise hatte sie den Job nach kurzer Zeit satt und kündigte. Also konnten wir Anne fragen, was sich als ein Segen für uns erwies, denn sie war wirklich ganz ausgezeichnet.«

Es war der perfekte Job für Anne, die immer schon gerne in Gesellschaft junger Leute war. Da ihre Töchter inzwischen zu groß für die Wichtelgruppe waren, half sie jetzt begeistert im Tutshill Youth Club, der sich im alten Kirchsaal traf. Sie war eine gute Gitarristin und versuchte, dieses Talent an Joanne weiterzugeben, die sich – wie das bei Teenagern nun einmal ist – als Rockgöttin sah und sich danach sehnte, E-Gitarre zu spielen.

Anne, Joanne und Di wirkten eher wie Schwestern als wie Mutter und Töchter. Jeden Morgen gingen sie von Tutshill nach Wyedean und nach der Schule wieder zurück und hielten nur kurz in den Läden, um etwas zum Abendessen zu kaufen. Ganz oben auf der Liste stand G. & P. Roser Metzgerei und Gemüsehandel, staatlich lizenzierter Lottoladen und Anbieter einiger der besten Würste in ganz Gloucestershire. »Joanne war immer ganz still, wenn sie hereinkamen«, erinnert sich Geoff Roser. »Man sah, dass die Familienmitglieder sehr eng miteinander verbunden waren, und am Wochenende war auch der Vater mit dabei. Anne und Pete standen einander sehr nahe.« Damals gab es auf der Straße durch Tutshill mehr Fußgänger als Autos. Die drei »Mädchen« erzählten einander immer den Tratsch des Tages, wenn sie von der Schule zurückkamen.

Anne war sehr humorvoll und sah immer das Komische an einer Situation. So erzählte sie ihnen eines Tages eine aufregende Geschichte aus dem Biologielabor, in der es um einen gut aussehenden neuen Lehrer und seine Käfer ging. John Nettleship erinnert sich: »Es waren ekelhafte Viecher. Eines Tages kamen sie frei und der Lehrer, der stolze Besitzer dieser Käfer, lief auf und davon. Die arme Anne musste sich nun um die schöne Bescherung kümmern. Die Käfer saßen an der Decke und überall im Saal. Immerhin blieben sie im Vorbereitungssaal.« Anne fand die Geschichte ungeheuer lustig, und nachdem sie sie immer wieder erzählte, waren aus den sechs Zentimeter langen Käfern schließlich achtzehn Zentimeter lange Monster geworden. Als Anne ihren Töchtern auf dem Weg nach Hause davon erzählte, hatten die Biester zweifellos bereits kolossale Ausmaße angenommen. Joanne, die das Gedächtnis eines Elefanten hat und alles speichert, was sie später zu literarischen Zwecken wiederverwenden könnte, hat die Begebenheit für die Geschichte von den Knallrümpfigen Krötern wiederverwendet, die Hagrid in *Harry Potter und der Feuerkelch* unglücklicherweise mit zur Pflege magischer Geschöpfe bringt. Die Kinder sollten mit den explosiven Kreaturen spazieren gehen, doch die ein Meter langen Kröter, eine »Kreuzung zwischen einem Riesenskorpion und einer langen Krabbe«, waren unkontrollierbar, und so verteilte sich die Klasse über ein großes Gebiet, um die kraftvollen Tiere im Zaum zu halten.

Schon in Wyedean begann Joanne, ihre Englischlehrer mit ihren fantasievollen Arbeiten zu beeindrucken. Einer, dem ihre Kreativität besonders auffiel, war der junge amerikanische Student Dale Neuschwander, der für ein Jahr über den Atlantik gekommen war, um an einer staatlichen englischen Schule zu unterrichten: »Im kreativen Schreiben war sie die Vorzeigeschülerin. Ich wünschte, ich hätte ihren A-plus-Aufsatz mit dem Titel ›Meine einsame Insel‹ behalten, den sie in einer Unterrichtsstunde schrieb und in dem es um Überleben ging. Damals lasen wir Bücher wie *Der Herr der Fliegen* von William Golding und *Walkabout* von James Vance Marshall.« Jahre später, als Joanne zu Gast bei »Desert Island Discs« war, wählte sie den *SAS Survival Guide* als das Buch aus, das sie mitnehmen wollte. »Sie haben mir Shakespeare und die Bibel gegeben, und Literatur ist wirklich toll, aber ich möchte wirklich überleben ...«

Mr. Neuschwander erinnert sich, dass Joanne zwar an Diskussionen in der Klasse teilnahm, sich aber lieber schriftlich äußerte: »Sie schien um ihr Können zu wissen, war aber manchmal ein wenig schüchtern.« Ihn beeindruckte auch die Lehrerin, die den bis dahin wohl größten literarischen Einfluss auf Joanne ausgeübt hatte. Lucy Shepherd war Anfang zwanzig, als Joanne nach Wyedean kam, und sie begeisterte sich für Frauen, die ihre Begabungen in der modernen Welt zum Ausdruck bringen wollten. »Sie unterrichtete wirklich mit dem Herzen«, bemerkt Mr. Neuschwander, »und sie respektierte die Schüler. Sie gab ihnen das Handwerkszeug, das sie benötigten, mit auf den Weg, doch sie förderte auch ihre Kreativität und die Freude am Lernen.

Lucy war geradeheraus, und die Kinder hatten keine Angst vor ihr, weil sie wussten, dass sie ihr wichtig waren. Sie war ein großartiges Vorbild für jeden werdenden Lehrer. Bei ihr in der Klasse wurde ernsthaft gelernt, denn sie war hervorragend organisiert und hatte das Ziel, das Beste aus ihren

Schülern herauszuholen. Ich bin mir sicher, dass Lucy einen großen Einfluss auf Joanne Rowling ausgeübt hat.«

John Nettleship sagt außerdem anerkennend über Miss Shepherd: »Lucy war höchst qualifiziert. Mir gegenüber war sie misstrauisch, weil ich es nicht so mit Büchern hatte. Ich war immer zu beschäftigt damit, irgendetwas in die Luft zu jagen. Damals waren die neuen Gesamtschulen in England für engagierte Lehrer sehr attraktiv, weil sie dort die Möglichkeit hatten, etwas Neues auszuprobieren. Lucy hat viele neue Anregungen gebracht ...«

Joanne gesteht, dass Miss Shepherd die einzige Lehrerin war, der sie überhaupt vertraute, aber nicht einmal sie wusste, dass ihre Schülerin unbedingt Schriftstellerin werden wollte. Immerhin brachte sie ihrer werdenden Autorin bei, dass sie ohne Genauigkeit und ein Auge für die Strukturen nichts zustande bringen würde. In *Telling Tales: An Interview with J. K. Rowling* erklärt Joanne, dass sie ihre Lehrerin deshalb so respektierte, weil Miss Shepherd eine unglaubliche Leidenschaft für ihre Arbeit zeigte. Sie war überzeugte Feministin, und Joanne war noch nie zuvor einer Frau wie ihr begegnet: »Ich weiß noch, dass ich eines Tages vor mich hin kritzelte, während sie redete, und sie mir sagte, dass ich sehr unhöflich sei. Ich antwortete darauf: ›Aber ich höre doch zu‹, und sie sagte mir, dass ich dennoch unhöflich sei. Das ist mir wirklich im Gedächtnis geblieben.«

Leider arbeitet Lucy Shepherd, die immer ein sehr verschlossener Mensch war, jetzt nicht mehr als Lehrerin, sondern in einem Buchladen in Bristol. Einen Brief, den Joanne nach der Veröffentlichung des ersten Harry-Potter-Buches von ihr bekommen hat und in dem steht, dass ihr das Buch gefallen hat, hütet sie wie einen Schatz.

* ★ *

Je älter Joanne Rowling wurde, desto besser begriff sie, dass es in der Welt noch mehr als die engen Grenzen der Schule in Wyedean gab. Als sie dreizehn war, erfuhr sie bei einem Schüleraustausch zum ersten Mal, dass es auch noch exotischere Gegenden gibt. Sie kam in eine kleine Stadt in der Nähe von Lille. »Wir waren nicht sonderlich beeindruckt«, erinnert sich eine Freundin. »Es war sehr langweilig. Jo und ich empfanden es geradezu als Ironie des Schicksals, dass wir bei all den schönen Orten in Frankreich ausgerechnet in dieser ziemlich armen und schäbigen Bergbaustadt gelandet waren.« Die Mädchen waren auch nicht sonderlich davon begeistert, dass sich die Toilettenhäuschen im Freien befanden und nur eine halbe Tür als Sichtschutz und einen Graben darum hatten, in den es hineinzumachen galt.

Ein bekanntes Sprichwort des Forest of Dean heißt: »Blessed is the eye that rests between the Severn and the Wye« (»Gesegnet sei, wer schaut vom Severn zum Wye«), obwohl viele junge Leute das nicht so sahen und eher fanden: »Bored is the eye« (»Gelangweilt sei, wer schaut …«). Vor J. K. Rowling war der berühmte Dramatiker Dennis Potter, Autor von *Der singende Detektiv* und *Tanz in den Wolken*, der bekannteste Schriftsteller der Gegend. Anders als Rowling wurde der Autor, der ausgerechnet Potter hieß, auch hier in Berry Hill, in der Nähe von Coleford, ungefähr zehn Meilen von Tutshill entfernt, geboren und wuchs auch dort auf. Sein Schaffen wurde womöglich noch stärker von der Umgebung seiner Kindheit geprägt als dies bei Joanne Rowling der Fall war. Er ist diesem »merkwürdigen, wunderschönen Ort« dankbar. 1994, in dem letzten Interview vor seinem Tod beschreibt Potter den Wald als »ziemlich hässliches Dörfchen in einer wunderschönen Landschaft, ein herzförmiger Platz zwischen zwei Flüssen, irgendwie vom restlichen England ein wenig abgeschnitten«.

Die Jugendlichen von Wyedean würden sich hingegen eher

mit dem Mädchen identifizieren, mit dem Potter in seinen Memoiren *The Changing Forest* in einer Kaffeebar in Cinderford spricht. Er fragt sie, wie ihr der Wald gefällt, und sie antwortet: »Dieses Loch, meinen Sie ... Hier ist alles halbtot, ganz einfach. Lauter weinerliche alte Leute. Nichts zu tun. Bloß verdammt viel Elend in der Gegend ...«

Selbst die langjährige Sekretärin des Rektors von Wyedean, Paula Whitehouse, gibt zu: »Für junge Leute wird hier absolut gar nichts geboten.« Chepstow, die Wyedean und Tutshill am nächsten gelegene Stadt, verfügt nicht einmal über ein Kino. Es ist eine dieser Provinzstädte, in der Jungs und Mädchen, die noch zu jung sind, um im Pub etwas trinken zu gehen, ziellos herumgeistern; sie versammeln sich auf den Parkplätzen der Supermärkte, um Zigaretten zu rauchen und Skateboard fahren zu üben.

Für die jungen Leute war die Gegend ein riesiges Freiluftgefängnis. Die Wyedean-Uniform, eine nicht sehr schmeichelhafte Kombination aus Braun und Gelb, war nicht viel besser als eine Gefängniskluft, fast jeder hasste sie. Bis heute weigert sich Joanne, auch nur eine dieser beiden Farben zu tragen.

Das nächstgelegene Kino befand sich in Coleford, und dorthin fuhr Joanne mit ihren Freunden, um sich *Grease* anzuschauen, der zum erfolgreichsten Film des Jahres wurde. Die Jungs fühlten sich alle wie John Travolta, die Mädchen wie Olivia Newton-John, wobei Joanne bereits radikalere Tendenzen zeigte und sich eher für die subversivere Figur der Rizzo interessierte. Rizzo wird im Film von Stockard Channing gespielt und wurde später zu der Figur, mit der Uni-Freunde die junge Studentin Joanne in Verbindung brachten. Das Musical *Grease*, das an einer Highschool im Amerika der Fünfzigerjahre spielt, ist meilenweit entfernt von Wyedean, und das einzig Wirkliche an dem Film ist Rizzo, die ihre Verwundbarkeit hinter einer frechen Fassade versteckt.

John Travolta war zwar bei Joannes Altersgenossen beliebt, doch der absolute Renner war eigentlich Leif Garret, ein Schönling mit blonden Locken, der die Schlafzimmerwände aller leicht zu beeindruckenden Mädchen zierte. 1979 hatte er zwei Hits in Großbritannien: »I Was Made for Dancin'« belegte Platz vier in den Charts, »Feel the Need« kam auf Platz achtunddreißig. Und das war's auch schon für Leif Garret, bald wurde er vom nächsten Teenie-Star abgelöst – oder, in Joannes Rowlings Fall – von The Clash, der Lieblings-Punk-Band denkender Menschen, die zudem oft als die beste Band des Genres bezeichnet wird. Joanne war wohl bewusst, dass sich ihre Hormone zu regen begannen. Ihre Schulfreundin Andrea Andrews erinnert sich: »Sie saß da und schaute zusammen mit einer ihrer Freundinnen einem Jungen in unserem Alter nach, sie gierten ihm förmlich hinterher. Er war für seine fünfzehn Jahre recht groß, blond, darum fanden ihn viele Mädchen toll.« Joanne selbst sagte: »Nur weil man ein vernünftiges Hirn hat, heißt das nicht, dass man deshalb besser als irgendjemand anders mit den Hormonen umgehen kann.«

Und da wir schon über Jungs und Hits sprechen – die Möglichkeiten zum Tanzen waren beschränkt. Andrea erinnert sich: »In Woodcroft gab es einen Jugendclub, manchmal auch Discos in der Exerzierhalle in Chepstow. Das waren die Highlights unseres Lebens, denn es wurde Alkohol ausgeschenkt und man konnte sich unter die Sechzehnjährigen mischen. Manchmal fand auch eine Disco im Theatersaal der Schule statt. Das war's dann aber auch.« Joanne liebte vor allem die Discos in der Exerzierhalle, und sie sollte sich derartigen Vergnügungen später auch im Ausland noch begeisterter hingeben.

Moderne Jugendliche aus London und anderen Großstädten Großbritanniens würde es die Sprache verschlagen, wenn sie hörten, wie wenig Beschäftigungsmöglichkeiten es für

Teenager in diesem provinziellen Loch gab, in dem man sich allerhöchstens in Martin's Coffeeshop oder beim Bäcker Gregg treffen konnte. Ins Live and Let Live, einem schäbigen, aber netten Pub an der Straße zwischen Tutshill und Wyedean, durfte Joanne noch nicht. Als die Familie aus Winterbourne nach Tutshill zog, gingen Pete und Anne selten aus, höchstens mal mit ein paar engen Freunden essen. Geoff Roser, der Metzger, bemerkt, dass er die Rowlings in der ganzen Zeit, in der sie in Tutshill lebten, nicht ein Mal im Pub gesehen hätte.

Wie viele intelligente, aber schüchterne Mädchen interessierte sich Joanne eher für die radikalen Randerscheinungen der Jugendkultur; darum mochte sie wohl auch die Punkgruppe The Clash. Ihre Punkphase hatte Nachwirkungen: Die nächsten zehn Jahre trug sie dickes, schwarzes Augen-Make-up, den so genannten Gothic-Look, wie es Siouxsie Sioux von Siouxsie and the Banshees vormachte.

Ihren Mitschülern ist Joanne jedoch als »still und schüchtern« im Gedächtnis geblieben. In der Gesellschaft guter Freundinnen war sie hingegen offener und unterhielt sie mit Geschichten, in denen sie die Heldinnen waren. Eine erinnert sich: »Joanne faszinierte uns mit ihrem Witz und den fantasievollen Geschichten. Sie hatte viele Ideen und war geschickt im Hand- und Tarot-Karten-Lesen und konnte eine Geschichte daraus machen, die zwar komplett ausgedacht war, die uns aber packte und letztendlich zum Lachen brachte. Ihre trockene, ironische Art erkennt man in den Büchern sofort wieder. Vielleicht ist sie aus ihrem Schneckenhaus herausgekrochen, als sie älter wurde, doch die Geschichtenerzählerin hat es schon immer gegeben.« Wie ihr Held Harry Potter hatte auch sie noch eine ganz andere Persönlichkeit, die gehört werden wollte: Eine Möchtegern-Rebellin.

* ★ *

Joanne las immer noch viel und gern, eine bunte Mischung aus James Bond und Jane Austen, die ihre Lieblingsautorin blieb. Das Buch *Emma* hat sie über zwanzigmal gelesen. Als sie vierzehn war, gab ihre Großtante ihr *Hons and Rebels,* die witzige Autobiografie von Jessica Mitford. Joanne war davon bezaubert, nicht nur, weil es eine amüsante und faszinierende Lektüre war, sondern auch, weil es eine wahre Geschichte war. Ein Leben lang blieb Jessica Mitford Joannes Heldin, und sie hatte einen nicht unwesentlichen Einfluss auf ihren Lebensweg: »Ich fand sie inspirierend, weil sie tapfer war und Idealismus besaß – das sind Qualitäten, die ich am meisten bewundere.«

Die junge Joanne Rowling erkannte trotz ihres sehr unterschiedlichen kulturellen Hintergrundes in der herumirrenden Mrs. Mitford aber auch eine verwandte Seele. Jessica wurde 1917 als das sechste Kind von Lord Redesdale geboren. Was jedoch noch viel wichtiger ist, sie und ihre Schwestern beeinflussten nachhaltig das zwanzigste Jahrhundert. Nancy wurde die berühmte Autorin von *Englische Liebschaften* und *Liebe unter kaltem Himmel*, Diana Mitford heiratete den britischen Faschisten Sir Oswald Mosley und Unity, die zänkischste aller Schwestern, vergnügte sich mit den Nazis in Berlin und war eine Freundin Hitlers. Jessica, Sozialistin und Feministin, war hingegen die Rebellin in der Familie – ein Charakterzug, der Joanne besonders gefiel.

Gleich der erste Absatz von *Hons and Rebels* weist schon auf die malerischen Namen der historischen Dörfchen in Cotswolds hin, wo Jessica zur Welt kam: Stow-on-the-World, Chipping Norton, Minster Lovell, Burford. Joanne Rowling liebt verspielte Namen, was möglicherweise erklärt, weshalb sie lieber Chipping Sodbury als ihren Geburtsort angibt als das schlichte alte Yate, und weshalb sich ihre eigene Namenssammlung in den Harry-Potter-Büchern wie ein alphabetisches Ortsregister liest. Nach Dickens, der sich Namen wie Pecksniff, Quilp, Uriah Heep und Hunderte anderer einfallen ließ, ist Joanne Rowling möglicherweise die fantasievollste Erfinderin von Namen für ihre Figuren.

Mitford beginnt die Beschreibung ihres eigenen Dörfchens Swinbrook mit der Beobachtung, dass es in dem kleinen Dorfpostamt »vier Arten von Süßigkeiten gab – Toffee, saure Karamellen, Edinburgh Rock und Butterscotch –, die in vier gleichen großen Kristallgläsern im Fenster standen«. Harry Potter vergnügt sich hingegen in dem Süßigkeitenladen Honigtopf, wo er allerlei exotische Süßigkeiten wie Allesschmeckerbohnen, zischende Wissbies, Pfefferminzkröten und getrocknete Kakerlaken findet.

Die Mitford-Mädchen hatten eine wundervoll aufregende Kindheit, in der sie sich Namen und Spiele ausdachten und zahllose Kindermädchen terrorisierten. Nirgends lässt sich das besser veranschaulichen als in dem Wettbewerb um eine halbe Krone, den ihre Mutter demjenigen Kind versprach, dem es gelang, den besten Haushaltsplan für ein junges Paar auszuarbeiten, dem nicht mehr als fünfhundert Pfund jährlich zur Verfügung standen: »Nancy ruinierte den Wettbewerb, indem sie die Liste ihrer Ausgaben mit ›Blumen … 490 Pfund‹ begann.« Die Mitford-Mädchen dachten sich Geschichten aus, zogen sich Kostüme an und erfanden Boudledidge, ihre eigene Geheimsprache. Sie dachten sich komische Spiele aus und noch komischere Spitznamen wie Debo, Boud, Decca (von Jessica) und Tuddemy für Tom, ihren bemitleidenswerten einzigen Bruder.

Am wichtigsten aber war, dass Jessica Mitford sich noch daran erinnern konnte, wie es war, ein Kind gewesen zu sein. Sie schrieb: »Ich beneidete die Kinder in Büchern, denen immer interessante Sachen passierten. Oliver Twist hatte solch ein Glück, in einem derart faszinierenden Waisenhaus zu leben!« Sie war nicht nur eine genauso begeisterte Leseratte wie Joanne, das, was sie las, übte auch einen starken Einfluss auf sie aus, so dass sie sich vorstellte, sie selbst wäre die Heldin. So fühlte sie sich als Jane Eyre, »schrecklich dünn und blass im Gesicht, aber von unerschütterlichem Willen«. Oder sie war die »große, ernsthafte, dunkeläugige perfekte Schulabgängerin« in einer von Angela Brazils Schulgeschichten.

Als sie vierzehn war, also genau in demselben Alter wie Joanne, als sie *Hons and Rebels* las, berührte Decca besonders das Antikriegs-Buch *Cry Havoc* von Beverly Nichols, in dem die Schrecken der Bombardements des Ersten Weltkrieges beschrieben und in dem die totale Entwaffnung gefordert wurde: »Mich beeindruckten sehr die Originalität und die überzeugenden Argumente.« Jessica Mitford fühlte sich in Swinbrook genauso gefangen wie Joanne Rowling in Tutshill. Sie »sah für einen Augenblick eine andere Welt, eine Welt, wo Leute in London im Bett saßen, Kunststudenten, Schriftsteller ... eine Welt neuer und anderer Ideen ... eine Welt, in der Swinbrook als so antiquiert wie die Feudalherrschaft gelten würde«.

Das Swinbrook Ende der Zwanzigerjahre hätte das Tutshill Ende der Siebziger sein können. Joanne Rowling fand tatsächlich eine verwandte Seele. Und dass Jessica Mitfords letztendlich die Flucht ergriff, fand die vierzehn Jahre alte Joanne ungemein faszinierend. Sie rannte davon, oder genauer gesagt, sie verschrieb sich voller Liebe und Idealismus dem spanischen Bürgerkrieg. Objekt ihrer Begierde war Esmond Romilly, Neffe von Winston Churchill, Sympathisant der Kommunisten und romantischer Halbgott. Bevor sie loszogen, kauften sie noch eine teure Kamera, um vom Krieg zu berichten, und ließen sie auf die Rechnung von Deccas Vater im Army and Navy Store schreiben. Joanne liebte die Verwegenheit ihrer neuen Heldin und wünschte sich insgeheim, sie hätte den Mut, selbst so etwas zu tun.

Zehn Jahre später zog auch Joanne in ein wärmeres Klima nach Portugal. Doch dies sollte erst noch geschehen. Vielleicht hätte sie darauf achten sollen, dass in *Hons and Rebels* die große Liebe als traurige Fußnote endet. Esmond Romilly starb im November 1941 mit dreiundzwanzig Jahren bei einem Feuergefecht.

* ★ *

Dass Joanne ihren Horizont erweiterte, trug natürlich dazu bei, dass sie an der Wyedean School aufblühte, obwohl es auch Nachteile mit sich brachte. Immer noch litt sie unter etwas, das an britischen Schulen sehr verbreitet war – der Hänselei und Quälerei der Schwächeren. Eine Schulfreundin erinnert sich: »Alle, die intelligent oder ehrgeizig waren, wurden bestenfalls ignoriert, normalerweise aber geärgert und getriezt, vor allem von den Lehrern, weil man sie für Streber hielt.« Joanne musste sich ihren eigenen Dämonen stellen, als ein Mädchen aus ihrem Jahrgang sie in der Schule angriff. Für ihr Alter war sie nie die Größte, überhaupt wurde sie nur ein Meter zweiundsechzig, doch sie wehrte sich so gut sie konnte. Später erinnerte sie sich daran: »Ich hatte wirklich keine Wahl. Entweder ich schlug zurück oder ich konnte mich gleich hinlegen und die Tote spielen. Ein paar Tage lang war ich richtig berühmt, weil sie es nicht geschafft hatte, mich fertig zu machen. Doch in Wirklichkeit war es nur die Tatsache, dass ich vor dem Spind gestanden hatte, die mich noch auf den Füßen hielt.«

Doch auch danach hatte Joanne Rowling in Wyedean nicht gerade den Ruf, besonders furchterregend zu sein, und so verbrachte sie die nächsten Wochen damit, ihrer Gegnerin aus dem Wege zu gehen. In der großen Pause hinüber zu ihrer Mutter in den naturwissenschaftlichen Block zu rennen, um sich ihr Geld fürs Mittagessen zu holen, schien ihr da als Möglichkeit willkommen zu sein. Es ist keinesfalls erstaunlich, dass dieses Erlebnis ihre Abneigung gegen jede Form des

Ärgerns anderer nur noch verstärkt hat – ob dies nun Schüler, Lehrer oder später Liebhaber waren.

Der gemeine Draco Malfoy und seine zwei brutalen Kumpel Crabbe und Goyle personifizieren in der Harry-Potter-Serie die Schulgroßmäuler. Harry, aber vor allem Ron Weasley müssen sich dauernd mit den Schlitzohren aus Slytherin herumschlagen, die keinen besonders angenehmen Charakter haben. Draco bestätigt die Theorie, dass Großkotze in Wirklichkeit nur Feiglinge sind. Als er in den Verbotenen Wald gehen soll, jammert er ängstlich: »›In den Wald?‹, wiederholte er, wobei er nicht so cool wie sonst klang. ›Wir können nachts da nicht reingehen – da treibt sich allerlei Gesindel herum – sogar Werwölfe, habe ich gehört.‹« Und später ... »stieß Malfoy einen fürchterlichen Schrei aus und machte sich auf und davon«.

Einer von Joannes Mitschülern in Wyedean war ein kleiner, blonder Junge, der vielleicht die Vorlage für den getriezten, geärgerten, kleinen Neville Longbottom in den Harry-Potter-Büchern geliefert haben kann. Ein Freund von Joanne beschreibt diesen Jungen: »Er sah viel jünger aus, als er war, hatte welliges, blondes Haar und sah engelhaft wie ein Chorknabe aus. Er war sehr schüchtern, sprach leise, und man kann sich vorstellen, dass er sehr gelitten haben muss. Er wurde von allen geärgert und verbrachte eine schreckliche Zeit.«

Wenn Lehrer Schüler in die Zange nehmen, ärgert das Joanne Rowling besonders, denn ihrer Meinung nach ist dies »das Niederträchtigste, was man tun kann«. Auch in Wyedean gab es solche Lehrer, die alle in der Figur des Snape zusammengefasst sind. Ein Lehrer kann diszipliniert und ernst, sogar streng sein, ohne die Schüler dabei zu verängstigen. Lucy Shepherd, Joannes Lieblingslehrerin, war streng, hat aber niemals einen Schüler in die Enge getrieben. Joanne hat immer verstanden, »wie leicht es ist, sich dieser Mittel zu bedienen«, vor allem, als sie selbst Lehrerin wurde.

In Wyedean ist man sich darüber klar geworden, dass die Einschüchterungen ein Problem darstellten, mit dem Schulen sich auseinander setzen sollten. In einer vor kurzem durchgeführten Umfrage haben zwei der Lehrerinnen zugegeben, dass sie selbst in der Schule auch eingeschüchtert worden sind. Eine von ihnen sagte dazu: »Großmäuler sind arm dran, denn niemand mag sie.« Natürlich waren die Teilnehmer an der Umfrage alle weiblichen Geschlechts, was die Tatsache noch unterstreicht, dass Einschüchterungen quer durch das ganze Schulsystem genauso ein Problem für Mädchen wie für Jungs ist. Und Hogwarts ist da keine Ausnahme.

Hogwarts ist eine interessante Erfindung, denn da die Schüler alle dort wohnen, glaubt man fälschlicherweise, dass es sich um eine Privatschule handelt. John Nettleship ist sich jedoch sicher, dass Hogwarts im Grunde eine ganz normale staatliche Schule ist. Ganz offensichtlich steht die Aufnahme in diese Schule ja in keinerlei Zusammenhang mit der finanziellen Situation der Schüler, und diese müssen auch keine Aufnahmeprüfung absolvieren. Die Familie Weasley, die alle sieben Kinder dorthin schickte, hat noch nicht einmal zwei »Sickels«, hingegen ist es der widerliche Dudley Dursley, der auf eine teure Smeltings Privatschule seines Vaters geht. Mr. Nettleship erklärt: »Joanne selbst hat darauf hingewiesen, dass die Menschen in die Bücher hineinlesen, was sie wollen, weshalb die Leute, die Internate mögen, Hogwarts toll finden. Doch Joanne ist eher für das Prinzip der Gesamtschulen, und Hogwarts ist eine Gesamtschule.«

Joanne selbst wollte nie auf ein Internat gehen, das hat sie mehrfach betont. Sie hat auch klar gesagt, dass ihre Tochter nie auf ein Internat gehen müsse. Seltsam also, dass ausgerechnet die Harry-Potter-Bücher mit einer der Gründe dafür sein sollen, dass die jahrelange Krise der Internate plötzlich gestoppt werden konnte. Vor allem die Zahl der Mädchen, die in Internate geht, hat zugenommen. Nick Ward, Vorsitzender des Internats-Verbandes, bestätigt, dass viele Eltern die Potter-Bücher als den Auslöser dafür ansehen. Vielleicht ist auch die Tatsache, dass die Durchschnittsgehälter in Großbritannien wieder steigen und die Leute insofern mehr Geld für Erziehung ausgeben können, nicht ganz unwichtig.

Hogwarts ist vor allem deswegen ein Internat, da J. K. Rowling sonst Probleme bei der Geschichte bekommen hätte. Internate sind in der Kinderliteratur derart verbreitet, dass ein gehässiger, aber durchaus witziger Kritiker die Harry-Potter-Bücher als »Billy Bunter aus Besen« beschrieben hat. Joanne wusste selbst, wie gelegen ihr Hogwarts als Internat kam. In dem Online-Magazin *Salon* gab sie in einem Interview zu: »Es hat etwas Befreiendes, in ein Internat zu kommen, das wie eine Ersatzfamilie ist, wo aber die Beziehungen nicht so fest, die Regeln dafür aber klarer definiert sind.«

Der Werkunterricht hatte für Joanne hingegen nichts Befreiendes. Sie war ein hoffnungsloser Fall. Wie alle guten Mütter hat auch Anne Rowling stolz einen misslungenen, hässlich flachen Teelöffel aufbewahrt, den Joanne aus einem gehämmerte Metallstück gemacht hatte. Man konnte damit nicht einmal Zucker umfüllen, immerhin war er aber zum umrühren geeignet, und man hätte ihn vielleicht auch als Schraubenzieher gebrauchen können. An einem Bilderrahmen, der fast nur aus Leim besteht, konnte man erkennen, dass Joanne wirklich nicht besonders gut basteln konnte. Sie schaffte es sogar, sich bei einem Sport wie Korbball den Arm zu brechen. Irgendwie folgte sie auch hier dem Beispiel ihres Vorbildes: Jessica Mitford hatte sich mit zehn Jahren den Arm bereits zweimal gebrochen.

★ 4 ★

Abschied vom Forrest

»Zu Hause war es nicht einfach.«

In dem Film *Hilary and Jackie* von 1998, der die tragische Geschichte von Jacqueline du Pré erzählt, findet sich eine herzzerreißende Szene, in der Emily Watson in der Rolle der virtuosen Cellistin während eines Konzerts ihren Bogen fallen lässt. Das ist der schreckliche Augenblick, in dem die multiple Sklerose ihren Marsch durch den Körper beginnt. Schwer zu sagen, wann bei Joannes Mutter Anne die ersten Symptome von multipler Sklerose auftraten – vielleicht glitt ihr im Schullabor ein Reagenzglas aus den Fingern oder sie verschüttete eine Tasse auf den Teppich in Church Cottage.

Joanne erinnert sich, dass sie zwölf war, als es ihrer Mutter immer schwerer fiel, einen Teekessel hochzuheben. William Clark, Chemielehrer in Wyedean, erkannte das Problem, nachdem Anne in der Schule gestürzt war. Shirley Nettleship erinnert sich, dass ihre Freundin es wie Nadelstiche in der Hand empfand, wenn sie versuchte, Gitarre zu spielen. Als Anne fünfunddreißig und Joanne fünfzehn Jahre alt waren, stellten die Ärzte multiple Sklerose fest. Die Angst, nun mit einer zunehmenden Verkrüppelung bedingt durch die Krankheit leben zu müssen, hielt Einzug in das Haus der Rowlings. Eine der treffendsten Bemerkungen darüber formulierte Joanne in »Desert Island Discs«. Sie erklärte, dass die Krankheit bei ihrer Mutter rasch voranschritt, weshalb es »zu Hause nicht einfach war«.

Anne Rowling war eine Frau voller Lebensfreude, über die niemand etwas Schlechtes sagen konnte. Das Klischee, ein »Leben bis zur Neige zu leben« passte wirklich auf die schwarzhaarige Mutter von zwei Kindern, die stets die Interessen ihrer Familie am wichtigsten nahm und nur manchmal die Zeit hatte, ihre Nase in ein Buch zu stecken. Sie hatte ein ansteckendes, mitreißendes Lachen. John Nettleship erinnert sich, wie er eines morgens mit Anne und seiner fülligen Frau Shirley den Weg zum naturwissenschaftlichen Trakt in Wyedean ging: »Wie immer hatte der Milchmann zwei Flaschen Milch für den Tag dagelassen. Eine der neuen, kleineren Flaschen und eine ältere und höhere. ›Seht euch die Flaschen da an‹, sagte Anne. ›Der Milchmann hat eine Anne und eine Shirley dagelassen.‹ Vom ersten Augenblick an hatte sie das so empfunden, und für mich war das immer ein wunderschönes Beispiel für die Art Humor, mit der sie die Dinge sah. Sie war so ein lebenslustiges Geschöpf.«

Anne, die von Natur aus ein Energiebündel war, wollte nicht als Hausfrau zu Hause versauern, als ihre Kinder ein wenig älter waren, darum kam sie nach Wyedean. Ihr Mann Pete stieg immer weiter die Karriereleiter als Ingenieur im Management bei Rolls-Royce hinauf, und sie wollte mehr zum Haushalt beitragen als nur zu bügeln. Die Arbeit in Wyedean war ideal, weil sie ihr trotzdem immer noch genügend Zeit ließ, um sich um Joanne und Di zu kümmern. John Nettleship weiß: »Kinder standen im Mittelpunkt ihres Lebens, und sie konnte wunderbar mit den Schülern umgehen. Die Kinder lernten jede Menge von den Technikern, obwohl sie von ihnen eigentlich nicht direkt unterrichtet wurden. Anne war im erzieherischen Bereich großartig. Sie war wirklich ganz großartig.«

Obwohl Joanne sich ungern zu privaten Dingen äußert,

spricht sie zu der Zeitung *Scotland on Sunday* von ihren Gefühlen über die Krankheit ihrer Mutter, um auf die »MS Awareness Week« im April 2001 aufmerksam zu machen. Das Wort »Awareness« (Aufmerksamkeit) ist treffend. Wie viele andere betroffene Familien, kannten auch die Rowlings diese Krankheit nicht, bevor sich ihr Schrecken auch bei ihnen zu Hause verbreitete. Als Anne fünfunddreißig war, unterzog man sie im Krankenhaus verschiedenen Tests, die ergaben, dass sich »zu wenig Proteine in der Rückenmarksflüssigkeit« befanden. Aber noch immer wusste niemand, was mit ihr los war ... Noch ein weiteres Jahr musste sie zusehen, wie die Stiche in ihrem Körper immer schlimmer wurden, bevor man ihr und Pete die schreckliche Wahrheit eröffnete: multiple Sklerose.

In einem liebevollen und sehr bewegenden Bericht über ihre Mutter und deren Krankheit erzählt Joanne, wie schrecklich es war, das mit ansehen zu müssen: »An manchen Tagen konnte sie den Teekessel heben, an anderen nicht, doch immer noch bügelte sie wie eine Weltmeisterin und arbeitete als Labortechnikerin in der Schule, und natürlich spielte sie immer noch Gitarre, also war doch ganz offensichtlich, dass es nichts Schlimmes sein konnte.«

Multiple Sklerose ist eine Erkrankung des zentralen Nervensystems, die der modernen Medizin immer noch weitgehend Rätsel aufgibt. Fälschlicherweise gehen die meisten Menschen davon aus, dass es ich um ein Muskelproblem oder eine Art Schwindsucht handelt, weil bis heute so wenig über die Krankheit bekannt ist und weil letztendlich immer die Motorik betroffen ist. Kurz gesagt, die Informationen, die das Gehirn zu den Nervenenden im Körper schickt, werden gestört. Das war der Grund, weshalb Anne Rowling den Teekessel nicht mehr anheben konnte. Die Forschung ist immer noch auf der Suche nach den Ursachen und einem Heilmittel dafür. Es gibt eine weit verbreitete Theorie, die besagt, dass es sich womöglich um eine von Viren ausgelöste Infektion handelt. Das würde zumindest erklären, weshalb die Schwere und das Fortschreiten der Krankheit so unterschiedlich verlaufen können.

Ein unglücklicher Zufall war, dass wie bei Anne auch bei William Clark zur selben Zeit die Krankheit diagnostiziert wurde und beide denselben Arzt, Mr. Langton Hewer, im Frenchay Hospital in Bristol besuchten. Mr. Clark erinnert sich: »Annes Krankheitsverlauf war sehr schnell. Eines Tages stürzte sie in der Schule und musste uns ganz plötzlich verlassen.« William Clark legte Wert darauf, seinen Schülern alles über seine Krankheit zu erzählen, und wie sie sein Leben verändert hatte. Als Multipler-Sklerose-Patient unterrichtet er zwar nicht mehr, kann sich aber glücklich schätzen, dass er noch am Leben ist, obwohl er bereits seit sechsundzwanzig Jahren diese Krankheit hat. Anne Rowling hatte nicht so viel Glück.

Mr. Clark erinnert sich, dass sie an manchen Tagen ganz normal wirkte und fröhlich war, es ihr an anderen hingegen »nicht so gut ging«. Kurz nachdem man die richtige Diagnose bei ihr gestellt hatte, musste sie ihren Job aufgeben. John Nettleship sagt: »Sie war todunglücklich, als die Krankheit bei ihr festgestellt wurde, denn das bedeutete, dass sie ihrer Arbeit als Technikerin nicht mehr so leicht nachkommen konnte. Anne wusch Reagenzgläser aus, und ihre Finger waren nicht mehr länger imstande, sie festzuhalten. Der Gedanke, dass sie ihrer Pflicht in irgendeiner Form nicht mehr nachkommen konnte, war für sie viel schlimmer, als der Gedanke, dass sie mit einer Krankheit ein Problem hatte. Sie verfiel so gar nicht dem Selbstmitleid. Anne besaß eine enorme Willenskraft, und es war kaum zu glauben, dass sie sich jemals dieser schrecklichen Krankheit würde beugen müssen.«

Zu Hause weinten Joanne und Di, als klar wurde, wie schrecklich schnell die Krankheit voranschritt. In ganz

Church Cottage waren Flugblätter und Büchlein über die Krankheit ausgelegt – zumindest mit den wenigen Informationen, die zur Verfügung standen. Typisch Anne: Sie las alles, was sie kriegen konnte, um ihre Krankheit zu verstehen. An manchen Tagen ging es ihr so schlecht, dass ihr Zustand sich rapide zu verschlechtern schien, dann gab es aber auch wieder Zeiten, in denen es ihr fast so gut ging wie früher. Doch irgendwann überwogen schließlich die schlechten Tage. »Je weiter die Krankheit fortschritt, desto schlimmer wurde es«, sagt John Nettleship traurig. »Ihre Unbekümmertheit und Spontaneität verblassten ein wenig.«

Als sie schließlich zu arbeiten aufhörte, wusste Anne nicht, was sie mit ihrer Zeit anfangen sollte. Sylvia Lewis erinnert sich daran, dass sie die nahe gelegene Kirche putzte, einfach nur, um etwas zu tun, und die Mädchen kamen oft nach der Schule hinüber und leisteten ihr Gesellschaft. Es war eine merkwürdige Situation, denn eigentlich waren die Rowlings keine Kirchgänger, obwohl St. Luke gleich hinter ihrem Gartenzaun lag. Die beiden Mädchen gingen niemals zur Sonntagsschule oder zu Gottesdiensten, doch etwa einmal im Jahr trugen sie sich im Gästebuch der Kirche ein.

St. Luke ist eine einfache Dorfkirche mit Steinboden und Holzbänken, in der es etwas muffig riecht. Sie bietet Schutz vor den lärmenden Autos, die durch das Dorf rasen, und dem Kindergeschrei auf dem Spielplatz der nahe gelegenen Grundschule. Im Gästebuch der Kirche findet man zum ersten Mal eine Unterschrift von Joanne Rowling am 2. Juni 1976, damals war sie zehn. Die Schrift ist hübsch und leserlich und sieht ihrer späteren Unterschrift schon sehr ähnlich. Unter ihren Namen hat sie sorgfältig »Tutshill, Chepstow, Gwent« geschrieben, ihre korrekte Postadresse, auch wenn das Dorf selbst sich in Gloucestershire befand. Das nächste Mal trug Joanne sich am 10. September 1977 ein, beide Schwestern unterschrieben dann wieder am 9. November

1977, damals war Joanne zwölf und Di zehn Jahre alt. Das muss ein sehr langweiliger Tag in Church Cottage gewesen sein. Es folgt eine Lücke, dann trug Joanne sich noch zweimal in das Gästebuch ein, am 22. April 1981 und am 11. Oktober 1981, als sie sechzehn Jahre alt war. Vielleicht war sie damals hinüber in die Kirche gegangen, um ihrer Mutter zu helfen, oder sie hatte sich entschlossen zu beten. Jeder Eintrag ist einfach und ernsthaft.

So wie Hogwarts zu einem Ort der Befreiung für Harry Potter wird, so nahm auch Wyedean Joanne ein wenig von dem Druck, den sie aufgrund der traurigen Situation zu Hause verspürte. Ihre Wahlfächer Englisch, Französisch und Deutsch trugen dazu bei, dass sie intellektuell reifen konnte – keine Chemiestunden mehr, keine explosiven Gemische. In Stratford-upon-Avon ging sie zum ersten Mal ins Theater und sah sich *König Lear* an. Für Shakespeare muss man sich konzentrieren, was vielen Schülern nicht leicht fällt, doch Joanne liebte es – sowohl das Stück als auch diese Erfahrung gemacht zu haben. Bis zu diesem Schulausflug hatte sie mit ihrer Mutter und ihrem Vater nur Pantomimen gesehen. Nach *König Lear* sah sie sich mit ihrer Klasse auch *Das Wintermärchen* an, dessen Hauptfigur Hermione heißt; sie lieferte letztendlich die Vorlage für Harry Potters besserwisserische Freundin Hermine Granger. Würde man heute unter Schülern eine Umfrage durchführen, welche berühmte literarische Herminen sie kennen, dann würden sie bestimmt eher auf J.K. Rowlings Figur als auf William Shakespeares kommen.

Im sechsten Schuljahr kam ein Junge namens Séan Harris nach Wyedean. Sein Vater war bei der Armee und in der Baracke gegenüber der Schule stationiert worden. Er war ein neues Gesicht, eine Abwechslung von den altbekannten Kindern, die Joanne ein wenig satt hatte. Sie und Séan wurden sofort Freunde und blieben es für lange Zeit. Er war ein bisschen anders als die anderen Kinder, und Joanne Rowling, die New-Wave-Musik liebte, Greenpeace und Amnesty International unterstützte, verstand sich sofort gut mit ihm. Außerdem besaß er einen türkisgrünen Ford Anglia, mit dem Joanne vor einer Situation flüchten konnte, die immer bedrückender geworden war. Aus einer Umgebung auszubrechen, in der das Aufregendste mittags eine Kippe vor der Frittenbude war, war einfach herrlich. Séan und Jo fuhren über die Autobahn M4 runter nach Bristol oder Bath oder in die andere Richtung nach Newport und Cardiff, in die Bars und Discos, Clubs und Konzerte. Plötzlich war die Welt größer geworden.

Joanne bedankte sich bei Séan dafür, indem sie ihm das zweite Harry-Potter-Buch widmete, in das sie schrieb: »Für Sean P. F. Harris, Fluchtwagenfahrer und Freund bei stürmischem Wetter.« Sie ehrte dieses erste Fluchtfahrzeug auch in ihren Büchern, in denen die Familie Weasley einen türkisgrünen Ford Anglia fährt. Dieser magische fliegende Wagen wird in dem Buch zum Symbol der Befreiung: Erstens sind die Gebrüder Weasley damit unterwegs, als sie Harry aus seinem virtuellen Gefängnis im Ligusterweg Nummer vier befreien, wo sein Onkel ihn in sein Schlafzimmer gesperrt hatte: »Ron lehnte sich aus dem hinteren Seitenfenster eines alten, türkisgrünen Autos, das *mitten in der Luft* geparkt war.« Außerdem transportiert er Harry und Ron nach Hogwarts, als sie den Schulzug verpasst haben: »Harry spürte den Sitz unter sich erzittern, hörte den Motor, fühlte seine Hände auf den Knien und seine Brille auf der Nase.« Drittens, und das ist vielleicht am wichtigsten, befreit der wild gewordene Wagen sie von den Riesenspinnen im Verbotenen Wald: »Harry gab dem Wagen einen dankbaren Klaps und der fuhr zurück in den Wald und verschwand.« Joanne war wirklich sehr froh über Séans zerschrammten alten Wagen, und begeistert ließ sie ihn vom Illustrator Cliff Wright für die

Titelseite der Kinderausgabe der *Kammer des Schreckens* nachzeichnen.

Am 23. April 1983 verfasste Anne Rowling ihr Testament. George Francis, ein Anwalt und Freund der Familie, der in der Nähe in Tutshill lebte, bereitete das Dokument für sie vor. Sie war erst achtunddreißig, wusste aber, dass es richtig so war, vor allem, weil sie höchstwahrscheinlich nicht mehr lange würde arbeiten können. In ihrem Testament hinterließ sie alles ihrem Mann Pete, doch sollte dieser sie nicht überleben, würde sie ihr Erbe teilen; eine Hälfte sollte an ihre Schwester Marian und deren Mann Leslie gehen, die andere an die Multiple Sclerosis Society. Sicherlich hätte sie sich aus ganzem Herzen über Joannes Engagement für die MS Society Scotland gefreut und wäre zweifellos mit einer Sammeldose für sie auf die Straße gegangen, wenn sie noch am Leben gewesen wäre.

In ihrem letzten Schuljahr wurde Joanne Schulsprecherin, wofür zum Teil die Schüler und zum Teil die Schulangestellten stimmten. Das war ein Beweis dafür, wie beliebt und erwachsen sie bereits war. Die Krankheit ihrer Mutter und die dunklen Wolken über Church Cottage hatten irgendwie aus Joanne einen sonnigeren und offeneren Menschen gemacht. Ihre Arbeiten waren zudem so vielversprechend, dass man fand, sie solle versuchen, sich an der Oxford University zu bewerben, um moderne Sprachen zu studieren. Anne und Pete, die nicht auf der Universität gewesen waren, freuten sich über diese Aussicht. John Nettleship glaubt, die Rowlings wollten, dass ihre Töchter ihre Ausbildung zu Ende machten und sich nicht mit den Sorgen zu plagen hatten, mit denen sie selbst als junges Paar in den Zwanzigerjahren zu kämpfen hatten. Ganz offensichtlich waren beide Eltern intelligent und talentiert genug, dass sie mühelos eine Universitätsausbildung hätten absolvieren können. »Pete war sehr klug, und es frustrierte ihn außerordentlich, dass er nicht an der Uni gewesen war und es deswegen im Leben manchmal schwer gehabt hatte. Er musste sich qualifizieren, indem er die Zeit aufbrachte, zur Abendschule zu gehen. Sie waren wirklich beide sehr begabte Menschen.«

Joanne nahm an dem Auswahltest für Oxford teil und kam auf eine Warteliste, denn noch fehlten die Abschlussergebnisse ihrer Hauptfächer. Schließlich wurde sie abgelehnt. Mr. Nettleship ist davon überzeugt, dass sie nicht aufgenommen wurde, weil sie auf eine staatliche Schule gegangen war. Seiner Meinung nach wurde sie aufgrund der von ihr besuchten Schule diskriminiert, genau wie die Schülerin Laura Spence. Der Fall ging im Jahr 2000 durch die britische Presse; es hieß, dass Laura von der Oxford University abgelehnt worden sei, weil sie auf eine staatliche, nicht auf eine Privatschule gegangen war. Dieser Fall führte zu einem Wutausbruch von Kanzler Gordon Brown, der das elitäre Verhalten der Universitäten Oxford und Cambridge bemängelte. Er kritisierte die Alt-Männer-Gesellschaft und den Krawattenzwang: »Es ist höchste Zeit, endlich Schluss mit dem altväterischen Großbritannien zu machen, wo es wichtiger war, in welche Gesellschaftsschicht man geboren wurde, als über was für ein Potenzial man verfügte. Es ist höchste Zeit, dass diese alten Universitäten ihre Türen Frauen und Menschen aller Klassen öffnen.«

Mr. Nettleship erinnert sich, dass Joanne mit einem anderen Mädchen auf der Warteliste stand, das ebenfalls in Wyedean gewesen war, dessen Eltern sie aber an ein unabhängiges College geschickt hatten, um sie dort ihre Abschlussprüfung absolvieren zu lassen. Joanne bekam zwei »Sehr gut« in Englisch und Französisch und ein »Gut« in Deutsch, während ihre ehemalige Klassenkameradin nur ein »Sehr gut« und zwei »Gut« in denselben Fächern bekommen hatte. Trotzdem war schließlich das andere Mädchen erfolgreicher. »Ich glaube, dass sie sie vorzogen, weil ihre Eltern es sich hatten leisten können, sie auf eine Privatschule zu schicken. Dadurch hatte sie einen Vorteil, und das war unfair. Wir haben das alle sehr genau verfolgt, und hörten jeden Morgen von ihrer Mutter, wenn sie zur Arbeit kam, die neuesten Neuigkeiten. Ich empfand das damals sehr unfair.

In Wyedean gab es nicht viele Schüler, die für Oxford geeignet gewesen wären – vielleicht zwei oder drei im Jahr – und normalerweise kam keiner von ihnen durch.«

Ein enger Freund aus Wyedean erinnert sich: »Die Hürde war enorm, wenn man aus Wyedean kam, und als wir damals zur Schule gingen, war es einfach unmöglich, von einer staatlichen Schule aus nach Oxford zu gehen.« Joanne selbst hat nie öffentlich über diese Angelegenheit gesprochen, aber rückblickend ist es wahrscheinlich besser, dass Oxford J.K. Rowling nicht zugelassen hat. John Nettleship meint: »Wenn sie dorthin gegangen wäre, wäre sie vielleicht nie dazu gekommen, diese wunderbaren Bücher zu schreiben …«

* ★ *

Trotz der Ablehnung in Oxford wollte Joanne ihr Leben weiterleben. Sie hat niemals zurückgeschaut.

Am Samstag, dem 28. April 2001, traf sich die 1983er Abschlussklasse von Wyedean in der Schule wieder. Eine jener Gelegenheiten, bei denen man fröhlich begutachtet, wer von den Jungs und Mädchen denn nun am besten gealtert war. Natürlich waren sie jetzt alle Mitte dreißig, und auch der Junge, auf den Joanne damals ein Auge geworfen hatte, war da. Nur das Mädchen, das früher einmal für ihn geschwärmt hatte, nicht. Ihre Klassenkameraden hätten sie gerne wiedergesehen, vielleicht wollten sie sich auch nur in ihrem Ruhm sonnen, die Wahrheit aber ist, dass Joanne keinerlei Bedürfnis hatte, an diese Bekanntschaften wieder anzuknüpfen. Paula Whitehouse, die Sekretärin des Rektors, erklärte, dass die Schule sie zweimal auf einen Besuch eingeladen hatte, doch bisher hatte die berühmteste Schülerin nicht zugesagt.

Das Hauptziel der intelligenten, freigeistigen achtzehnjährigen Joanne war, endlich raus aus Wyedean und dem Forest of Dean zu kommen. Doch auf etwas kann die Schule auch stolz sein: Joannes Erfahrungen dort ziehen sich wie ein kleiner roter Faden durch die Harry-Potter-Geschichten: Die Freunde wie Séan Harris, die sie fand, die Lehrer wie John Nettleship und Lucy Shepherd zum Beispiel, die sie unterrichtet haben und die Klassenzimmer, in denen sie so viel Zeit verbrachte, haben sie für immer geprägt. John Nettleship sagt dazu: »Joanne war eine ausgezeichnete Beobachterin. Ich glaube, dass sie nach sieben Jahren auf unserer Schule sehr viel von dem behalten hat, was sie hörte und sah.«

Joanne selbst hat gesagt, dass sie sich noch ganz genau daran erinnern kann, wie jedes einzelne Jahr ihrer Kindheit und Jugend war. Sie erlebte in Wyedean die Jahre so, wie sie Harry Potter, Hermine und Ron auf Hogwarts verbringen. Der Einfluss, den Wyedean auf sie ausgeübt hat, ist darum nicht zu unterschätzen, obwohl die Schule und die ganze Gegend Joanne immer schmerzlich an ihre Mutter Anne erinnern werden.

Doch da ist auch der große, geheimnisvolle Forest of Dean, den Joanne so gerne vergessen hätte, der ihr jedoch abgesehen von der spektakulären Kulisse unglaublich viel Material für ihre Mythen und Legenden geliefert hat. Dazu sagt Phyl Lewis, der Töpfern und Bildhauerei in Wyedean unterrichtete und in Bream, einem Dörfchen im Herzen des Waldes, eine Werkstatt hat: »Es war einfach nicht möglich, im Forest of Dean oder im Wye Valley zu leben, ohne von der Geschichte und Tradition inspiriert zu werden. Als Kind war ich bis zum Einbruch der Dunkelheit im Wald. Wenn man einen Elfenring aus Pilzen sah, war das ehrfurchtgebietend. Und schon ein paar Meter weiter hatte man das Gefühl, dass etwas Schreckliches in der Dunkelheit auf einen lauerte.«

In der Gegend kursieren viele Hexengeschichten. Noch 1906 wurde Ellen Hayward aus Cinderford angeklagt, weil sie »entgegen dem Gesetz bestimmte Fähigkeiten einsetzte, um sich gegenüber den treuen Untertanen Ihrer Majestät als Hexe auszugeben«. Die Frau, die man als die alte Ellen kannte, bezeichnete sich selbst als Kräuterfrau, die Schnitt- und Schürfwunden und Verletzungen heilen konnte.

Im ersten Jahr auf Hogwarts haben die Schüler dreimal in der Woche Kräuterkunde bei »einer kleinen untersetzten Professorin namens Sprout«. Diese Stunden finden in den Gewächshäusern hinter dem Schloss statt, wo die Schüler lernen, wie man all die seltsamen Pflanzen und Pilze züchtet und herausfindet, zu was man sie verwenden kann. Professor Sprout ist diejenige, die bezeichnenderweise in *Harry Potter und die Kammer des Schreckens* die Alraunen züchtet, mit denen man die versteinerten Opfer des Basilisken, der schrecklichen Schlange, die die Kammer des Schreckens bewacht, erlöst.

1892 wurde in Dymock, einem Dorf am nördlichen Ende des Forest of Dean eine Bleitafel gefunden. Darauf war ein Fluch gegen eine gewisse Sarah Ellis eingraviert, deren Name ganz oben auf der Tafel rückwärts geschrieben stand. »Der Fluch von Dymock« ruft acht Geister an, um »diese Person aus der Gegend und dem Land zu verbannen. Amen meinem Verlangen, Amen.« (In *Harry Potter und der Stein der Weisen* treffen wir auf den Spiegel Nerhegeb, das ist »Begehren« rückwärts geschrieben.) Das Wissen um den Fluch hat Sarah angeblich verrückt werden lassen, sie brachte sich schließlich um. Wie damals üblich, begrub man die Leichen von Selbstmördern auf einen Pfahl gespießt an einer Kreuzung.

Eine der faszinierendsten Legenden über diesen Wald ist die Geschichte eines Jünglings, der um die Hand der Tochter eines äußerst eifersüchtigen Mannes anhält. Eines Sommernachmittags, als der alte Mann in seinem Garten saß, sah er den unwillkommenen jungen Besucher vorbeispazieren. Als er sich sicher war, dass dieser verschwunden war, schlief der alte Mann in der Nachmittagssonne wieder ein, während seine Tochter im Haus das Abendessen vorbereitete. Als er später aufwachte, bemerkte er, dass ein Hase das Haus anstarrte. Schnell holte er sein Gewehr und schoss auf das Tier, weil er dachte, es würde ein schmackhaftes Mahl abgeben. Unglücklicherweise traf er den Hasen auf der Flucht nur an einem seiner Hinterläufe. Wenig später kam der junge Mann aus dem Feld, in das der Hase geflohen war. Er hinkte.

Das ist bereits ein frühes Beispiel dessen, was J.K. Rowling einen Animagus nennt, einen Zauberer oder eine Hexe, die sich selbst in ein Tier verwandeln können. Zu Beginn von *Harry Potter und der Stein der Weisen* staunt Mr. Dursley über eine große, getigerte Katze, die eine Straßenkarte studiert. Doch seine Augen täuschen ihn nicht, die Katze ist in Wirklichkeit Professor McGonagall.

Der Forest of Dean ist tatsächlich »ein kleines Land für sich«, und dort aufzuwachsen hat Joanne und später die Autorin J.K. Rowling natürlich sehr beeinflusst. Wahrscheinlich beeinflussten sie vor allem die Bücher, die sie las und auch das Familienleben spielte eine wichtige Rolle, doch auch der Wald übte einen deutlichen Einfluss auf sie aus, den man nicht unterschätzen sollte. Zudem hat sie selbst zugegeben, dass Hagrid, der riesenhafte Wildhüter von Hogwarts, mit dem Akzent des West Country spricht.

★ 5 ★

Die Schüchterne

»Sie war ein sehr introvertierter Mensch, der keine aktiven Beziehungen mit der Außenwelt unterhielt.«

Die University of Exeter war eine merkwürdige Wahl für eine Studentin, die sich mit freidenkerischen Querköpfen beschäftigte, die die Welt verändern wollten. Die Universität stand in dem zweifelhaften Ruf, im *The Official Sloane Ranger Handbook* zu stehen, ein Handbuch, das einen satirischen Blick auf die jungen Mädchen der oberen Mittelklasse in Großbritannien Anfang der Achtzigerjahre warf. Das Büchlein hieß »Sloane Ranger« in Anlehnung an den alten Westernhelden »The Lone Ranger« und den Sloane Square in Chelsea. Über Sloane Rangers machte man sich liebevoll lustig. Hätte Joanne in das *Handbook* geschaut, hätte sie herausgefunden, dass die Studenten für einen Gin Tonic ins Cowley Bridge Inn gingen, in den Double Locks Pub, ins Passage in Topsham und in die Credition Wine Bar. Was Partys betraf, die fanden hingegen im zweieinhalb Stunden entfernten Paddington statt, und man kaufte auch gleich in London ein.« In Exeter hießen die ehemaligen Privatschüler »Wellys«, die anderen, zu denen auch Joanne gehörte, waren »Nicht-Wellys«. Da überrascht es nicht, dass es an kaum einer Universität im Land so viele Autos pro Student gab. Und Joanne konnte noch nicht einmal fahren.

Sie hatte kein Jahr ausgesetzt, nachdem sie Wyedean verlassen hatte, sondern überließ sich gleich dem Studentenleben. Das war aber nicht so, wie sie es sich erwartet hatte. Außerdem hatte sie unter dem so genannten Großer-Fisch-kleiner-Fisch-Syndrom zu leiden. In Wyedean war sie Schulsprecherin gewesen, in Exeter eine nervöse Anfängerin, gerade achtzehn, aus einer staatlichen Provinzschule. Ray Davison, einer ihre Lehrer, erinnert sich: »Sie hatte Probleme, sich hier einzugewöhnen.«

Exeter war keine schlechte Wahl und Joanne war weitgehend von ihren Eltern unterstützt worden. Für sie war es ein Schritt in die Freiheit, wenn auch kein großer – die Fahrt von Church Cottage dauerte nur zwei Stunden, noch schneller ging es sogar mit dem Zug aus Chepstow, wenn man in Bristol Temple Meads umstieg. Von Exeters St. Davids Bahnhof ist die Universität eine Meile entfernt, der Weg führt vor allem bergauf – zu großen Rasenflächen, gepflegten Bäumen, Tennisplätzen und Vogelgezwitscher. Auf einer der Wiesen steht eine Statue von Barbara Hepworth, *Mutter und Kind.*

Die Universität wurde bereits im Dezember 1955 zugelassen und war daher schon lange etabliert, bevor jede polytechnische Lehranstalt im Lande die gleiche Bezeichnung tragen durfte. Als Joanne sich nach ihrer Absage von Oxford nach einer Universität umsah, war Exeter die einzige südwestlich von Bristol, die nicht zu nahe an zu Hause lag. Die Universität von Exeter befindet sich in wunderschöner Lage auf einem Berg, von dem aus man die alte Kathedrale und das Städtchen Devon überschauen kann. Yvette Cowles, ebenfalls eine neue Studentin, erinnert sich, dass sie ihre Mutter anrief und ihr sagte: »Es ist wirklich nett hier. Wunderschön.«

Der stille Frieden akademischer Ausbildung reichte jedoch nicht bis in den Wohnbereich, der Joannes erste Unterkunft wurde, nachdem sie Church Cottage verlassen hatte. Sie wohnte in der Jessie Montgomery Hall, einem schmucklosen roten Ziegelbau, in dem die Studenten über anonyme kleine Zimmerchen verfügten. Sie haben wohl eher die Vorlage für den Film *Gefangenenzelle Block H* geliefert als für die Hogwarts-Schule für Zauberei und Hexerei. Joanne machte es sich mit ihren Büchern, ihren Zeichenblöcken und ihrer akustischen Gitarre so gemütlich wie möglich, doch so hübsch wie zu Hause konnte sie es sich nicht machen. Um zu den Unterrichtsräumen oder, noch wichtiger, zum Kaffeehaus und der Studentenbar zu gelangen, musste man einen steilen Pfad erklimmen, den alle aus verständlichen Gründen den Herz-Kreislauf-Weg nannten.

Wenigstens war in Exeter abends etwas los. Das Kino Odeon zeigte in der Woche, in der Joanne ankam, drei Filme: *Rita will es endlich wissen*, *James Bond – Octopussy* und *Porky's II – Der Tag danach*. Und das Northcott Theatre, das sich innerhalb der Universitätsanlage befindet, gehört sogar zu den bekanntesten Provinztheatern des Landes. Während des ersten Semesters war die Tom-Stoppard-Farce *Dirty Linen* die Hauptattraktion.

Joannes erstes großes Problem war, Studenten zu finden, mit denen sie irgendetwas gemeinsam hatte. Am besten ging das natürlich im Studententreff Devonshire House auf dem Universitätsgelände. Die Devonshire House Coffee Bar war ein Treffpunkt: »Viel mehr als nur Café: Torten, Aufläufe, Fleisch oder vegetarische Kebabs, warme Sandwiches.« Für Joanne wurde das zu einem Heim fern von zu Hause, und als sie 1999 den Ehrenabschluss von Exeter erhielt, bemerkte einer ihrer alten Universitätsfreunde, dass es wohl angemessener gewesen wäre, einen gravierten Aschenbecher in die Devonshire House Coffee Bar zu stellen.

An der Universität geschah etwas Merkwürdiges mit Joanne. Die Hermine-artige Besserwisserei, die am Anfang ihrer Teenagerjahre so deutlich hervorgetreten war, hatte sich mittlerweile praktisch in nichts aufgelöst. Aus dem Mädchen mit der Kassenbrille war eine extravagante, sinnliche junge Frau mit Kontaktlinsen geworden, die sich mehr für das soziale als das akademische Leben interessierte. Yvette Cowles erinnert sich: »Sie trug lange Röcke und liebend gerne eine blaue Jeansjacke. Jo hatte eine tolle Figur und wunderschöne Haare, die sie mit Haargel nach hinten kämmte, außerdem trug sie sehr viel dunklen Eyeliner auf. Ich glaube, die Jungs fanden sie ziemlich toll.«

Zwei Dinge waren entscheidend dafür, dass Joanne sich verändert hatte. Erstens die neue Freiheit fern von zu Hause. Dazu bemerkte Yvette, dass sie nie darauf gekommen wäre, dass ihre Freundin aus einem kleinen Provinznest kam. Zweitens war sie in ihrem selbst gewählten Hauptfach nicht sonderlich gut, weshalb die Begeisterung für das Studium sich in Grenzen hielt, was vielleicht anders gewesen wäre, wenn sie sich für Englisch entschieden hätte. Martin Sorrell, einer ihrer Professoren, sagte dazu: »Sie war eine durchschnittliche Studentin und was Sprachen betraf, fehlte ihr eindeutig die Ambition.« Professor Keith Cameron, der sie all die Jahre in ihrem Hauptfach begleitete und 1987, in Joannes letztem Studienjahr, Leiter der neusprachlichen Abteilung wurde, befand: »Sie war sprachlich nicht so begabt wie manch andere.«

Schließlich studierte Joanne Französisch. Diese Entscheidung hatten ihre Eltern stark beeinflusst, die glaubten, sie würde so leichter einen Job finden als mit irgendeinem undefinierbaren Englischabschluss. Ein Sprachstudium bewies, dass sie sprachbegabt war und hätte ihr bei der Suche nach einem Job als Fremdsprachensekretärin oder Übersetzerin von Nutzen sein können. Vielleicht hatte ihr praktisch orientierter Vater, der es selbst ohne eine Universitätsausbildung zum leitenden Ingenieur gebracht hatte, seine Zweifel über den Sinn eines Abschlusses in englischer Philologie. Jedenfalls erzählte Joanne Angela Levin vom *Daily Mail*: »Ich hätte gerne englische Philologie studiert, hatte aber das Gefühl, dass dann alle gesagt hätten, ›Was soll denn das?‹ Obwohl ich wahnsinnig gerne Schriftstellerin geworden wäre, glaubte ich nicht, dass daraus etwas werden würde, also sprach ich darüber nur zu engsten Freunden.«

Deshalb studierte Joanne Französisch und alte Sprachen. Zumindest gab es interessante Lehrer. Brian Clapp schreibt in seiner Geschichte über die Universität von Exeter: »Leichte Exzentrik gehörte schon immer zur akademischen Szene.« Auch in der neusprachlichen Abteilung ging es relativ formell zu. Yvette Cowles erklärt hierzu: »Man sagte nicht einfach ›Martin‹ oder ›Ray‹. Es musste ›Mister‹ oder ›Professor‹ heißen. Ich glaube, das lag teilweise daran, dass die ganze Universität und die Seminare recht traditionell waren. Man legte viel Wert auf Literatur, aber auf das Leben im Land selbst wurde man nicht wirklich vorbereitet. Als wir alle für ein Jahr nach Frankreich gingen, stellte ich fest, dass ich zwar über die Philosophie des Landes diskutieren, aber niemanden darum bitten konnte, das Wasser aufzusetzen.

Jo liebte die Klassiker, die alten Mythen. Ich glaube, das sollte uns nicht überraschen.«

Die »ausgezeichnete Beobachterin«, an die John Nettleship sich erinnerte, musste die Zeit an der Fakultät für neusprachliche Philologien genossen haben, und umgekehrt waren alle sehr von einem Mädchen angetan, das Ray Davison als »verträumt« in Erinnerung geblieben ist. Und er fügt hinzu: »Sie war ein sehr introvertiert Mensch, der keine aktiven Beziehungen mit der Außenwelt unterhielt.«

Immerhin wusste sie, dass die anderen sie als eine Tagträumerin bezeichneten. Besonders ein Lehrer war sehr geduldig mit ihr. Später erinnerte Joanne sich an ihn: »Obwohl ich sein Fach auf beängstigende Weise vernachlässigte, war seine Toleranz mir gegenüber bewundernswert. Die schlimmste Ermahnung, die ich jemals von ihm zu hören bekam, war, dass er mich eine Schlafwandlerin nannte, nachdem ich wieder nicht zu seinen Seminaren erschienen war und wie immer seine Zettel verloren hatte, kaum dass seine Stunde vorbei war. Aber selbst das tat er milde lächelnd und heiter. Ich habe den Fehler gemacht, meinen Freunden davon zu erzählen, und natürlich nannten sie mich jetzt viel öfter eine Schlafwandlerin, als mir lieb war.«

Seltene Unterrichtsteilnahme und das Verschlampen von Arbeitsblättern hätte Hermine Granger bestimmt nicht geduldet. Interessant ist aber, dass die »neue« Joanne Rowling mächtig Spaß hatte. In vieler Hinsicht war sie eine ganz normale Studentin geworden. Wie sehr sie die Zeit an ihrer Universität genossen hat, wird auch dadurch deutlich, dass sie der Universitätszeitschrift *Pegasus* gern ihre Geschichte erzählte, nachdem David Harvey, einer ihrer Lehrer, ihr geschrieben hatte.

Im zweiten Studienjahr in Exeter zog Joanne in einen anderen Block. Er hieß Lafrowda und bestand aus kleinen Apartments, in denen man sich wie auf einer Skihütte selbst versorgen konnte. Doch die Zimmer waren nicht besser als in Jessie Montgomery. Sie waren klein und quadratisch, hatte einfache Betten, Universitätsstandard eben. Sie wäre lieber in die Thomas Hall gezogen, ein villenartiges Haus am Rande des Universitätsgeländes, in dem nur Frauen wohnten und in dem eine ganz besondere Atmosphäre herrschte. Eine Rasenfläche, auf der einige große Koniferen standen, führte zu dem blassgelben Haus mit seiner beeindruckenden Messingeingangstür. Man kann sich leicht Harry Potter in seinem Tarnumhang vorstellen, wie er den grasbewachsenen Hügel hinunterflitzt und sich dann hinter den riesigen Stämmen der knorrigen alten Nadelbäume versteckt, bevor er schließlich vorsichtig über den Fluss geht, schnell zur Tür läuft und in den sicheren großen Gemeinschaftsraum huscht mit seinen Tischen, Holzstühlen und dem alten Piano.

1984 entdeckte Joanne die Rockband The Smiths, die bis heute ihre Lieblingsgruppe geblieben ist. Einer ihrer Songs für »Desert Island Discs« war der Klassiker »Bigmouth Strikes Again«, ein kleinerer Hit von 1986. Sue Lawley erzählte sie: »Ich liebe einfach dieses Gitarrenspiel und die witzigen Texte.« Die Smiths, mit dem unverwechselbaren Sänger Morrissey am Mikrofon und dem ideenreichen Gitarristen Johnny Marr, wurden von den Kritikern und Studenten geliebt, wobei man das von Gruppen wie Spandau Ballet, Culture Club oder die New Romantics nicht gerade behaupten konnte. Joanne saß auf ihrem Zimmer und versuchte, Johnny Marrs Akkorde von Klassikern wie »What a Difference Does It Make?« und »Heaven Knows I'm Miserable Now« nachzuspielen. »Ich verstehe, wieso ihr The Smiths gefielen«, sagt Yvette Cowles. »Sie wirkten irgendwie melancholisch und aufmüpfig. Obwohl Jo nach außen recht cool und zuversichtlich wirkte und witzig war, glaube ich, dass sie im Grunde ein eher schüchterner und introvertierter Mensch war. Darum verbrachte sie wohl auch einen Großteil ihrer Zeit in einer Fantasiewelt.«

Wie schon bei ihren Freunden in Wyedean, zeigte Joanne auch jetzt ihr Talent fürs Geschichtenerzählen. Obwohl sie mit verschiedenen Jungs befreundet war, genoss sie doch stets die Gesellschaft ihrer Freundinnen, mit denen sie über alle Probleme reden konnte, vor allem, wenn es Männer betraf. Yvette erinnert sich noch gut an die Geschichten: »Sie schrieb welche, in denen auch wir vorkamen. Normalerweise waren es Spionagegeschichten, und wir waren meistens die Mata Haris. Ich war zum Beispiel eine Femme fatale und hieß Snake Hips. Doch in den Geschichten waren wir alle Femmes fatales, denn wir waren ja so toll. Und am Ende siegten wir natürlich immer.«

An schönen Sommerabenden quetschten sich die Mädchen in Katrina McKinnons Wagen und fuhren zum Pub Double

Locks am Exeter Kanal. Um dorthin zu gelangen, mussten sich die Wagen eine dreiviertel Meile über einen schmalen Weg quälen, einen Weg, der noch wesentlich schmaler und erschreckender wirkt, wenn man nach der Sperrstunde wieder nach Hause muss. Der Pub sah aus wie ein Kaninchenbau, hatte niedrige Decken, wackelige Holzbänke und Eichentische, um die sich – ähnlich wie im Drei Besen in Hogsmeade – vielleicht ein Dutzend Studenten drängen konnten. Drei Abende die Woche gab es Live-Musik, normalerweise Jazz. Im Sommer setzten sich die Mädchen auf die Bänke am Ufer des Kanals und gingen immer wieder große Tabletts voller Bier holen, von dem das meiste unterwegs überschwappte. Als eingefleischter James-Bond-Fan, trank Joanne nur selten Bier, sondern lieber Schnaps, meistens Wodka.

Der Pub, in den sie am häufigsten ging, war das Black Horse in der Innenstadt. Dort verbrachte Joanne beinahe genauso viel Zeit wie in der Devonshire House Coffee Bar. Yvette Cowles erinnert sich noch an einen Abend, an dem ein halbes Dutzend Mädchen, darunter auch Joanne, aus dem Pub zurückkamen und völlig betrunken plötzlich »You Make Me Feel Like A Natural Woman« und »Respect« von Aretha Franklin zu singen begannen. In Exeter war man zweifellos begeistert über das Gegröle.

Eine gewöhnliche Woche sah für einen Studenten so aus, dass er sieben oder acht Unterrichtsstunden und Seminare hatte und vier bis fünf Lehrkurse. Darüber hinaus mussten die Studenten eigenverantwortlich arbeiten. Joanne tat nur das Allernötigste. Trotzdem warteten am Ende des zweiten Jahres die Prüfungen auf sie, wobei sie hier so gar nicht an Hermine erinnert. So vergaß sie, sich ordnungsgemäß für die Prüfung anzumelden und musste sich von Ray Davison ein paar ermahnende Worte anhören. Joanne schaffte die Prüfungen mit Ach und Krach, darum beschloss man, dass es für sie wohl besser gewesen wäre, wenn sie in den letzen beiden Studienjahren kein Griechisch und Latein mehr nahm. Die Zeit wird zeigen, ob Hermine Grangers Arbeitswut sich mit dem Älterwerden nicht auch legt, sobald sie bemerkt, dass es im Leben noch mehr als Prüfungen gibt.

Zu einer der schwierigsten Entscheidungen für Joanne gehörte in dieser Zeit, wo sie ihr Pflichtjahr in Frankreich verbringen sollte. Es gab drei Möglichkeiten: Sie konnte entweder halbtags Englisch in einer französischen Schule unterrichten, was vom British Institute in Paris organisiert wurde, sie konnte sich an einer französischen Universität einschreiben oder in einer französischen Firma arbeiten. Joanne entschied sich für die erste Lösung und verbrachte ein Studienjahr in Paris. Es war das erste Mal, dass sie selbst versuchte, zu unterrichten.

Hierzu erklärte Professor Cameron: »Das Jahr in Frankreich bietet die Möglichkeit, die französische Kultur kennen zu lernen. Die Studenten verbessern ihre Kenntnis der Sprache und lernen, sich sowohl schriftlich als auch mündlich flüssiger auszudrücken. Das bringt sie weiter. In Joannes Fall war sogar noch wichtiger, dass sie sich über ihre eigene Sprache und deren Verwendung bewusst wurde. Man lernt seine Sprache zu lieben. Außerdem habe ich noch nie jemanden getroffen, der nach diesem Jahr die Franzosen nicht gemocht hätte.«

Joanne sagt, dass sie ihre Zeit in Paris großartig fand. Sie teilte sich eine Wohnung mit einem Italiener namens Fernando, einem spanischen Mädchen und einer Frau aus Russland. Die Spanierin hatte einen derartigen Ordnungsfimmel, dass Joanne die meiste Zeit in ihrem Zimmer verbrachte, um nur ja nicht in die Küche gehen zu müssen. Dem Literaturprogramm *With Great Pleasure* von Radio 4 erzählte sie, dass sie an einem Sonntag den ganzen Tag auf ihrem Zimmer blieb und *Eine Geschichte aus zwei Städten* von Charles Dickens las: »Als ich am Abend rausging, begegnete ich Fernando, der mich erschrocken ansah. Die Schminke war mir im Gesicht verlaufen, und er dachte, dass ich soeben eine Todesnachricht erhalten hatte, was auch stimmte – nämlich die von Sydney Carton.« Der unglückliche Carton hatte den Platz von Charles Darnay an der Guillotine eingenommen, weil er Darnays Frau Lucie liebte und ihr dieses letzte Opfer bringen wollte: »Das ist etwas sehr viel Edleres, als ich es je zuvor getan habe, und mein Ziel ist ein sehr viel schönerer Ort, als ich ihn je gesehen habe.«

Für Joanne ist dies »die perfekteste letzte Zeile aller jemals geschriebenen Bücher«, eine, die sie »zweifellos jedes Mal zu Tränen rührt«. Den Schlusssatz des letzten Harry-Potter-Buches hat sie schon geschrieben, doch die Leser müssen sich bis zur Veröffentlichung von Band sieben in ein paar Jahren noch gedulden. Es wird spannend sein, zu erfahren, welches Schicksal Voldemort ereilt, dessen Name auf Französisch »Flug des Todes« bedeutet.

Zu ihrem letzten Studienjahr kehrte Joanne nach Lafrowda zurück. Viele ihrer Mitstudenten waren nach drei Jahren fertig, hatten also ihren Abschluss gemacht und waren weggezogen. Das ließ sie und ihre Französisch-Kommilitonen, die ein Jahr älter waren als alle anderen, vor allem an den Abenden enger zusammenrücken. Yvette erinnert sich: »Wir trafen uns alle in der Bar, danach gingen wir noch zu irgendjemandem aufs Zimmer, um etwas zu trinken und zu quatschen. Joanne trank gern. Sie feierte viel und amüsierte sich. Aber sie hatte auch eine ernsthaftere Seite, und manchmal frage ich mich, ob sie nicht ein wenig schauspielerte, wenn sie vorgab, so viel Spaß zu haben. Wenn man sie so sah, wäre man nie auf den Gedanken gekommen, dass ihre Mutter irgendwelche Probleme haben könnte. Ich glaube, dass sie ihre Verletzlichkeit verbarg, um sie unter Kontrolle zu halten. Sie kam mir immer wie Rizzo, die dunkelhaarige Rebellin aus dem Film *Grease*, vor, die letztendlich aber doch ganz lieb war. Ich habe sie immer sehr bewundert.«

Joanne blieb »eins von den Mädels«, obwohl sie ihren ersten richtigen Freund und damit eine Beziehung begonnen hatte, die einige Jahre dauern sollte. Er war ebenfalls Student, groß, dunkel und ging selbst gern was trinken – er war cool, aber nicht besonders elegant. Yvette meint dazu: »Er war der typische Student, sie hatte die stärkere Persönlichkeit. Ich fand immer, dass er noch ein bisschen grün hinter den Ohren war. Ich glaube, bereits in Exeter standen sie immer kurz davor, sich zu trennen.«

Im März 1987, ihrem letzten Studienjahr, erklärte Joanne sich bereit, bei der Aufführung des alljährlichen Theaterstücks unter der Regie von Martin Sorrell in französischer Sprache mitzuwirken. Das Stück hieß *Le cosmonaute agricole (Der Landwirtschaftskosmonaut)* und war von dem französischen Dramatiker Obaldia. Joanne war für die Kostüme verantwortlich. Professor Sorrell erklärte später: »Ich würde es als ein gutes und lustiges Stück beschreiben. Es eignet sich gut für Studenten, weil es nicht zu lang ist und nur drei Charaktere hat – ein vierjähriges Kind, das von einer Studentin namens Clare Woodcock gespielt wurde, und seine Eltern. Das Kind ist der Kosmonaut aus dem Titel des Stückes und verschwindet. Seine Eltern stürzen sich dann in allerlei philosophische Diskussionen. Es ist ein bisschen bizarr.«

Joanne nahm ihre Aufgabe ernst und kam zu allen Proben. Professor Sorrell erinnert sich: »Sie war sehr wichtig für das Team, weil die Kostüme unbedingt in Ordnung sein mussten. Am meisten sorgte sie sich um das Kostüm von Clare, dem Kosmonauten. Wir improvisierten etwas wirklich Tolles, eine Art silbrigen Overall mit einem weißen Helm und Sauerstoffflaschen. Mich hat vor allem beeindruckt, dass sie sich an dem Theaterstück beteiligen wollte, denn als Studentin hat man wirklich genügend Möglichkeiten, sich vor gewissen

Dingen zu drücken. Zuerst melden sich die Leute an, dann ist kein Verlass auf sie. Aber in diesem Fall ging alles gut, und die Kostüme waren umwerfend.«

Das Stück lief drei Abende im St. Luke's Theatre, das ebenfalls zur Universität gehörte, sich aber in einem anderen Teil von Exeter befand. Die Vorstellungen waren ausverkauft, was überraschte, denn das ganze Stück wurde in Französisch aufgeführt.

Abgesehen von dem Theaterstück war Joanne vor allem mit ihrer Dissertation beschäftigt, einem dreitausend Worte langen Aufsatz in Französisch, der für die abschließende Bewertung wichtig war. Hierzu bemerkte Professor Sorrell, dass »so auch das organisatorische Talent geprüft werden konnte«. Sein Kollege Professor Cameron fügt noch hinzu: »Anscheinend war Joanne in jenen Bereichen besser, in denen sie sich persönlich stärker einbringen musste, darum war ihre Dissertation auch ihre beste Arbeit.«

Das letzte Studienjahr war voller Prüfungen, doch Joanne schien sich nicht so damit zu befassen, wie das Hermine Granger getan hätte. Yvette Cowles erinnert: »Jo ist mir eigentlich nie als besonders ehrgeizige Studentin aufgefallen. Sie las gern und kannte viele Bücher, doch dadurch hatte sie lediglich in mancher Hinsicht eine andere, nicht unbedingt akademische Sichtweise.«

Joanne verbrachte viel Zeit in der Bibliothek. Dort gab es eine große Auswahl. Die Universität verfügt über insgesamt eine Million Bücher, von denen sich rund sechshunderttausend im Haupttrakt befinden. Joannes Interesse galt vor allem der englischen Literatur und nicht unbedingt ihrem Hauptfach Französisch. Viele der Bücher, die sie sich auslieh, brachte sie verspätet zurück und musste dafür insgesamt fünfzig Pfund Gebühr bezahlen, eine bemerkenswerte Summe für eine Studentin.

Eines der Bücher, das sie in ihrer Studentenzeit las, war die phantastische Trilogie *Der Herr der Ringe* des Oxford-Professors J. R. R. Tolkien. Joanne liebte diese Saga sehr und ihre Tausend-Seiten-Ausgabe mit der gesamten Geschichte wurde mit der Zeit immer zerfledderter. Immer wieder ziehen Fans Parallelen zwischen den Harry-Potter-Büchern und Tolkiens epischer Saga. Beide Autoren verfolgen ein ähnliches Ziel – sie befassen sich in recht einfacher Form mit der Auseinandersetzung zwischen Gut und Böse. Tolkien war ein nüchterner Akademiker, ein Philologe (Sprachwissenschaftler) und zudem Professor für mittelalterliche Literatur. Seine Leistung, die auch Joanne erkannte, war, dass er eine völlig neue Mythologie geschaffen hatte. Die Namen, die er seinen Figuren, Tieren und Gegenständen gab, sind nicht nur exotisch, sondern wundervoll und gehen einem so wie die von Joanne leicht von der Zunge: Aragorn, Butterbur (Butterblume), Mugworts (Labkrauts), Wormtongue (Schlangenzunge) und Bilbo Baggins (Bilbo Beutlin) erinnern eindeutig an einige Namen aus den Potter-Geschichten wie Aragog, Butterbeer (Butterbier), Mugggles, Wormtail (Wurmschwanz) und Dudley Dursley. Beide Helden, Harry und Frodo von Tolkien, sind naive Waisenkinder mit schrecklichen Verwandten: Bei Harry sind es die Dursleys, bei Frodo die Sackville-Baginnses.

Sowohl bei Tolkien als auch bei Joanne Rowling kommt ein freundlicher Mentor, eine Art Vaterfigur vor, die dem Helden erlaubt, zu wachsen, die aber auch bereit ist, rettend einzugreifen, wenn es notwendig ist. Für Harry ist diese väterliche Figur Dumbledore, Frodo hat hingegen Gandalf. In beiden Geschichten ist der Feind hingegen ein verkrüppelter »dunkler Fürst«, der nur langsam seine Kraft zurückgewinnt. Im *Der Herr der Ringe* ist es Sauron in den Harry-Potter-Geschichten Voldemort. Beide Fürsten werden nicht mit Macht geschlagen, sondern mit Hilfe eines starken und guten Helden. Frodo hat letztendlich Erfolg, weil er der Versuchung widerstehen kann, die Kraft des Ringes für sich zu nutzen. Auf die gleiche Art und Weise kann Harry Potter im *Stein der Weisen* Voldemort schlagen, weil er sich selbst sieht, wie er Dumbledore den Stein überreicht, und nicht indem er sich vorstellt, wie er dessen Kraft selbst nutzt.

Zwischen Schlangenzunge und Wurmschwanz gibt es ebenfalls deutliche Parallelen. Schlangenzunge ist die rechte Hand des Königs von Rohan und ihm daher nahe genug, um ihn zu beeinflussen und auszuspionieren. Wurmschwanz – bekannt auch als Peter Pettigrow – nimmt die Form einer Ratte an und gesellt sich als Haustier zur Familie Weasley, um über die wichtigsten Ereignisse in der Zaubererwelt informiert zu bleiben. Sowohl Schlangenzunge als auch Wurmschwanz sind zwar enge, aber dennoch schwache Verbündete der dunklen Herrscher.

Dass sich diese beiden Geschichten im Großen und Ganzen mit einer ähnlichen Thematik befassen, überrascht nicht. Zwei Dinge sind jedoch besonders auffallend: Im *Der Herr der Ringe* gibt es schwarze, Kapuzen tragende Ringgeister, während es im *Gefangenen von Askaban* schwarze, Kapuzen tragende Dementoren gibt. In beiden Fällen üben sie einen ungeheuren Effekt auf die Helden aus: »Harry spürte seinen Atem in der Brust stocken. Die Kälte drang unter seine Haut. Sie drang in seine Brust, ins Innere seines Herzens ...« Und bei Tolkien heißt es: »Die alte Wunde bebte vor Schmerz, und eine große Kälte griff nach Frodos Herzen.«

In *Harry Potter und der Stein der Weisen* entdeckt Harry den Spiegel Nerhegeb, der, wie Dumbledore ihm erklärt, »uns nicht mehr und nicht weniger [zeigt] als unseren tiefsten, verzweifeltsten Herzenswunsch«. In *Die Gefährten* entdeckt Frodo Galadriels Spiegel. Eine Elfe erklärt ihm: »Vieles kann ich dem Spiegel zu zeigen befehlen, und manchem kann ich vor Augen führen, was er sehen will.«

Joanne Rowling hat immer gesagt, *Das kleine weiße Pferd* sei das Buch gewesen, das sie am meisten für ihre Harry-Potter-Geschichten beeinflusst hat. Wie alle großen Autoren hat sie jedoch die Gabe, Ideen zusammenführen und sich von ihnen inspirieren zu lassen, ob diese nun von Tolkien, Jane Austen oder Elizabeth Goudge stammen. Auf die Frage, ob Tolkiens Werke die Harry-Potter-Serie beeinflusst haben, antwortete sie: »Abgesehen von der Tatsache, dass sowohl bei Tolkien als auch in den Harry-Potter-Geschichten Drachen, Zaubergewänder und Zauberer vorkommen, so sind die Harry-Potter-Bücher vor allem was den Ton betrifft doch sehr anders. Tolkien hat eine ganze Mythologie kreiert. Ich glaube nicht, dass irgendjemand behaupten könnte, dass ich das getan habe. Andererseits gab es bei ihm aber auch keinen Dudley.«

Die Entstehung des ersten Harry-Potter-Buches war noch über fünf Jahr entfernt, als Joanne zum ersten Mal *Der Herr der Ringe* las. Die phantastische Sage von Tolkien übte so wie viele andere Bücher ihrer Kindheit zweifellos einen großen Einfluss auf sie aus. Es ist jedoch kaum vorstellbar, dass Tolkien eine Szene wie die des Buchhändlers geschrieben hätte, wie sie im *Gefangenen von Askaban* vorkommt: »Es ist die Hölle. Ich dachte schon, es könnte nicht mehr schlimmer kommen, als wir zweihundert Exemplare von dem Titel *Das unsichtbare Buch der Unsichtbarkeit* hier hatten – hat ein Vermögen gekostet und wir haben es nie gefunden ...«

Joanne verbrachte eine glückliche Zeit in Exeter und der Grafschaft Devon, und in allen Harry-Potter-Büchern gibt es Hinweise darauf. Im *Stein der Weisen* lebt Nicolas Flamel, der Entdecker des Lebenselixiers, in Devon, wo er das hohe Alter von sechshundertfünfundsechzig Jahren erreicht. Madam Z. aus Topsham berichtet von ihrem »Kwikzauber-Kurs«. Die Familie Weasley lebt in einem heruntergekommenen Haus in Ottery St. Catchpole und immer wieder kommt ein gewisser Professor Binns vor, der, wie Joanne zugegeben hat, einem Lehrer für alte Philologie der Universität sehr ähnlich ist. Bei Professor Binns handelt es sich um den Lehrer, der vor dem Feuer im Lehrerzimmer einschlief und starb und am nächsten Morgen wieder aufstand, um zu unterrichten, und dabei seinen Körper zurücklässt. Sein Geist ist es nun, der die Geschichte der Zauberei unterrichtet, »den bei weitem langweiligsten Stoff« in Hogwarts: »Heute war es sogar noch langweiliger als sonst. Professor Binns öffnete seine Unterlagen und begann dumpf und dröhnend wie ein Staubsauger zu lesen, bis fast alle in der Klasse in einen Halbschlaf verfallen waren und nur gelegentlich aufmerkten, um sich einen Namen oder ein Datum zu notieren.«

Joanne bestand ihre Abschlussprüfung mit 2,2, ein durchschnittliches Ergebnis für eine Studentin mit ihren Fähigkeiten. Vielleicht hätte sie besser abgeschnitten, wenn sie Englisch studiert hätte, doch Martin Sorrell meint dazu: »Ich habe keine Ahnung, ob der Abschluss ihr geholfen hat oder nicht. Ich persönlich bin nicht der Meinung, dass Schriftsteller unbedingt Englisch studieren sollten.«

Die Abschlussfeier 1987 war eine heitere und fröhliche Veranstaltung. Alle hatten sich schick gemacht, die Mädchen trugen kleine schwarze Cocktailkleidchen und die Jungs mit ihren Duran-Duran-Haarschnitten passten in ihren Anzügen so gar nicht dazu. Pete und Anne – Joannes Mutter saß bereits im Rollstuhl – waren gekommen, um ihrer Tochter zu applaudieren. Sie waren an diesem Tag sehr stolz, und als Joanne aufgerufen wurde, ging sie mit ihrem Universitätshütchen und in der langen Robe auf die Bühne, um von Sir Rex Richards, dem Universitätsvorstand, ihre Abschlussurkunde entgegenzunehmen.

Am selben Tag wurde Glenda Jackson der Ehrendoktor verliehen und sie sagte zu den Studenten, dass diese Ehre für sie mehr bedeuten würde als alle Preise, die sie je als Schauspielerin erhalten hatte. Ihre Lebensgeschichte soll denjenigen Mut machen, die wie sie aus einfachen Verhältnissen stammten. Glenda Jackson hatte mit sechzehn die Schule verlassen und hatte als Assistentin in einem Schuhgeschäft zu arbeiten begonnen. Als ihr der Ehrendoktor verliehen wurde, stand sie gerade als Schauspielerin für Ken Russel vor der Kamera, doch nur wenig später gab sie ihre Schauspielkarriere auf, ging in die Politik und wurde 1992 Parlamentsabgeordnete.

Wie Glenda Jackson sollte auch Joanne Ehrenmitglied der University of Exeter werden. Martin Sorrell bemerkt hierzu: »Offenbar wartete Joanne nur darauf, dass auch für sie die Zeit reif war.«

Aber das sollte noch ein Weilchen dauern.

⋆ ★ ⋆

Anne Rowlings Gesundheitszustand hatte sich deutlich verschlechtert. Außer Haus benötigte sie einen Rollstuhl, und in der Zeit, als Joanne die Universität verließ, musste sie sich bereits auf Krücken in ihren eigenen vier Wänden bewegen. Tutshills Metzgermeister Geoff Roser lieferte ihr alles, was sie brauchte, ins Church Cottage. Er erinnert sich, dass sie ihn jedes Mal fragte: »Sind Sie ganz sicher, dass Ihnen das nicht zu viel Mühe macht?« Anne war im Dorf sehr beliebt und alle hatten Mitleid mit ihr.

Joanne wusste nicht recht, was sie mit ihrem Leben anfangen sollte. Sie hatte einen Kurs als Fremdsprachensekretärin für Englisch und Französisch absolviert, doch über sich selbst sagte sie, dass sie als Sekretärin »ein Albtraum« sei. Mit ein paar Studienkolleginnen aus Exeter nahm sie sich in Clapham, im Südwesten von London eine Wohnung und hielt sich mit Zeitarbeitsjobs über Wasser. Sie wusste nie, wo man sie in der nächsten Woche hinschicken würde. Einmal kam sie in ein Verlagshaus, wo es mit zu ihren Pflichten gehörte, Absagen zu verschicken. Zumindest lernte sie in dieser Zeit schnell zu tippen, was für eine angehende Autorin äußerst wichtig ist.

Joannes Eltern sorgten sich sehr um die Zukunft ihrer Tochter. Sie waren bodenständige Leute, und Anne hatte Angst, dass ihr nicht mehr genügend Zeit blieb, um Joanne zu helfen. Eine Zeit lang arbeitete Joanne in London bei Amnesty International, und anfangs begeisterte sie diese Arbeit. Doch schon bald war sie über die mangelnde Aktivität enttäuscht und zog sich zurück. Yvette Cowles erinnert sich, dass »Jo sehr idealistisch war. Ich weiß noch, dass die Arbeit sie sehr enttäuschte und sie nicht glücklich dort war«. Sie arbeitete für die afrikanische Abteilung und half bei den Recherchen über Menschenrechtsverletzungen in französischsprachigen Ländern, doch in Wirklichkeit passte diese Arbeit nicht zu ihr. Wenn ihre Arbeitskollegen zum Mittagessen in den Pub gingen, überlegte Joanne sich irgendeine Ausrede und verschwand in die entgegengesetzte Richtung, um an ihrem Roman für Erwachsene weiterzuschreiben, den sie begonnen hatte. Irgendwann wurden ihre Ausreden jedoch so lächerlich, dass ein Kollege sie fragte, ob sie eine Mittagspausenaffäre hätte. Beide Romane, die in dieser Zeit entstanden, als sie fünfundzwanzig war, sind bis heute nicht veröffentlicht worden, aber wenigstens gewöhnte sie sich daran, in Bars und Cafés Notizen und ganze Absätze aufzuschreiben, was ihr später für Harry Potter sehr zugute kommen sollte.

Joanne hatte noch eine andere Methode, um bei der Arbeit für Ruhe zu sorgen. Ihre Eltern hatten keinen Sinn für klassische Musik und besaßen kein einziges Stück, doch Joanne hatte begonnen, sich dafür zu interessieren. Sie war selbst darauf gestoßen und fand heraus, was sie mochte, indem sie sich alle möglichen Kassetten kaufte. Eines ihrer Lieblingsstücke war Beethovens Klaviersonate *Appassionata,* die sie sich anhörte, wenn sie von der Zeitarbeitsfirma als Sekretärin eingesetzt wurde. »Dann konnten die Leute wenigstens nicht mit mir reden. Ich setzte einfach meine Kopfhörer auf und tat so, als würde ich schreiben.«

Ihr Freund aus Exeter war nach Manchester gezogen, und Joanne beschloss, zu ihm zu ziehen. Wie sich später herausstellte, sollte das nicht gerade die beste Entscheidung ihres Lebens sein. Das Jahr, das folgte, bezeichnete sie selbst als ein Jahr des Elends, doch führte es zu jener unglaublichen Eingebung, die ihr Leben verändern sollte. »Wenn ich die Möglichkeit hätte, die Zeit zurückzudrehen«, sagte Joanne einmal, »würde ich mich selbst nicht davor warnen, nach Manchester zu ziehen oder einen Bürojob anzunehmen oder diesen schrecklichen Roman zu schreiben.«

Joanne war jedes Mal schlechter Laune, wenn sie vierzig Minuten durch die englische Landschaft nach London fuhr, nachdem sie übers Wochenende wieder einmal vergebens in Manchester eine Wohnung gesucht hatte. Dabei hätte sie an vieles denken können: Ob es richtig war, London zu verlassen, wie es ihrer Mutter in Church Cottage ging, wie ihr Vater damit klarkam. Sie hätte an das Black Horse oder die Devonshire House Coffee Bar denken können, an sorglosere Zeiten. Doch Joanne Rowling dachte an nichts dergleichen, denn wie immer träumte sie in den Tag hinein, und während sie aus dem Waggon hinaus auf ein paar schwarz-weiß gescheckte Friesenkühe starrte, dachte sie an einen Zug, der einen Jungen in ein Zauberinternat fuhr: »Ganz plötzlich kam mir die Idee für Harry. Ich weiß nicht, wodurch sie ausgelöst wurde. Doch plötzlich sah ich Harry und die Zauberschule ganz klar vor mir. Ich dachte einfach an einen Jungen, der nicht wusste, wer er war, der nicht wusste, dass er ein Zauberer ist, bis er eine Einladung zur Zauberschule bekommt. Nie zuvor hatte mich eine Idee so fasziniert.«

Frustriert stellte Joanne fest, dass sie seltsamerweise an jenem Juniabend weder Stift noch Papier bei sich hatte, darum schloss sie die Augen und stellte sich alles ganz genau vor. Sie dachte an Harry, die Hauptfigur, obwohl sie ihm damals noch keinen Namen gegeben hatte. Sie konzentrierte sich auf die Schule und die Menschen, mit denen Harry dort zusammentreffen würde. Lindsey Fraser erzählte sie, dass sie am Ende dieser Zugreise Ron Weasley (für den Séan Harris die Vorlage geliefert hatte), Hagrid den Wildhüter (die Figur, über die sie sagte, sie würde sie am liebsten mal in Wirklichkeit treffen) und die Schulgeister Fast Kopfloser Nick und Peeves ausgedacht hatte. In dieser frühen Phase hatte sie noch nicht für alle Figuren Namen. Die kamen erst später hinzu, sie nutzte dafür unter anderem Ortsregister und *Brewer's Dictionary of Phrase and Fable.*

Vor allem machte Joanne sich jedoch über Harry Potters Schule Gedanken und wie sie aussehen sollte. Sie stellte sie sich vor einem schottischen Hintergrund vor, weil Schottland ein wildes, windgebeuteltes Land ist, das auch für ihre Eltern wichtig gewesen war. Sie dachte an ein Schloss, aber keines, das sie schon gesehen hatte. Hogwarts ist eine Mischung aus vielen Gebäuden: vielleicht aus Tintent Abbey in der Nähe von Chepstow, der Thomas Hall an der Exeter University oder auch einem merkwürdigen Gebäude, das für ein Schulprojekt in der Aula von Wyedean gebaut worden war, als Joanne dreizehn Jahre alt war. Wie in einem Schmelztiegel entstand aus all diesen Gebäuden Hogwarts. Als sie später in ihrem Zimmer war, schrieb sie alles, was sie von ihrer Zugreise in Erinnerung behalten hatte, eilig in ein kleines, billiges, völlig zerfleddertes Notizbuch – es waren die aller ersten Harry-Potter-Skizzen.

Zu behaupten, dass Harry Potter Joanne schon gleich zu Beginn völlig vereinnahmte, wäre übertrieben. Im Juni 1990 waren es noch sieben Jahre bis zur ersten Veröffentlichung. Aber in ihrem langweiligen Leben, das sie nirgendwo hinzuführen schien, war es eine willkommene Ablenkung. Für den Übergang fand sie einen Job als Sekretärin bei der Handelskammer in Manchester und bis Ende des Jahres war sie aus London nach Manchester gezogen. Für einen Menschen wie sie ist es typisch, dass sie auch in der Handelskammer in Manchester keinen Spuren hinterließ und man dort trotz eingehender Recherchen keinerlei Hinweis darauf fand, dass Joanne jemals hier gearbeitet hatte. Viele Mitarbeiter, die dort seit zwanzig Jahren arbeiten und von denen selbst einige Harry-Potter-Fans sind, können sich nicht daran erinnern, sie je getroffen zu haben. Eine Zeit lang arbeitete Joanne auch an der Universität von Manchester.

Doch immer wieder kam ihr der junge Zauberlehrling in den Sinn, mit dem sie sich die Zeit vertreiben konnte, und schon bald füllten ihre Notizen darüber eine ganze Schuhschachtel. Viele Autoren behaupten, dass das Schönste am Schreiben sei, wenn man sich voll auf den kreativen Fluss einlässt und sieht, wohin er einen führt. Joanne wusste bereits, dass es sieben Bücher werden würden, was einige Kritiker bei einer unveröffentlichte Autorin für arrogant hielten. Aber es erschien einfach sinnvoll, ein Buch für jedes Jahr zu schreiben, das Harry in Hogwarts verbrachte. Inzwischen hatte sie für ihren Helden auch einen Namen gefunden. »Harry war immer schon mein Lieblingsjungenname, und Potter war der Nachname einer Familie, die in unserer Nähe wohnte, als ich sieben war. Ich mochte den Namen schon immer, also lieh ich ihn mir aus.« Begeistert sammelte sie auch andere mögliche Namen für ihre Figuren und verwahrte sie in der Schachtel: Dumbledore ist beispielsweise eine altenglische Bezeichnung für Hummel und kommt in Thomas Hardys Buch *Der Bürgermeister von Casterbridge* vor.

Trotzdem war Harry Potter nicht das wichtigste Ereignis des Jahres. Am 30. Dezember 1990 starb Anne Rowling im Alter von fünfundvierzig Jahren. Kurz vor Weihnachten war Joanne noch zu Hause in Church Cottage gewesen. »Sie war dünn und sah sehr erschöpft aus. Ich weiß nicht, warum mir nicht klar wurde, wie krank sie wirklich war. Vielleicht lag das aber auch daran, dass ich so lange mit ansehen musste, wie sie langsam in sich zusammenfiel, dass ich mir der Dramatik gar nicht mehr bewusst war.« Am Weihnachtsabend verabschiedete sich Joanne von ihrer Mutter und wusste nicht, dass es das letzte Mal sein würde. Sie verließ Tutshill, um die Feiertage mit ihrem Freund und seiner Familie zu verbringen. An Silvester weckte man sie um 7.30 Uhr und teilte ihr mit, dass ihr Vater am Telefon sei. Das war sehr ungewöhnlich und Joanne befürchtete sofort das Schlimmste. Instinktiv wusste sie, was geschehen war: »Ich kann noch immer nicht über meine Mutter schreiben, ohne dass mir dabei die Tränen kommen.«

Nach einem zehnjährigen Kampf gegen ihre Krankheit starb Anne friedlich zu Hause. Pete Rowling musste zum dritten Mal in seinem Leben den Standesbeamten von dem Tod eines Angehörigen in Kenntnis setzen. Zuerst war seine Mutter Kathleen verstorben, dann sein Vater Ernie und jetzt seine Frau Anne. Anne hatte nie den Wunsch geäußert, auf dem Kirchenfriedhof nebenan begraben zu sein, sie wollte lieber eingeäschert werden. Die schlichte Gedenkfeier, bei der nur ein paar Freunde und die Familie anwesend waren, wurde im dreißig Meilen entfernten Krematorium von Gloucester abgehalten. Pete und die Töchter wurden von Shirley Nettleships Exmann Peter hingefahren, der ein guter Freund der Familie geworden war. Dass Annes Schwester Marian und ihr Mann Leslie zu spät kamen, machte die Sache noch trauriger. Das Paar hatte wegen eines Unfalls auf der Autobahn im Stau gestanden. Sie kamen zu spät und die Gedenkfeier musste ohne sie stattfinden. Natürlich tat ihnen das sehr Leid.

Der Tod ihrer Mutter war ein tiefer Einschnitt in Joanne Rowlings Leben, auf den sie immer wieder hingewiesen hat. Er veränderte ihre eigene Lebensrichtung und beeinflusste die Harry-Potter-Geschichten. Eine Zeit lang hatte Joanne die Orientierung verloren. Sie kehrte traurig nach Manchester zurück in ein Leben, das sie nirgendwo hinführte, und in eine Beziehung, die langsam zerbrach. Nach einem besonders schlimmen Streit stürmte sie aus einem Pub und nahm sich ein kleines Hotelzimmer in Didsbury, einem Vorort von Manchester.

Doch der Abend war nicht verloren. Um sich abzulenken überlegte sich Joanne, dass es lustig wäre, wenn in Hogwarts ein spezieller Zaubersport betrieben würde. Sie entwickelte Quidditch, ein selbst erfundenes Spiel mit mehreren Bällen, dessen Name diesmal nicht aus einem Atlas stammte, sondern den Joanne sich selbst ausgedacht hatte.

Als Joanne dabei war, sich einen Vornamen für den jungen Sohn der Dursleys auszudenken, kam sie zuerst auf den Namen Didsbury, doch dann befand sie, dass die Einwohner des Vorortes von Manchester, in dem sie sich das Quidditch-Spiel ausgedacht hatte, es nicht verdient hatten, mit Harrys ekelhaftem Verwandten in Verbindung gebracht zu werden. Da Joanne aber einen alliterierenden Namen wollte, entschied sie sich schließlich für Dudley, wobei nur sie weiß, was die Einwohner des gleichnamigen Ortes in Westmittelengland getan haben, um mit »Dudders«, wie Tante Magda ihr Neffen nennt, in Verbindung gebracht zu werden.

Indem Joanne das Kapitel »Der Spiegel Nerhegeb« im ersten Harry-Potter-Buch schrieb, versuchte sie, so gut sie konnte ihrer Mutter zu gedenken. Es ist wahrscheinlich das berühmteste aller Harry-Potter-Kapitel, und das, worauf sie am stolzesten ist. Mit Sicherheit ist es jedoch das bewegendste. Der Spiegel Nerhegeb ist ein magischer Spiegel, in dem man das sehen kann, was man sich am meisten zu sehen wünscht. Dumbledore erklärt Harry, dass man in dem Spiegel seine tiefsten und verzweifeltsten Herzenswünsche sehen kann.

Harry sieht seine toten Eltern, die ihm zuwinken. Seine Mutter lächelt und weint zugleich: »Er spürte ein mächtiges

Stechen in seinem Körper, halb Freude, halb furchtbare Traurigkeit.« Joanne sagte einmal dazu: »Als ich das Kapitel noch einmal gelesen habe, wurde mir klar, dass sich in Harry viele meiner eigenen Gefühle über den Tod meiner Mutter ausdrücken.«

Würde Joanne in den Spiegel von Nerhegeb schauen, dann würde sie wahrscheinlich ihre Mutter Anne darin sehen. In einem Interview sagte sie, dass sie gerne fünf Minuten hätte, um ihr von allen Neuigkeiten zu berichten: »Ich würde wahrscheinlich die ganze Zeit nur von mir erzählen, und am Ende der fünf Minuten würde mir klar werden, dass ich sie nicht einmal gefragt hätte, wie es ist, tot zu sein. Das ist die Selbstsucht eines Kindes, finden Sie nicht?«

Was die Handlung betrifft, so war es ein guter Einfall, dass Harry Potter ein Waisenkind ist. Er hat keine Eltern, die sich einmischen könnten, er muss sich selbst verteidigen und kann in den Ferien in der Schule bleiben. In gewisser Weise hatte auch Joanne nach dem Tod ihrer Mutter das Gefühl, verwaist zu sein. Dieses Gefühl verlieh Harrys Charakter eine seriösere, moralischere Seite. Wer Anne Rowling kannte weiß, wie viel das erste Buch ihr zu verdanken hat. Hierzu sagte John Nettleship: »Als ich das Buch las, hatte ich immer das Gefühl, mit den Wertvorstellungen von Anne und Pete Rowling konfrontiert zu werden, die beide sehr hohe Ansprüche stellten. Für Joannes Eltern waren Gerechtigkeit und Verantwortungsbewusstsein äußerst wichtig. Für mich waren sie beide sehr ehrbare Leute, und was ich an den Büchern so liebe ist, dass sie den Ethos ihrer Familie widerspiegeln.

Daran kann man sehen, dass die Bücher an ihre Kindheit angelehnt sind. Man hat nie das Gefühl, als hätte Joanne irgendetwas im Gedenken an ihre Mutter schreiben wollen, ganz im Gegenteil. Joanne hat selbst gesagt, dass ihr erst klar wurde, wie viel von ihrer Mutter in diesem Buch steckte, als sie den ersten Band noch einmal gelesen hat. Als Shirley und ich das Buch zum ersten Mal lasen, hatte wir genau denselben Eindruck. Man spürt ihre Mutter und wie sie die Welt sah nur im Hintergrund.«

Wie Joanne ihrer Mutter gedachte wird jedoch in *Harry Potter und die Kammer des Schreckens* deutlich, wo der kleine Harry gegen den bösen Voldemort vorgeht und sagt: »Doch ich weiß, warum du mich nicht töten konntest. Weil meine Mutter starb, um mich zu retten.«

Kurz nach der Beerdigung wurde in Joannes Wohnung in Manchester eingebrochen und jemand stahl die wenigen Erinnerungen, die ihre Mutter ihr hinterlassen hatte. Das war der Tropfen, der das Fass zum Überlaufen brachte. Sie war in Manchester nie glücklich gewesen und ihre Jugendliebe von der Universität hatte sich mittlerweile auch erledigt. Es war an der Zeit, weiterzuziehen.

★ 6 ★

Liebe unter südlichem Himmel

»Ich glaube, Joanne suchte verzweifelt nach Liebe.«

Eine Kleinanzeige in der Zeitung *The Guardian* erregte Joannes Aufmerksamkeit: »Suche qualifizierte Englischlehrer für Schule in Porto.« Joanne hatte, abgesehen von ihrem Jahr in Paris, wenig Lehrerfahrung vorzuweisen, doch Porto schien ihr ganz so eine Stadt zu sein, in die es auch Jessica Mitford hätte verschlagen können. Sie schickte eine Bewerbung mit Lebenslauf und einen Begleitbrief mit ihrer Telefonnummer los, in dem sie angab, dass sie gerne in Portugal unterrichten würde. Steve Cassidy, der Leiter der Encounter English School in Porto, hatte die Anzeige geschaltet. Die Englischlehrer dort wechselten häufig, darum versuchte er, jedes Jahr drei oder vier neue Lehrkräfte einzustellen, die er sich aus etwa vierzig Bewerbern aussuchte.

Jedes Mal wenn er nach England reiste, um seine Familie in Barnsley zu besuchen, meldete er sich bei ein paar Bewerbern und vereinbarte Vorstellungsgespräche mit ihnen. Mit Joanne traf er sich in einem Hotel in der Nähe des Bahnhofs von Leeds. »Wir tranken Kaffee und plauderten etwas«, erinnert er sich. »Mit ihrem dunklen Lidschatten sah sie ein bisschen düster aus. Sie erinnerte mich an Morticia von der Addams Family. Sie war keine außergewöhnliche Bewerberin, aber mir schien sie ganz in Ordung zu sein. Sie war etwas schüchtern, und ich erinnere mich noch, dass sie auf dem

Bahnhof einen traurigen Eindruck auf mich machte. Ich glaube, ihre Mutter war gerade gestorben.«

Joanne erfuhr, dass sie alle Klassen in Englisch unterrichten sollte, von Anfängern bis zur Abschlussklasse. Steve erzählte ihr auch ein bisschen von Porto, obwohl Joanne über Portugals zweitgrößte Stadt schon relativ gut Bescheid wusste. Für Touristen ist diese Region vor allem wegen des Portweins interessant. Berühmte Hersteller wie Taylor's, Sandeman, Graham's, Offley und Cockburnes, deren Produkte in allen Wein- und Schnapsläden zu finden sind, stammen aus dieser Gegend, und jedes Weingut lädt zu Führungen und Weinproben ein. Die Einwohner von Porto sind sehr stolz auf ihr Erbe, was sich allerdings nicht auf die von englischen Familien gegründeten Portweinfirmen bezieht. Darum trägt Porto auch den Spitznamen »Invicta«, die Unbeugsame, weil die Stadt sich lange weigerte, selbst Portugals König innerhalb ihrer Stadtmauern zu dulden. Einer der berühmtesten Söhne der Stadt war Henry der Seefahrer, Enkel von John of Gaunt, der im fünfzehnten Jahrhundert viele Expeditionen zur westafrikanischen Küste unternahm. Ferdinand Magellan, der als Erster versuchte, die Erde zu umsegeln, soll ebenfalls dort zur Welt gekommen sein, doch das konnte von Historikern nicht eindeutig nachgewiesen werden.

Joanne bekam den Job, und sich auf dieses neue Abenteuer einzulassen, begeisterte sie. Ihr Vater hatte inzwischen versucht, sich ein neues Leben aufzubauen und war aus dem Church Cottage in ein neues Haus in Chepstow gezogen. Joannes Schwester Di arbeitete in Edinburgh als Krankenschwester. Joanne bedauerte diesen Schritt nicht. Sie hatte nicht viel zu packen, vergaß dabei aber die Notizen zu Harry Potter nicht.

An einem düsteren, kalten Novembermorgen stieg sie in Manchester ins Flugzeug. Das Erste, was sie von ihrer neuen Heimat sah, war der wunderschöne Rio Duouro, der »goldene Fluss«, auf den sie aus dem kleinen Fenster ihres Flugzeuges herabsehen konnte. Porto ist wunderbar an der Mündung des Flusses gelegen, der sich nach Westen in den atlantischen Ozean ergießt. Steve Cassidy, der wie viele Engländer im Ausland sehr gelöst wirkte, holte sie am Flughafen ab.

Die Fahrt ins Zentrum von Porto ist sehr viel ernüchternder als der wunderschöne Blick, den man aus der Luft hat; überall dichter Verkehr und hässliche Industriegebäude. Zumindest musste Joanne sich keine Unterkunft mehr suchen, denn Steve quartierte alle neuen Lehrkräfte immer in einem großen Vier-Zimmer-Apartment über der Farmácie da Prelada in der rua Central de Francos ein.

Obwohl Joanne anfangs etwas nervös war, verstand sie sich zum Glück auf Anhieb mit ihren neuen Mitbewohnerinnen, zwei jungen Lehrerinnen, die wie sie Mitte zwanzig waren. Mit der fröhlichen Irin Aine Kiely aus Cork und der Engländerin Jill Prewett sollte eine langjährige Freundschaft entstehen. Sie standen Joanne auch bei, als ihr Leben in Porto schwierig wurde. Und ihnen gilt auch die denkwürdige Widmung des dritten Harry Potter Bandes *Der Gefangene von Askaban*: »Für Jill Prewett und Aine Kiely, die Patinnen des Swing.« (Leider fehlt diese Widmung in der deutschen Ausgabe.) Diese Widmung, die viele Harry-Potter-Fans in die Irre geführt hat, hat nichts mit der Liebe zur Swing-Musik zu tun, sondern ist ein Tribut an die Samstagabende, die die drei sorglosen jungen Frauen damit verbrachten, nach Zeitvertreib, Alkohol und ein bisschen Gesellschaft zu suchen.

Das »Swing« ist mit eine der ältesten Diskotheken Portugals. Das Lokal liegt völlig unscheinbar neben einem Einkaufszentrum, weit ab von den Touristenvierteln am Douro, am oberen Ende der rua Júlio Dinis, die nach dem berühmten, in Porto gebürtigen Autor von *The Pupils of the Dean* und *An English Family* benannt wurde. Eine Diskothek wie das »Swing« findet man in vielen europäischen Städten:

Durch eine unscheinbare Tür am Ende einer Ladenzeile gelangt man in einen riesigen Kellerraum mit fünf Bars, in dem etwas altmodische englische Hits gespielt werden. Die Klientel ist vorwiegend weiblich, um die zwanzig und hat nichts gegen ein bisschen Abwechslung und ein paar coole Latino-Machos einzuwenden. Die drei Lehrerinnen gehörten im »Swing« schon zur älteren Garde – sie waren eher Großmütter als Patinnen –, aber sie waren gerne dort und amüsierten sich. Der Getränkeausschank an der Bar funktionierte folgendermaßen: Der Barmann notierte alle Bestellungen auf einer speziellen Karte, und bevor man am frühen Morgen das Lokal verließ, musste man das Konto ausgleichen. Joanne fand schnell heraus, dass das Nachtleben von Porto nicht vor ein Uhr nachts losging.

Die Mädchen freundeten sich mit der feurigen, schwarzhaarigen Maria Inés Aguiar an, die als stellvertretende Leiterin der Encounter English School arbeitete. Meistens trafen sie sich in der Confeitaria Labareda, einem Café mit Bar, das nur ein paar Schritte von der Schule entfernt in der Avenida de Fernao Maghalhaes lag, und redeten über Gott und die Welt. Maria Inés half ihnen mit ihrem Portugiesisch, aber soviel sie sich erinnern konnte, lernte Joanne nicht besonders gut Portugiesisch: »Joanne war ein ziemlich nervöser, ängstlicher Typ, flatterhaft wie ein Schmetterling. Sie hatte ein fast hysterisches Lachen, das etwas eigenartig war. Ich glaube, irgendwie war sie nicht ausgefüllt. Man konnte sehen, dass ihr etwas fehlte. Eines Tages bat sie mich sogar, ihr einen Freund zu besorgen. Ich glaube, Joanne war verzweifelt auf der Suche nach Liebe.«

Maria Inés sollte noch eine wichtige Rolle in den Ereignissen spielen, die Joannes Leben schließlich so radikal veränderten, doch bis dahin waren es noch achtzehn Monate. Zunächst einmal musste Joanne sich and das Leben in Europa gewöhnen. Steve bezeichnet Porto als eine freundliche

Stadt, die nach englischem Verständnis relativ sicher für Frauen ist. »Manchen Leuten mag es hier ein bisschen zu ruhig sein«, sagte er – aber wohl kaum für jemanden, der in einem Ort wie Tutshill aufgewachsen ist, wo es noch nicht einmal ein Kino gab. Die Mitglieder der Sprachschule bildeten eine enge Gemeinschaft, und die Mädchen spielten dort gerne in Gruppen fünf gegen fünf Fußball. Joanne, die immer schon schlecht in Sport war, wurde zur leitenden Beifallsruferin ernannt.

Ihr Heimweh während des ersten Weihnachtsfestes in der Fremde wurde durch eine fröhliche Weihnachtsparty gemildert, die Steve in einem Lokal namens »Bonanza« organisiert hatte. Die Arbeit war nicht besonders anspruchsvoll. Steve bemerkte: »Aine war eine sehr gute Lehrerin, aber auch Joanne machte ihre Sache gut, bis der Ärger losging. Sie wurde sehr emotional.« Die meisten Unterrichtsstunden fanden zwischen fünf Uhr nachmittags und zehn Uhr abends statt, manchmal auch am Samstagmorgen, es gab also wahrhaft genügend Zeit, um die Tür zum Computerraum zu schließen und die Notizen zu Harry Potter in die Textverarbeitung einzugeben. Sowohl Steve als auch Maria Inés erinnern sich noch, wie unglaublich schnell Joanne tippen konnte. Joanne verbrachte außerdem viel Zeit mit Zeichnen, sie konnte wunderschöne Tintenskizzen machen.

Tagsüber schrieb sie mit der Hand in einem der Cafés. Davon gibt es in Porto sehr viele, und vor allem das Café Majestic in der rua de Santa Catarina hatte es ihr angetan. Das Majestic ist eine ruhige Oase im Art-déco-Stil, in dem weiße Marmortische mit reich verzierten Holzstühlen stehen, Kerzenleuchter und ein großes Piano, an dem manchmal sogar jemand spielte. Joanne konnte dort sitzen und rauchen, den starken portugiesischen Kaffee trinken und von Zauberern träumen. In Porto gibt es viele dieser kleinen dunklen Cafés, in denen man sehr billig etwas zu essen bekommt, doch das

Majestic war am elegantesten. Hier konnten sich Frauen treffen und reden und wurden vor allem nicht belästigt. Meistens ging Joanne vor der Arbeit dorthin, dann nahm sie den Bus und fuhr bis zur Encounter English School, wo sie vor dem Unterricht noch schnell eintippte, was sie im Café geschrieben hatte.

Zur Abwechslung ging sie manchmal auch in die Gärten des Palácio Cristal, einer wunderbaren Parkanlage in der Nähe der Innenstadt, wo Joanne an warmen Tagen mit ihrem Capuccino unter den Bäumen saß oder nach einer durchgemachten Nacht mit einem starken Espresso. Dort konnte sie den Enten auf dem hübschen kleinen See zuschauen oder den Pfauen lauschen, die nach Aufmerksamkeit kreischten.

An Porto muss man sich gewöhnen. Steve Cassidy, der dort seit zwanzig Jahren lebt und mit einer Portugiesin verheiratet ist, erklärt: »Man braucht Zeit, um Porto kennen zu lernen. Ich kam im November hierher und vier Monate lang regnete es ununterbrochen. Gegen die wunderschöne Stadt Lissabon könnte Porto direkt ein wenig grau erscheinen. Dafür hat Porto eine wunderbare Geschichte.« Dazu gibt es ein regionales Sprichwort: »Coimbra studiert, Braga betet, Lissabon gibt an und Porto arbeitet.« Dafür ist Porto voller Romantik, vor allem des Nachts, wenn das Mondlicht die Tauben bescheint, die rund um die Kirchen der Stadt flattern. Und es gibt den Ribeiro, das Flussufer, den schönsten Teil der Stadt, wo sich Joanne, Aine und Jill am Abend auf eine Pizza und billigen Wein trafen und dem Sonnenuntergang über dem Douro zusahen. Maria Inés sagte dazu einfach nur: »Der Ribeiro inspiriert einen.«

Was auch immer Porto bei Joanne sonst noch bewirkt haben mochte, jedenfalls kam in dieser Stadt ihr emotionales, lebhaftes Temperament zum Vorschein, das sie in Tutshill, an der Universität von Exeter und in den scheußlichen Büros, in denen sie vor ihrer Reise nach Portugal arbeitete, sorgsam verborgen gehalten hatte.

Die Nacht, die Joannes Leben verändern sollte, begann wie viele andere. Sie ging mit Aine und Jill auf einen abendlichen Drink ins Labareda. Es war ein ganz normaler Samstagabend im März, und sie war bereits seit fünf Monaten in Porto. Die drei Freundinnen beschlossen, weiter zum Ribeiro in eine Bar zu gehen und später vielleicht sogar noch in einen Club. Sie entschieden sich für das Meia Cava, ein Lokal, in dem man laut Maria Inés zu urteilen »durchdrehen, sich betrinken und nach Liebe suchen konnte«. Es liegt nur ein paar Meter vom Fluss entfernt auf einem kleinen Platz voller Tische und Stühle, bei dem sich Freunde und Liebespaare bei Kaffee und Bier entspannen. Der Eingang zum Meia Cava besteht aus einer schlichten dunkelgrünen Tür ohne Namen. Im unteren Teil des Lokals befindet sich ein Barbereich, an dem man sich entspannen und Jazz hören kann, oben hingegen eine Diskothek. Joanne und die »Patinnen« gingen nach unten, wo zufällig ein junger portugiesischer Journalismusstudent mit seinen Freunden saß und etwas trank. »Da kam dieses Mädchen mit den wunderschönsten blauen Augen herein«, erinnert er sich.

Jorge Arantes konnte seinen Blick nicht von Joanne wenden, die mit ihrer dunkelroten Haarmähne und dem düsteren Lidschatten ganz anders als die portugiesischen Mädchen aussah. Mädchen aus England waren bei den gut aussehenden Jungs der Stadt immer sehr begehrt, und für den sportlichen Jorge war Joanne keine Ausnahme. Dazu sagte Maria Inés nur: »Unsere Männer sind Machos, und die englischen Mädels sind leicht zu haben.« Joanne hat niemals über die leidenschaftliche Affäre gesprochen, die in jener Nacht begann, dafür sprach Jorge ausführlich mit Dennis Rice vom *Daily Express* darüber, der seine Geschichte kaufte, nachdem Joanne berühmt geworden war.

Bereits an jenem Abend wurde beiden klar, dass zwischen ihnen mehr als nur der Flirt für eine Nacht sein könnte, denn beide liebten Bücher. Joanne sprach zwar fast kein Portugiesisch, dafür konnte Jorge gut Englisch. Damals las Joanne zum wiederholten Male Jane Austens *Verstand und Gefühl*, eines ihrer Lieblingsbücher, das auch Jorge gelesen hatte; nicht viele gut aussehende junge Portugiesen, die sich im Ribeiro herumtrieben, konnten das in jener Nacht von sich behaupten. Jorge erinnert sich: »Es war sehr angenehm mit ihr, und wir redeten mindestens zwei Stunden miteinander. Am Ende des Abends küssten wir uns und tauschten unsere Telefonnummern aus.«

Jorge rief nicht gleich am nächsten Tag an, er wollte nicht zu viel Interesse zeigen. Er meldete sich erst zwei Tage später, und sie verabredeten sich für den gleichen Abend: »Aber bevor wir richtig wussten, was mit uns geschah, war sie schon in meiner Wohnung und wir verbrachten die Nacht zusammen. Das war ganz normal; wir waren einfach zwei junge, unabhängige Menschen, die das Leben genossen.«

Nach Jorge zu urteilen, konnte er schon gleich zu Beginn erahnen, auf was für eine Art Beziehung er sich einlassen sollte, als Joanne ihm ein paar Tage später zufällig in einer anderen Bar begegnete, wo er sich gerade mit einer Holländerin unterhielt. Joanne ging damals direkt auf ihn zu und flüsterte ihm ins Ohr: »Jorge, wenn es jemals etwas zwischen uns geben soll, bin ich nicht bereit dich mit einer anderen zu teilen.«

Ganz offensichtlich hatte Joanne nicht vor, einfach nur eine weitere Kerbe im Gürtel dieses Frauenhelden zu werden. Doch obwohl Joanne am Anfang dieser Affäre eifersüchtig zu sein schien, so fiel Freunden doch auf, dass sich die Rollen mit der Zeit tauschten. Jedenfalls war es stets eine stürmische Beziehung.

Bald schon verbrachten die jungen Liebenden mehr Nächte gemeinsam als getrennt. Tagsüber traf sich Jorge mit Joanne im Café Majestic oder in der Confeitaria Labareda in der Nähe ihres Arbeitsplatzes. Steve Cassidy war jedenfalls nicht von ihm beeindruckt, als beide eines Tages in der Encounter English School vorbeischauten: »Als er zum ersten Mal in der Schule vorbeikam, war er mir unsympathisch. Mir gefiel nicht, wie er aussah. Er wirkte grob.«

Joanne und Jorge sprachen über Literatur. Joanne hatte natürlich *Der Herr der Ringe* nach Portugal mitgenommen, den sie zum ersten Mal mit neunzehn Jahren gelesen hatte. Maria Inés bestätigte, dass sie ihre Ausgabe immer bei sich trug, und auch Jorge erinnerte sich, dass sie das Buch nicht aus der Hand legen konnte. Jorge erfuhr auch von Harry Potter und las einige handschriftliche Notizen und die ersten abgetippten Seiten. Von Anfang an fand er Joannes Idee toll: »Mir war sofort klar, dass ich es hier mit einem Genie zu tun hatte. Ich weiß noch, dass ich zu Joanne sagte: ›Wow, ich bin in eine wunderbare Schriftstellerin verliebt.‹«

Jorge weiß auch noch, dass Joanne sich schon damals für die Struktur aller sieben Bücher entschieden hatte. Er, der selbst gerne Schriftsteller geworden wäre, behauptet nach wie vor, dass er der Erste gewesen sei, der das Harry-Potter-Manuskript gelesen und einige Verbesserungsvorschläge dazu gemacht hatte. Darüber wurde Joanne immer unglaublich wütend: »Auf Harry Potter hatte er genauso viel Einfluss wie ich auf *Eine Geschichte aus zwei Städten*.« Zwar befinden sich immer noch etwa zwanzig handbeschriebene Manuskriptseiten in seinem Besitz, doch das beweist lediglich, dass Joanne sie zurückgelassen hatte. Wahrscheinlich scheint zumindest, dass sie über das Projekt sprachen, schließlich wohnten sie schon bald zusammen, und es wäre tatsächlich eine äußerst merkwürdige Beziehung gewesen, wenn das Paar nicht über Hoffnungen, Träume und die wirklich wichtigen Dinge gesprochen hätte. Maria Inés formuliert es so: »Geschrieben wurde nur in Joannes Kopf, doch Jorge gab ihr

Kraft und trug dazu bei, dass sie nicht mehr unglücklich war.«

In den Harry-Potter-Geschichten deutet bis heute nichts auf einen portugiesischen Einfluss hin. Die Kopfsteinstraßen und kleinen Wege, die hinunter zum Ribeiro führen, sind voller netter kleiner Läden wie die Winkelgasse. Doch auch in Exeter gibt es solche Gässchen um die Kathedrale, die von Einfluss gewesen sein könnten. Einer der wohl faszinierendsten Hinweise auf Portugal ist in Harry Potter das berühmte portugiesische Gedicht *Pedra Filosofal* – Der Stein der Weisen. Geschrieben wurde es von António Gedeâo, der mit richtigem Namen Romulo de Carvallho hieß. Er war ein bekannter Physik- und Chemielehrer, in dessen Werk sich ein tiefes Verständnis für das Leben widerspiegelt. Er wurde zu einem der berühmtesten Autoren Portugals. *Pedra Filosofal* ist sein bekanntestes Gedicht, das sowohl Jorge als auch alle anderen portugiesischen Studenten mit Sicherheit kannten. Nicht zuletzt auch deshalb, weil es von Manuel Freire vertont wurde. Die einfache Melodie in Verbindung mit Gedeâos wunderbarem Text ist seit der Veröffentlichung 1970 sehr beliebt.

Pedra Filosofal handelt davon, wie wichtig Träume sind – etwas, woran auch Joanne glaubte. Übersetzt klingt es in etwa so:

> Sie kennen den Traum nicht
> Er bleibt im Leben unwandelbar
> So greifbar und eindeutig
> Wie alle anderen Dinge
> Wie dieser graue Stein
> Auf dem ich sitze und mich ausruhe
> Wie dieser schöne Strom …

Das Gedicht endet mit folgendem Bild:

Sie wissen nicht, sie ahnen nicht
Dass der Traum das Leben bestimmt
Dass immer, wenn ein Mensch träumt
Die Welt einen Sprung macht und weiter rollt
Wie ein bunter Ball
In Kinderhänden

★ ★ ★

Joanne stellte fest, dass sie schwanger war. Es war nicht gerade der beste Zeitpunkt für das Paar. Jorge hatte acht Monate Dienst bei der portugiesischen Armee vor sich. Obwohl das Paar erst seit kurzem zusammen war, entschied es sich gegen eine Abtreibung. Sie lebten bei Jorges Mutter in einer kleinen Zwei-Zimmer-Wohnung im Erdgeschoss in einem Reihenhaus in der Rua Duque de Saldanha, in einem Stadtteil, der weit von den Touristenvierteln entfernt lag. Die Straße führte nach unten zum Fluss, und die Hausnummer neunundfünfzig befindet sich ziemlich weit unten, kurz bevor die Straße in einen Platz mündet. An einer Ecke gibt es einen Friedhof, den Cemitério Prad do Repouso. Wenn jemand beerdigt wird, steht der Platz voll geparkter Autos. Manchmal gingen Joanne und Jorge zu Fuß bis zum Ufer des Flusses und genossen den wunderschönen Blick über den Douro oder auf die Stadt Gaia, die auf der anderen Seite des Flusses liegt. Sie wohnten in einer ruhigen Straße, in der die Bewohner im Café Canzale oder dem Petisquale Alexander ein Bier oder einen Kaffee genießen. Mimosa, ein Blumengeschäft, ist der einzige Laden in der Straße. Ein überproportional großes Shell-Schild wirbt für eine kleine Autowerkstatt. Einige englische Touristen haben diese Gegend als Slum bezeichnet, doch das stimmt nicht und wäre unfair. Maria Inés Aguiar bemerkt dazu: »Duque de Saldanha liegt zwar in einer etwas rauen Gegend, doch die Menschen dort haben ein Gemeinschaftsgefühl.«

Nummer neunundfünfzig ist ein dreistöckiges Wohnhaus. Abgesehen von den zwei Schlafzimmern, gibt es in der Wohnung der Arantes ein Wohnzimmer und eine kleine Küche. In Portugal ist es nicht unüblich, dass ein Paar bei den Eltern lebt. Wirtschaftlich macht das durchaus Sinn. Jorges schon etwas ältere Mutter Marilia Rodrigues hieß Joanne willkommen: »Sie war eine liebenswerte Frau, und ich nahm sie als Teil der Familie auf.« Marilia, eine nette Frau, sprach nur wenig Englisch und verbrachte den Großteil ihrer Zeit in der Kirche. Mit Joanne hatte sie nur wenig gemeinsam.

Der Sommer 1992 war unerträglich heiß in Porto, darum planten Joanne und Jorge eine einmonatige Reise nach England, wo sie ihn der Familie und den Freunden vorstellen und allen die gute Nachricht überbringen konnte. Daraus wurde schließlich nichts, denn Joanne hatte eine Fehlgeburt. Doch auch heute noch behauptet Jorge, dass dieses traurige Ereignis das Paar nur noch enger zusammengeschweißt hätte: »Wir dachten, wenn die Zeit wieder reif dafür gewesen wäre, hätten wir wieder versucht, ein Kind zu bekommen, und außerdem hätten wir geheiratet.« Am 28. August 1992 machte er ihr einen Heiratsantrag. An den Tag kann er sich noch so genau erinnern, weil Joanne ihm später einen Brief an die Armee schrieb, in dem sie zum Spaß das Datum erwähnte: »28. August 1992: Jorge Arantes macht Joanne Rowling einen Heiratsantrag, was ihn mindestens genauso überrascht wie sie.«

Gleichzeitig gab es die ersten Probleme in der Beziehung. Ein schrecklicher Streit zeigt, wie groß die Risse bereits waren, noch bevor sie eine Tochter von ihm bekam, und wie schlimm alles noch werden sollte: Eines Nachmittags trank das Paar einen Kaffee in der Casa Imperio gegenüber der Sprachschule. Nichts deutete darauf hin, dass es zu einer dramatischen Szene kommen sollte, auch wenn Maria Inés dazu bemerkt: »Er war äußerst besitzergreifend und eifersüchtig.«

Jedenfalls kam es zu einem Streit. Maria Inés erinnert sich, dass Jorge Joanne stieß, mehr nicht: »Er schubste sie, und sie schrie.« Joanne rannte schreiend auf die Straße, gefolgt von einem wütenden Jorge. Maria Inés erinnert sich: »Sie rannte in unser Gebäude, die Treppen hinauf in Zimmer zwei. Auf der Straße bildete sich eine Menschenmenge, weil alle glaubten, dass er sie umbringen wollte. Es sah wirklich so aus.«

Steve Cassidy traute seinen Augen kaum, als er zu seiner Sprachschule kam: Etwa hundert Leute versuchten zu sehen, was drinnen vor sich ging, und lauschten der unglaublichen Szene. Maria Inés war dabei. Sie hatte Angst, versuchte aber zu helfen: »Das Ganze sah wie eine Szene aus Romeo und Julia aus. Er rief: ›Joanne, vergib mir, ich liebe dich.‹ Und sie weinte und rief zurück: ›Ich liebe dich auch, Jorge.‹« Irgendjemand rief aus Sorge um Joanne die Polizei, und zwei Beamte kamen zur Schule, um den Streit zu schlichten. Alle wussten, dass Joanne eine ziemlich bewegte Beziehung führte, und das sollte sich trotz der Tatsache, dass sie heirateten und ein Kind bekamen nicht ändern. Joanne und Jorge allein wissen, wie viele solcher Auseinandersetzungen es hinter verschlossenen Türen in ihrer Beziehung gegeben hat.

Die Hochzeit war eine seltsame, unspektakuläre und unromantische Angelegenheit. Jorge hatte Urlaub vom Wehrdienst genommen. Es gab keine Feier in der Kirche. Kurz vor 11 Uhr vormittags am 16. Oktober 1992 betrat das Paar das Standesamt. Das Gebäude, das offiziell Primeiro Conservatória do Registo Civil heißt, liegt etwa eine Meile vom Café Majestic entfernt am oberen Ende der rua de Santa Catarina. Mit seinem verzierten Eisenzaun und der portugiesischen Flagge an einem riesigen weißen Fahnenmast strahlt es eine gewisse staubig verfallene Eleganz aus, die darauf hindeutet, dass es sich irgendwie um ein wichtiges Gebäude handelt.

Joanne trug ein schwarzes Jackett mit V-Ausschnitt, eine vierreihige Perlenkette und lang herunterhängende Ohrringe.

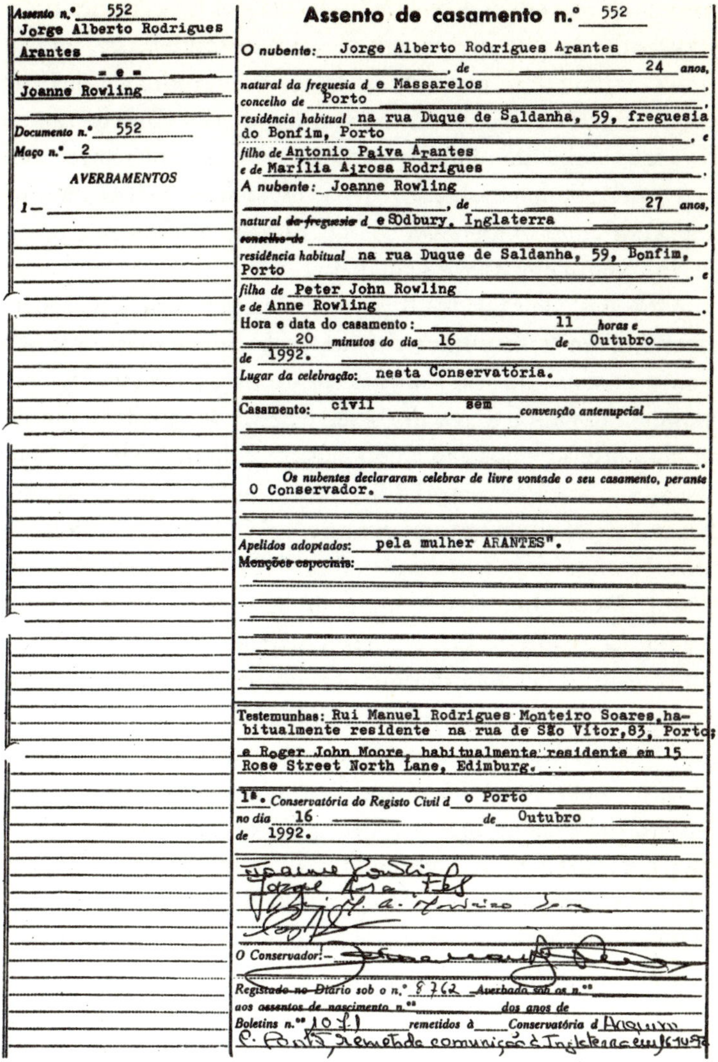

Assento n.° 552
Jorge Alberto Rodrigues Arantes
\- e -
Joanne Rowling

Documento n.° 552
Maço n.° 2

AVERBAMENTOS

1 —

Assento de casamento n.° 552

O nubente: Jorge Alberto Rodrigues Arantes, de 24 anos, natural da freguesia de Massarelos concelho de Porto, residência habitual na rua Duque de Saldanha, 59, freguesia do Bonfim, Porto, e filho de Antonio Paiva Arantes e de Marília Airosa Rodrigues.

A nubente: Joanne Rowling, de 27 anos, natural de Sodbury, Inglaterra, residência habitual na rua Duque de Saldanha, 59, Bonfim, Porto, e filha de Peter John Rowling e de Anne Rowling.

Hora e data do casamento: 11 horas e 20 minutos do dia 16 de Outubro de 1992.

Lugar da celebração: nesta Conservatória.

Casamento: civil, sem convenção antenupcial.

Os nubentes declararam celebrar de livre vontade o seu casamento, perante O Conservador.

Apelidos adoptados: pela mulher ARANTES".

Menções especiais:

Testemunhas: Rui Manuel Rodrigues Monteiro Soares, habitualmente residente na rua de São Vitor, 83, Porto; e Roger John Moore, habitualmente residente em 15 Rose Street North Lane, Edimburg.

1ª Conservatória do Registo Civil do Porto no dia 16 de Outubro de 1992.

O Conservador: –

Registado no Diário sob o n.° 8762 Averbado sob os n.os aos assentos de nascimento n.os dos anos de

Boletins n.os 1071 remetidos à Conservatória d Arquivo C. Porto, remetida comunicação à Inglaterra em 16-10-92

Die Heiratsurkunde von Jorge Arantes und Joanne Rowling

Ihr dickes dunkelrotes Haar hatte sie hochgesteckt, doch um die Augen trug sie nach wie vor einen schwarzen Lidstrich. Jorge trug ein schwarzes Jackett über einem rot-weiß gepunkteten Hemd und darunter ein weißes T-Shirt. Joannes Schwester Di war mit ihrem Freund Roger Moore, einem dunkelhaarigen, gut aussehenden Restaurantchef aus Edinburgh angereist. Nach der Zeremonie in einem großen, mit Teppich ausgelegten Büro voller Ledermöbel unterschrieb das frisch gebackene Brautpaar den Trauschein. Roger Moore war Trauzeuge. Joanne war damals siebenundzwanzig Jahre alt, ihr Mann erst vierundzwanzig.

Die Fotos, die nach der Trauung gemacht wurden, sind vielsagend: Joanne klammert sich an einen kleinen Strauß und schaut unsicher in die Kamera. Jorge ist offensichtlich entspannter, er strahlt und seine Hand liegt locker auf ihrer Schulter. So hatte sich das Mädchen, das als Kind Bücher wie *Das kleine weiße Pferd* oder die Romane von Jane Austen liebte, diesen Tag bestimmt nicht vorgestellt. Vielleicht hätte Jessica Mitford an so einer formlosen Trauung Gefallen gefunden, sie mochte Traditionen nicht. Später an diesem Nachmittag ging Joanne zum Unterricht, Flitterwochen gab es nicht.

Joanne hat nie über ihren Hochzeitstag gesprochen, dafür warnt in *Harry Potter und der Gefangene von Askaban* Professor Trelawney Lavender Brown im Wahrsageunterricht: »Ach übrigens, dieses Ereignis, vor dem du dich fürchtest – es wird am Freitag, dem sechzehnten Oktober geschehen.« Im weiteren Fortgang der Erzählung stellt sich heraus, dass genau an dem von der Wahrsagelehrerin prophezeiten Tag Lavenders Kaninchen von einem Fuchs getötet wird: »Der sechzehnte Oktober! ›Das Ereignis, vor dem du dich fürchtest, es wird am sechzehnten Oktober geschehen!‹ Erinnerst du dich? Sie hatte Recht, sie hatte Recht!‹«

1992 fiel der 16. Oktober auf einen Freitag. Es war Joannes Hochzeitstag.

Nach wenigen Wochen war Joanne erneut schwanger. Wegen der vorangegangenen Fehlgeburt war sie sehr besorgt, doch die Schwangerschaft verlief ohne Komplikationen. Jede freie Minute arbeitete sie nun an ihren Harry-Potter-Notizen, und ihren Freunden an der Encounter English School fiel auf, dass sie sich mehr als sonst isolierte und oft allein in den umliegenden Cafés saß. Während ihrer Schwangerschaft hörte Joanne sich jeden Tag das Violinkonzert von Tschaikowsky an. Sie hatte es Jorge zum Geburtstag geschenkt. Dieses Stück wählte sie auch für die »Desert Island Discs«, weil es »in enger Verbindung zu meiner Tochter steht«.

Obwohl Joanne schwanger war, verlor sie bedenklich an Gewicht – insgesamt elf Kilo – und Maria Inés glaubt, dass sich die Ärzte Sorgen machten. Vielleicht war der Gewichtsverlust auch auf den Stress zurückzuführen, der durch die ständigen Eifersuchtsszenen und Streitereien mit Jorge verursacht wurde. Jorges Mutter Marilia beobachtete: »Sie liebten sich sehr, aber sie waren auch sehr eifersüchtig aufeinander.« Wenn Jorge mit seinen Freunden etwas trinken ging, erwartete er, dass Joanne zu Hause auf ihn wartete. Andererseits war er gar nicht begeistert, wenn sie mit Aine und Jill ausging. Laut Maria Inés sagten sie immer zu Joanne: »Verlass ihn.«

Joannes Tochter wurde am 27. Juli 1993 in der Maternidade Júlio Dinis geboren; Joanne lag sieben Stunden in den Wehen, und die Eltern nannten das Mädchen Jessica. Joanne beschrieb die Geburt als »den glücklichsten Augenblick meines Lebens«. Wäre es ein Junge geworden, hätte er Harry geheißen. Joanne hat oft gesagt, dass sie ihre Tochter nach Jessica Mitford benannt hat. Jorge erzählt hingegen eine völlig andere Geschichte. Er sagt, dass wenn es ein Junge geworden wäre, er nach dem berühmten portugiesischen Dichter aus dem sechzehnten Jahrhundert Luis Vasco benannt worden wäre, also Luis (Vaz) de Camões, das Mädchen hingegen den Namen Jessica Isabel nach Jezebel aus der Bibel erhalten hätte.

Joanne verlor auch nach der Geburt weiter an Gewicht, und es bestand der Verdacht auf Magersucht. Jorge hatte inzwischen seinen Wehrdienst abgeleistet, aber keine Arbeit. Wie immer war es Joanne, die das meiste Geld in der Familie beisteuerte. »Sie stritten viel«, erinnert sich Maria Inés. Das änderte sich auch nicht, als Jessica plötzlich ins Hospital de Sao Joao eingeliefert werden musste, weil Durchblutungsstörungen in einem Zeh aufgetreten waren. Maria Inés glaubt, dass der Zeh sich damals in Joannes Haar verfangen hatte, worauf die Blutzufuhr unterbrochen worden war. Jessica blieb fast einen Monat im Krankenhaus, und eine Zeit lang fürchtete man, sie würde den Zeh verlieren. Alle waren erleichtert, als sich das Kind dann doch wieder erholte.

Im November zerbrach die Ehe. Eines Abends kam es wieder zu einem Streit, der ein dramatisches Ende auf der Straße fand. Glaubt man einem Artikel, der später im *Express* veröffentlicht wurde, so explodierte Jorge, weil Joanne ihm gestand, dass sie ihn nicht mehr liebte: »Ich stieß sie um fünf Uhr morgens auf die Straße und schlug ziemlich hart auf sie ein, das muss ich zugeben«, soll er gesagt haben. In anderen Zeitungsartikeln stritt Jorge jedoch ab, Joanne geschlagen zu haben, er behauptete vielmehr, sie nur etwas grob aus dem Haus gestoßen zu haben. Wie dem auch sei, am 17. November 1993 war Joanne Rowling obdachlos in einer fremden Stadt. Alles, was sie besaß, waren ihre Kleider, die sie am Leib trug, während ihr vier Monate altes Baby im selben Haus mit dem Mann geblieben war, der sie gerade hinausgeworfen hatte.

Aine und Jill waren zur Stelle, um ihrer verzweifelten Freundin zu helfen. Gemeinsam riefen sie Maria Inés an, die als Portugiesin vielleicht Joanne helfen konnte, Jessica wiederzubekommen. Dass die Ehe zu Ende war, stand außer Frage. Maria Inés rief einen befreundeten Polizisten an, und gemeinsam mit Joanne gingen sie am nächsten Morgen zu der Wohnung.

Maria Inés erinnert sich: »Ich rief einen Anwalt an, der mir riet, unter allen Umständen das Baby mitzunehmen. Of-

Joanne trägt ihre Lieblingsjeansjacke und viel Eyeliner, sie feiert mit Freunden der Universität von Exeter.

Als Joanne am 16. Oktober 1992 Jorge Arantes heiratete, trug sie schwarz. Sie schaut unsicher, als sie sich mit ihrem Ehemann und dessen Familie ablichten lässt.

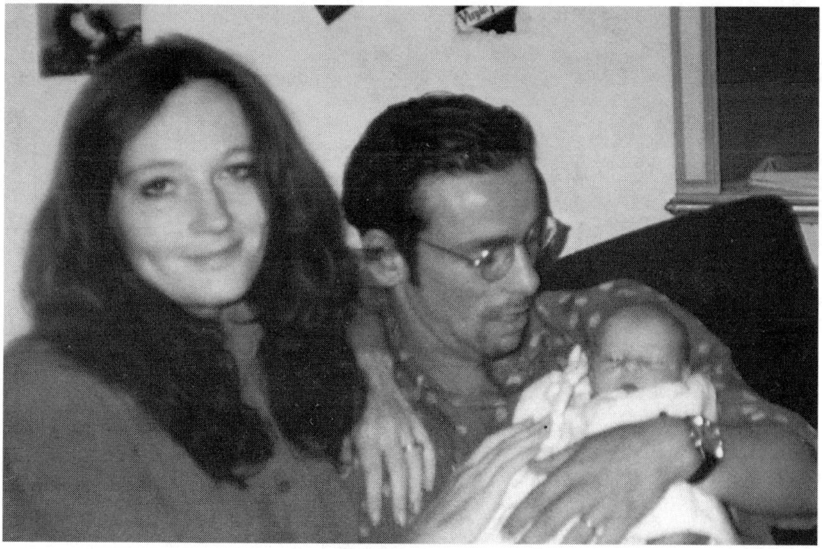

Joanne und Jorge mit der neugeborenen Jessica.

Joanne und ihr Mann Jorge verbringen einen Abend in einer Bar in Porto.

Die Rua Duque de Saldanha – die Straße in Porto, in der Joanne mit Jorge lebte. Hier zerstritten sie sich im November 1993.

Seltenes Familienfoto: Joanne umarmt ihren Vater Pete und seine zweite Frau Janet. Das Foto entstand im Anschluss an die Verleihung des Ehrendoktortitels an der Universität von Exeter.

Joanne in Robe, nachdem sie eine großartige Rede vor den Studenten gehalten hatte.

Joanne umgibt sich am liebsten mit Kindern, vor allem wenn sie dabei auch noch etwas Gutes tun kann – wie hier für den Nationalen Rat für Ein-Eltern-Familien, dem sie fünfhunderttausend Pfund spendete.

Nach langer Suche wurden drei Kinder für die Rollen von Hermine, Harry und Ron in der Leinwandadaption von J. K. Rowlings erstem Roman ausgewählt: Emma Watson, Daniel Radcliffe und Rupert Grint.

Joannes Tochter schlief im Wagen und die Mutter trank Kaffee und arbeitete im Nicolson's in Edinburgh an ihrer Harry-Potter-Story.

Pottermania in der Londoner King's Cross Station als Werbung für das vierte Buch. Fans winken und jubeln, als Joanne in einem alten Dampfzug von Gleis neundreiviertel abfährt.

Joanne Rowling zeigt stolz ihren OBE für ihre Verdienste um die Kinderliteratur, den ihr Prinz Charles, ein großer Harry-Potter-Fan, überreichte.

fiziell konnte die Polizei nicht viel unternehmen, doch ich überredete meinen Bekannten, mitzukommen. Ich dachte, das würde Jorge vielleicht einschüchtern.

Jorge öffnete die Tür, die direkt auf die Straße ging und sagte, dass er nicht mit mir sprechen wolle, doch ich hatte schon den Fuß in der Tür, so brachte er sie nicht mehr zu. Zuerst befürchtete ich, die Nachbarn könnten uns vielleicht angreifen. Ich konnte das Baby drinnen weinen hören. Immer wieder redete ich auf Jorge ein, mir das Baby herauszugeben, immer wider sagte ich ›Jorge, gib mir das Baby, gib mir das Baby‹. Am Ende brachte er mir das Baby. Armer Kerl.«

Joanne wollte nur noch weg aus Porto. Doch auch das musste erst organisiert werden. Maria Inés erinnert sich noch daran, dass sie Jessica in der Sprachschule fütterte, während Joanne alles organisierte. Und die ganze Zeit über versuchte Jorge herauszufinden, wo seine Frau und sein Kind steckten. Bei Aine und Jill hielt Joanne sich nicht auf, denn Jorge wusste, wo sie wohnten, darum kroch sie bei anderen Freunden unter, die er nicht kannte. Nachdem Joannes Welt nun endgültig zusammengebrochen war, gelang es ihr nach zwei Wochen schließlich, mit Jessica Porto für immer zu verlassen.

Man fragt sich nun, wie einer intelligenten jungen Frau so etwas passieren konnte? Wie sie in einer derart heruntergekommenen Straße in einer portugiesischen Stadt mit einem Baby und einem Mann, mit dem sie sich dauernd stritt und der ihr ganz offensichtlich Angst einjagte, leben konnte? Maria Inés glaubt, dass Joanne sehr verwirrt war und unbedingt jemanden brauchten, den sie lieben konnte. Mit Sicherheit hatte der Tod ihrer Mutter ein Loch in ihr Leben gerissen, das jetzt ihre eigene Tochter ausfüllen konnte.

Heute ist Maria Inés nicht mehr sicher, ob es damals klug von ihr war, sich einzumischen, vor allem, weil Jorge seine Tochter seit vielen Jahren nicht mehr gesehen hat: »Ich glaube, dass Joanne und er nicht genug Zeit miteinander verbracht haben, um zwischen den unterschiedlichen Kulturen eine Brücke zu schlagen. Jorge war ein typischer Portugiese. Er war zwar sehr intelligent, aber unsere Männer sind eben Machos. Es tut mir wirklich schrecklich leid, was ich ihm angetan habe.«

⋆ 7 ⋆

Die Armutsfalle

*»Ich hätte nie gedacht,
dass alles einmal so schlimm kommen würde.«*

Im Oktober 1993 warf der britische Premierminister John Major in einer Rede auf dem Parteitag der Konservativen in Blackpool allein erziehenden Eltern vor, für die mangelnde Disziplin der Kindern des Landes verantwortlich zu sein. Simon Jenkins, politischer Kommentator der *Times,* zeigte sich unbeeindruckt: »Die Behauptung, allein erziehende Eltern seien die Ursache aller gesellschaftlichen Probleme, impliziert, dass sie inadäquat sind, irgendwie schuldig, und das ist eine Beleidigung für Tausende sowohl verwitwete als auch geschiedene Eltern, die sich alle Mühe geben, ihre Kinder so gut wie möglich großzuziehen.« Mr. Majors Worte hatten auch nichts Beruhigendes für Joanne Rowling, die nur ein paar Wochen später zurück in ihre Heimat kehrte, um ihr Leben wieder in Ordnung zu bringen.

Das einzig Beruhigende nach den schrecklichen Ereignissen in der rua Duque de Saldanha war, dass sie zumindest ihre vier Monate alte Tochter bei sich hatte. Trotz allem, was geschehen war, und der Probleme, die noch auf sie zukamen, hat Joanne nicht eine Sekunde die Geburt ihrer Tochter bereut. Jessica ist immer noch das Wichtigste in ihrem Leben, und sie gibt offen zu, dass Jessica ihr neuen Lebenswillen gab.

Dabei folgte sie einem recht einfachen Plan: Zuerst wollte sie mit ihrer Tochter aus Porto entkommen. Das hatte sie nun geschafft. In ihrer Heimat fühlte sie sich sicherer, vor allem, weil sie nicht wusste, wie in Portugal die Gesetzeslage war. Sie musste eine Wohnung finden und im neuen Jahr auch einen Job, am liebsten als Lehrerin. Sie besaß nur sehr wenig Geld, gerade einmal genug, um ein paar Monate etwas zu mieten. Ihre Freunde in London waren weitergezogen, also beschloss sie, ihr Glück in Edinburgh zu versuchen, wo ihre Schwester wohnte.

Natürlich fragt man sich, weshalb sie nicht zu ihrem Vater zog, um sich dort die Wunden zu lecken, zumal Weihnachten vor der Tür stand. Er hatte einen guten Job bei Rolls-Royce, und wenn man bedenkt, wie eng die Familie sich immer gestanden hatte, so wäre dies das nahe liegend gewesen. Doch die Umstände hatten sich geändert. Pete Rowling hatte mit achtundvierzig Jahren noch einmal geheiratet, nicht einmal zwei Jahre nach dem Tod von Joannes Mutter Anne. Janet Gallivan, seine neue Frau, war acht Jahre jünger als er und zuvor seine Sekretärin gewesen.

Niemand hat in der Familie Rowling jemals offen darüber gesprochen, dass es zwischen Vater und Töchtern zu einem Zerwürfnis gekommen war. Dennoch erschien er weder zu Joannes Hochzeit noch war er bei der Hochzeit von Di in Edinburgh anwesend. Er selbst heiratete am 2. April 1993 auf dem Standesamt in Newport Janet Gallivan, während Joanne in Porto schwanger war. Als 1997 das erste Harry-Potter-Buch erschien, widmete Joanne es ihrer Tochter Jessica, Anne und Dianne. Ihr Vater glänzte wieder mal durch Abwesenheit.

Erst als Joanne eine berühmte Autorin geworden war, sprachen die Zeitungen offen von einem Zerwürfnis. Im Januar 2001 berichtete der *Sunday Express* von einem »unglücklichen Familiengeheimnis«: »Nur ein paar Monate, nachdem seine erste Frau Anne an multipler Sklerose gestorben war, zogen Mr. Rowling und Janet Gallivan zum Erstaunen ihrer Familien zusammen.« Ihr neues Heim war ein bescheidenes Haus mit zwei Schlafzimmern in einer Neubausiedlung in Chepstow, ein paar Meilen von Church Cottage entfernt. Janet hatte für Pete Rowling ihren Mann und zwei Söhne in Bristol verlassen.

Pete Rowling hat sich nie über seine neue Beziehung geäußert, er wollte sein Leben lieber in Ruhe verbringen. Sein Fleisch kauft er zwar noch immer bei Geoff Roser in Tutshill, aber er bleibt nicht mehr auf ein Schwätzchen. Beweise für ein tatsächliches Zerwürfnis gibt es nicht, doch wollte man Petes Standpunkt berücksichtigen, muss man zugeben, dass seine erste Frau Anne nach zehnjähriger Krankheit zu Hause gestorben war. Und die ganze Zeit über war er für sie da gewesen. John Nettleship, der über viele Jahre mit den Rowlings befreundet war, bemerkte dazu: »Für Pete war es eine schreckliche Zeit. Er musste sich ein neues Leben aufbauen.« Und Maria Inés Aguiar erinnert sich noch genau an den Eindruck, den Joanne auf sie machte, als sie sie in Porto kennen lernte: »Joanne liebte ihren Vater.«

Joanne fuhr mit Jessica im Zug in den Norden nach Edinburgh, um in der Nähe ihrer Schwester zu sein. Leider hatte sie Dis Hochzeit am 3. September verpasst, die dritte standesamtliche Hochzeit der Familie Rowling in nur einem Jahr. Bei der Trauung von Di und Roger Moore, auf dem Standesamt St. Andrew in Edinburgh, waren nur wenige Freunde anwesend. Niemand hätte damit gerechnet, dass nur zwei Monate später Joanne mit ihrem Baby auf den Stufen des Apartments ihrer Schwester in der Marchmont Road 140 stehen würde, doch die beiden Schwestern hatten einander immer nahe gestanden.

Di war schon immer ein ausgesprochen optimistischer Mensch, darum machte sie ihrer Schwester auch stets Mut, vor allem auch, was Harry Potter betraf. Später erinnerte sich Joanne daran, dass sie ihrer Schwester zum ersten Mal von Harry Potter erzählte, als sie in der Marchmont Road wohnte. Sie hatte Porto mit den ersten drei Kapiteln in der Tasche verlassen, der Rest des ersten Buches lag bereits als Entwurf vor, und für alle, die folgen sollten, gab es eine Menge Ideen, inklusive des Schlusses. Di überredete Joanne, sie lesen zu lassen, was sie bisher geschrieben hatte, und war sofort begeistert: »Es könnte durchaus sein, dass ich die ganze Sache verworfen hätte, wenn sie nicht gelacht hätte«, sagte Joanne später, »doch Di hatte gelacht.«

Obwohl Di das Projekt großartig fand, gab es in Joannes Leben zu jener Zeit Wichtigeres als Harry Potter. Schließlich hatte sie sich den jungen Zauberschüler erst vor dreieinhalb Jahren ausgedacht und bisher nicht mehr als drei Kapitel geschrieben. Es sah also nicht so aus, als würde sie der Sache jede freie Minute widmen.

Joanne fühlte sich als unabhängige, gut ausgebildete Frau, die weder ihrer Schwester noch ihren Freunden zur Last fallen wollte. Sie wollte sich eine vorübergehende Bleibe suchen und dann weitersehen. Ihr Leben schien in erbarmungslosem Elend zu enden. »Ich hätte nie gedacht, dass alles einmal so schlimm kommen würde, dass ich in einer ungeheizten Wohnung voller Mäuse landen und mich dort um meine Tochter kümmern würde«, erzählte Joanne dem *Guardian*. »Und ich war wütend, denn ich hatte das Gefühl, sie im Stich zu lassen.«

Aber es kam noch schlimmer, denn nun musste Joanne sich mit den Ämtern herumschlagen. Am 21. Dezember 1993 sprach sie beim Department of Social Security in der Commercial Street im Distrikt Leith vor und berichtete von ihrer Lage. Sie musste unzählige Formulare ausfüllen, um Sozialhilfe und Wohngeld zu beantragen. Zornig beschrieb sie dieses Erlebnis: »Man muss allen möglichen Leuten erklären, wieso man kein Geld mehr hat und sich plötzlich allein um sein Kind kümmert. Ich weiß, dass mich niemand demütigen oder heruntermachen wollte, aber genau so habe ich mich gefühlt.«

Der Lohn für diese Demütigung waren neunundsechzig Pfund pro Woche, von denen sie sich und das Baby ernähren, einkleiden und den Haushalt bestreiten sollte. Unter den Weihnachtsgeschenken, die Joanne in jenem Jahr erhielt, befand sich ein Album der Rockgruppe REM, aus dem sie immer wieder den Song »Everybody Hurts« spielte. Schließlich konnte sie das Getrippel der Mäuse hinter der Teppichleiste nicht länger ertragen, legte ihren Stolz beiseite und lieh sich von Séan Harris, einem ihrer Freunde, die ihr immer treu verbunden geblieben sind, sechshundert Pfund. Doch ihre Hoffnung, dass sie mit diesem Geld schnell eine bessere Wohnung für sich und Jessica finden würde, musste sie schon bald begraben. Sie rief unzählige Vermieter in Edinburgh wegen eines neuen Apartments an, doch alle lehnten ab. Joanne erinnerte sich an diese Zeit, als sie einer Wohltätigkeitsveranstaltung für Familien mit nur einem Elternteil ihre Unterstützung zusagte: »Desinteressierte, gelangweilte Stimmen am anderen Ende der Telefonleitung sagten immer wieder: ›Wir vermieten nicht an Leute, die Wohngeld bekommen, tut mir Leid.‹«

Es schien keine Hoffnung mehr zu geben, bis eine Frau sich entweder aus Mitleid oder weil sie wollte, dass endlich Ruhe war, ihr ein paar Wohnungen zeigte. »Endlich sah ich einen Lichtschimmer am Ende des Tunnels, darum fing ich so schnell zu reden an, dass sie kein Wort mehr dazwischenbekam«, erinnert sich Joanne. Noch am selben Nachmittag zeigte man ihr eine unmöblierte Wohnung mit einem Schlafzimmer in South Lorne Place Nummer sieben in Leith, dem alten Hafen von Edinburgh. Sie nahm die Wohnung. Es war zumindest ein Anfang. Ihre Schwester und Freunde, die sie in

Edinburgh gefunden hatte, liehen ihr ein paar Möbelstücke, und so zog sie mit Jessica in einen Block, der drei Jahre ihre Zuhause sein sollte. Das war auch der Ort, an dem sie am Küchentisch schließlich das Manuskript für *Harry Potter und der Stein der Weisen* vollendete.

Leith ist nicht gerade die schlechteste Gegend von Edinburgh. Hätte Joanne ganz unten auf der staatlichen Warteliste gestanden, wäre sie wahrscheinlich in einer schlimmen Gegend wie Muirhouse gelandet, in denen es Probleme wie Drogensucht und Kriminalität gab. Als Joanne nach Leith zog, wurden im Viertel gerade Modernisierungsmaßnahmen unternommen, vor allem zum Wasser hin, wo neue Bistros und Bars eröffneten. The Shore, wie man die Gegend nennt, gehörte inzwischen zu den beliebtesten Stadtteilen Edinburghs. Das Viertel befindet sich nur eine Meile von der Wohnung entfernt, in die Joanne damals zog, sie hätte sich aber genauso gut auf dem Mars befinden können.

Joanne wohnte mit Jessica im Erdgeschoss eines modernen Blocks mit acht Wohneinheiten, die auf vier Stockwerken verteilt waren. Wenn sie durch die Eingangstür hinaustrat und nach links sah, konnte sie dasselbe Haus in braun und grau sehen, direkt vor ihr und rechts das gleiche Bild. In der Mitte befand sich ein kleines Fleckchen ungepflegte Grünfläche mit einem alten braunen Tisch und einer Bank. Man konnte sich dort hinsetzen, aber wer wollte das schon? Bestimmt niemand, der auf Inspiration für sein Buch hoffte. Die umliegenden Straßen waren von den alten Einwohnern von Leith bevölkert, die jetzt unter Aufsicht der Behörden in Heimen lebten. Um die Ecke in der Lorne Street befand sich eine Grundschule voll quirliger Kinder, in die Jessica später ging, als sie fünf war.

So wie in der Wyedean School oder in der rua Duque de Saldanha fühlte Joanne sich wieder einmal wie eine Gefangene. Jede Nacht war sie allein, nur ihr Baby, um das sie sich kümmern musste, leistete ihr Gesellschaft. Schließlich, als es nicht mehr schlimmer kommen konnte, kam zu allem Überfluss noch Jorge aus Porto. Das war das Letzte, was sie brauchen konnte. Nachdem Joanne ihn verlassen hatte, hatte Jorge begonnen, Drogen zu nehmen.

Joanne gelang es, Freunde anzurufen und sie zu bitten, ihr und Jessica Jorge vom Leibe zu halten, während sie die halbe Meile zur Commercial Street zu den Büros der Kanzlei Blacklock Thorley hinunterging. Sie hat niemals darüber gesprochen, wie viel Angst sie vor Jorge hatte, doch auf jeden Fall war das eine drastische Maßnahme. Am 15. März 1994 beantragte sie eine einstweilige Verfügung gegen ihn, so dass er sich ihr nicht mehr nähern durfte. Ihr Anwalt setzte in ihrem Namen ein Schreiben auf, und eine vorläufige Verfügung wurde erlassen. In Schottland ist das eine ernsthafte Angelegenheit, vor allem wenn der Antragsteller (in diesem Falle Joanne) entscheidet, die Sache weiter zu verfolgen, so dass die Verfügung endgültig wird. Laut der einstweiligen Verfügung durfte Joannes Mann sie »innerhalb der Zuständigkeit des Gerichts von Edinburgh nicht belästigen, verbal missbrauchen, bedrohen oder verängstigen«.

Jorge blieb nichts anderes übrig, als nach Porto zurückzukehren.

Joanne verfiel in immer tiefere Depressionen – sie fühlte sich nicht nur müde und deprimiert, sondern fiel in ein schwarzes Loch der Verzweiflung. Die Dementoren, die zum ersten Mal im *Gefangenen von Askaban* in Erscheinung treten, sind das kreative Ergebnis dieser Zeit ihres Lebens. Sie selbst hat gesagt, dass dies die schrecklichste Zeit ihres Lebens war: »Man ist einfach nicht imstande sich vorzustellen, dass man irgendwann wieder glücklich sein könnte, man hat keinerlei Hoffnung mehr, sondern dieses tote Gefühl, das so ganz anders als die gewöhnliche Traurigkeit ist.«

Die Dementoren sind die Wächter von Askaban und zugleich selbst ein Bild für die Depression. Sie und der Spiegel Nerhegeb stellen etwas ganz Persönliches in den Harry-Potter-Büchern dar, und zum Teil sind sie auch ein Beweis dafür, dass Joanne selbst Harry Potter ist. Vielleicht ist sie ja auch Hermine Granger, die vorlaute Besserwisserin, doch mit Sicherheit ist sie auch Harry, das Kind, das seine Mutter vermisst, das nicht gerne im Mittelpunkt steht und verspottet wird und das einem Dementor nichts entgegenzusetzen hat. Ein Dementor kann mit einem Kuss aus seinem unförmigen Schlund dem Menschen jedes Glücksgefühl entziehen und ihm die Seele rauben. Dennoch hat das Ganze auch etwas Amüsantes: Um nach dem Raub der positiven Gefühle durch die Dementoren wieder in den alten Zustand zu gelangen, hilft nur eines, Schokolade. Endlos schienen sich diese schrecklichen Tage hinzuziehen. Eines der schlimmsten Erlebnisse dieser Zeit war, als sie einen Freund ihrer Schwester besuchte und sah, wie viel Spielzeug dessen Sohn hatte. »Wenn ich damals Jessicas Spielsachen wegpackte, passten die in eine Schuhschachtel. Ich ging nach Hause und heulte mir die Augen aus.« Ein anderes Mal brachte Joannes Gesundheitsinspektorin – ein kleines Extra für allein erziehende Mütter mit Sozialhilfe – ein paar gebrauchte Spielsachen für Jessica mit: einen abgegriffenen alten Teddybär, ein kleines Plastikhaus und ein Telefon, das man an einem Seil hinter sich herziehen konnte. Trotz der gut gemeinten Geste fühlte Joanne sich so gedemütigt, dass sie die Spielsachen in einen schwarzen Müllsack stopfte und sie zum Müll auf die Straße warf. Überall in Leith stehen auf der Straße solche Müllsäcke.

Ein Glück, dass es Leith Links gab, eine große Grünfläche, die nur eine halbe Meile von South Lorne Place entfernt war. Joanne konnte zuschauen, wie andere junge Mütter mit ihren Kindern auf den leuchtend bunten Schaukeln und Rutschen spielten, es gab eine Arche Noah und einen Kletterbaum. Auf einer Plakette war zu lesen, dass dies »die Heimat des Golf« sei. Im Jahre 1744 wurden die ersten offiziellen Regeln erlassen, damit man auf diesem Parkstück einen Wettbewerb abhalten konnte, bei dem es den ersten Fünf-Loch-Kurs gab und jedes Loch über fünfhundert Meter entfernt lag. Die Honourable Company of Edinburgh Golfers kämpften damals um einen silbernen Pokal. Heute schlagen die Leute in Links die Zeit tot, junge Mütter wie Joanne spielen mit ihren Kindern, Studenten lesen und Leute, die sonst nichts zu tun haben, nehmen ein Sonnenbad.

Doch im ersten Sommer, nachdem Joanne Porto verlassen hatte, änderten sich die Dinge irgendwie, und nicht unbedingt zum Schlechteren. Am 10. August 1994 reichte sie die Scheidung ein. Neun Monate lang war sie in sich gegangen, hatte nachgedacht und womöglich hatte ihr das geholfen, denn zum ersten Mal seit ihrer Flucht aus Portugal begann sie wieder Pläne zu schmieden und ihre Tage mit etwas anderem als den Dementoren auszufüllen. Ihr Schwager Roger hatte mit Dougal McBride, einem Freund, die Sint Partnership gegründet und das Nicolsons, ein nicht besonders angesagtes Café an der Kreuzung South Bridge und Royal Mile, gekauft. Dies sollte sich für Joanne als geradezu schicksalhaft erweisen. Sie war immer noch fest entschlossen, Harry Potter zu schreiben, und ihr Verlangen, Geschichten zu erzählen und eine richtige Schriftstellerin zu werden, war so stark wie früher. Ihr Ziel war, eines Tages in einen Laden zu gehen, jemandem ihre Kreditkarte zu reichen und von ihm zu hören, dass sie sein Lieblingsbuch geschrieben hat. Doch so etwas würde in South Lorne Place niemals passieren.

Also musste sie irgendwo hingehen, wo sie sich nicht einsam fühlte, sondern in der Gesellschaft von Menschen war, die ihre eigenen Leben lebten und sie in Ruhe ihres weiterführen ließen. Schon seit ihrer Londoner Zeit waren die Cafés immer eine Quelle der Inspiration für sie gewesen, und als sie später nach Porto kam, war das nicht anders. Da sie aber ein wirklich knappes Budget hatte, konnte sie es sich nicht leisten, die Nachmittage damit zu verbringen, eine Tasse Designerkaffee nach der anderen zu trinken. Da kam ihr das Nicolsons gerade recht. Es gehörte der Familie, darum waren die Eigentümer bereit, sie ein oder auch zwei Stunden lang ruhig bei nur einem Tässchen Kaffee sitzen zu lassen. Und vielleicht ist es sogar als schicksalhaftes Zeichen anzusehen, dass in der Nähe des Nicolsons eine Straße namens Potterrow verläuft.

Joanne setzte Jessica in ihren Buggy und lief eine halbe Stunde die Easter Road hinunter in Richtung Stadtmitte. Wenn sie Glück hatte, war Jessica schon eingeschlafen, bevor sie die South Bridge erreichte. Wenn sie hingegen noch wach war, dann schob Joanne sie weiter über die Royal Mile, an den Straßen mit den exotisch Namen vorbei, von denen aus man auf die Dächer der tiefer liegenden Häuser blicken konnte. Trotz der Dudelsackmusik, die in den Touristenfallen der Stadt die Luft erfüllt, hat dieses Viertel seine ganz eigene Atmosphäre. Vieles hier könnte Joanne als Vorbild für ihre Winkelgasse gedient haben, die Einkaufsstraße der Zauberer in den Harry-Potter-Geschichten. Doch am nächsten kommen ihr wohl die Old Assembly Close, Anchor Close, Old Stamp Office Close und die vielen anderen schmalen Gassen in Edinburghs Altstadt.

Sobald Jessica fest schlief, ging Joanne ins Nicolsons und schleppte den Kinderwagen die zwanzig Stufen bis in den ersten Stock, wo sie sich einen ruhigen Ecktisch suchte, um an ihren Harry-Potter-Entwürfen zu arbeiten. Das Nicolsons war kein teures Lokal, es herrschte eine fröhliche Stimmung wie in einem Studentenkaffee. Es hatte unterschiedliche Art-déco-Fenster, die Innenräume waren in blauer und gelber Farbe gehalten, ein paar Matisse-Drucke hingen an den Wänden und dazu gab es die passende Beleuchtung.

Wenn alles gut ging, schlief Jessica, während Joanne arbeitete. Wenigstens fühlte sie sich im Nicolsons lebendig. Einmal die Woche passte eine Freundin für ein paar Stunden am Nachmittag auf Jessica auf und Joanne konnte sich ausruhen, einen Roman lesen – sie liebte Nabukow und Roddy Doyle – oder an den Quidditch-Regeln arbeiten.

Roger Moore, der mit seinen langen, dunklen Haaren eher wie ein Gigolo und nicht wie ein Restaurantbesitzer aussieht, hat nie durchblicken lassen, dass sie verwandt waren, er tat lieber so, als wäre die Schwester seiner Frau einfach nur eine der vielen Gäste des Nicolsons: »Wir wussten alle, dass sie an einem Buch schrieb. Meist kam sie mehrmals die Woche für ein paar Stunden vorbei und trank Kaffee. Wenn ein Gast öfter kommt und lange bleibt, dann kennen die Bedienungen ihn und wissen, was mit ihm los ist und warum er hier ist. Ich glaube, ein paar meiner Angestellten haben sie recht gut kennen gelernt.« Sein Geschäftspartner Dougal McBride weiß noch, dass Joanne alles mit der Hand schrieb: »Sie hatte Stift und Papier dabei, strich Dinge heraus uns sah alles durch, immer und immer wieder.« Ein anderer Mitarbeiter erinnert sich: »Das kleine Mädchen schlief, während ihre Mutter schrieb.«

Joannes Besuche im Nicolsons sind mittlerweile zu einer Art Legende geworden – wie sie mit einer Hand schrieb, während sie Jessica mit der anderen in den Schlaf wiegte und dass sie sich entschied, dort an ihrem Buch zu arbeiten, weil sie es sich nicht leisten konnte, ihre Wohnung in South Lorne Place zu heizen. Später gestand sie bei »Desert Island Discs«, dass die Geschichten zu fünfzig Prozent der Wahrheit entsprachen und zu fünfzig Prozent erfunden waren. »Es stimmt, dass ich in Cafés saß, meine Tochter neben mir hatte und dabei schrieb. Das klingt zwar sehr romantisch, ist es aber überhaupt nicht. Was nicht ganz stimmt ist, dass meine Wohnung unbeheizt war. Mir ging es nicht um Wärme, was ich brauchte, war ein guter Kaffee. Ich wollte einfach meine Arbeit nicht unterbrechen, um aufzustehen und mir selber einen Kaffee zu kochen.« Was aber noch viel wichtiger war, das Nicolsons und andere Lokale wie das The Elephant Café an der George IV Bridge lockten Joanne aus ihrer spärlich möblierten Wohnung, was hieß, dass sie die Dementoren endlich hinter sich lassen konnte.

Ende 1994 fand Joanne auch ein wenig Sekretariatsarbeit, die ihr weitere fünfzehn Pfund die Woche einbrachten. Mehr durfte sie auch nicht verdienen, denn sonst hätte der Staat begonnen, die Einkünfte von ihren Sozialleistungen abzuziehen. Doch dieses Geld machte einen großen Unterschied, nicht zuletzt beim Windelkauf für Jessica. Sie wollte mehr arbeiten und fragte ihre Gesundheitsinspektorin, ob es ihr möglich wäre, für Jessica einen Nachmittag pro Woche einen betreuten Kindergartenplatz ausfindig zu machen. Man teilte ihr aber mit, dass nur äußerst vernachlässigte Kinder ein Anrecht darauf hatten und dass Joanne »zu gut« für Jessica sorgte. Sie steckte wieder einmal in der Klemme. Einerseits brauchte sie eine Arbeit, um sich die Kinderbetreuung leisten zu können, andrerseits konnte sie keine Arbeit annehmen, solange die Kinderbetreuung nicht gesichert war.

In der Zwischenzeit musste sie jede Woche einmal ins Postamt in Leith Walk gehen und ihren Sozialhilfe-Scheck einlösen. Seither hat sie niemals vergessen, welche Schmach es für sie und andere war, vor aller Augen das Sozialhilfebüchlein über den Tresen zu reichen und zu wissen, dass viele vielleicht so wie John Major darüber dachten: »Ich weiß nicht, was all die alten Damen hinter mir dachten, als sie das sahen – ›Schnorrer‹, ›Faulpelz‹, ›Last für die Gesellschaft‹.« So überraschte es auch nicht, dass sie hinzufügt: »Mittlerweile hatte man mir das restliche bisschen Stolz auch noch ausgetrieben.« Wenigstens dachte sie daran, am 23. November 1994 ihre einstweilige Verfügung gegen Jorge verlängern zu lassen.

Joanne hatte herausgefunden, dass ihre Lehrerfahrung in Portugal nicht ausreichte, um in Schottland als Lehrerin zu arbeiten. Sie benötigte ein zusätzliches Zertifikat, das so genannte Postgraduate Certificate of Education, um sich beim General Teaching Concil in Schottland registrieren zu lassen, was ihr ermöglichte, an schottischen Schulen zu unterrichten. Sie bewarb sich in der Innenstadt am Moray House für ein PGCE-Zertifikat für neusprachliche Philologie. Das Moray House ist inzwischen ein Teil der University of Edinburgh, doch als Joanne sich bewarb, unterstand es noch der Verwaltung der Heriot-Watt-University. Sie war eine von hundertzwanzig Bewerberinnen, die einen Tag lang an einer schrecklichen Prüfung teilnehmen mussten, nach der ein Großteil der Kandidaten ausgeschieden war.

Der Prüfungen bestanden aus Gruppenübungen, einer schriftlichen Arbeit, einer Unterrichtsstunde und einem Bewerbungsgespräch in der Fremdsprache, die der Bewerber als Hauptfach angegeben hatte. Für Joannes war das Französisch, obwohl sie zusätzlich Portugiesisch und Deutsch angegeben hatte. Ende Januar 1995 führte sie ein Bewerbungsgespräch für einen Platz in einem einjährigen Kurs, der im folgenden August stattfinden sollte. Sie war überglücklich, als sie erfuhr, dass man sie angenommen hatte. Das war ihr erster wirklicher Erfolg, seit sie aus Portugal zurückgekehrt war. Sie musste sich immer noch um die Kinderbetreuung und die Finanzierung kümmern, doch mit ihren neunundzwanzig machte sie endlich Fortschritte. Eine von Joannes Lieblingszitaten ist eine buddhistische Weisheit: »Leben ist Leiden.« Das bedeutet, dass wir alle leiden müssen, um zu wachsen. Spirituell musste Joanne zu dieser Zeit schon über drei Meter gewachsen sein.

Im Sommer 1995 konnte Joanne endlich auf die Sozialhilfe verzichten. Ein Freund, dessen Namen sie niemals erwähnt hat, unterstützte sie finanziell bei der Kinderbetreuung, so dass sie wieder Vollzeitstudentin werden konnte und zudem erhielt sie einen Zuschuss vom Scottish Office of Education and Industry. Nur noch eine Sache hatte sie zu klären, bevor sie mit dem nächsten Lebensabschnitt beginnen konnte. Am 26. Juni 1995 wurde ihre einstweilige Verfügung gegen Jorge Arantes endgültig. Arantes hat zu dem Prozess gegen ihn nie öffentlich Stellung genommen und versucht, sich zu verteidigen, so dass die Anschuldigungen gegen ihn nie bewiesen werden konnten, trotzdem wurde dem Antrag stattgegeben. Um den Antrag überhaupt stellen zu können, bedurfte es zwei eidesstattlicher Erklärungen, die Jorges Verhalten bewiesen. Sie selbst gab eine Erklärung ab, die zweite stammte von einer Zeugin, deren Namen vertraulich behandelt wird. Eine einstweilige Verfügung zu erlangen ist nicht leicht, denn dazu ist eine schlüssige Beweisführung notwendig, wie sie im Falle von Joanne wohl stattgefunden haben muss.

★ 8 ★

Mit etwas Hilfe

»Mit Kinderbüchern ist kein Geld zu verdienen, Jo.«

Bryony Evens war damit beschäftigt, in den Büros der Christopher Little Literaturagentur in Walham Grove, Fulham, die Post zu öffnen. Das war an einem eiskalten Februarmorgen, und es sah nicht so aus, als würde es ein schöner Tag werden. Bryony hatte englische Philologie studiert und achtzehn Monate in einem Pub sowie sechs Monate als Telefonverkäuferin gearbeitet, bevor sie als junge Mitarbeiterin in die Literaturagentur gewechselt hatte. Sie erinnert sich: »Ich war ganz begeistert, einen Job anzunehmen, der zwar nicht wirklich Geld brachte, aber mit dem ich endlich in die Verlagswelt kam. Ich konnte zwar nicht tippen, dafür heftete ich gerne ab und lernte so viel ich konnte.« Das war nun achtzehn Monate her, und inzwischen war Bryony zur Leiterin des Büros und Christophers persönliche Assistentin geworden. Aber sie musste nach wie vor am Morgen die Post öffnen.

Für Joanne Rowling war es ein Glück, dass Bryony gern las, vor allem klassische Kinderbücher. Für sie ist *Das kleine weiße Pferd* ein tolles Kinderbuch und sie ist ein großer Fan von *Swallows and Amazons*, *Der Herr der Ringe* und anderen beliebten Abenteuer- und Internatsgeschichten. Hätte Joanne sich aussuchen können, wer zum ersten Mal Harry Potter lesen sollte, hätte sie niemand besseren als Bryony finden können, die mit ihren fünfundzwanzig Jahren in genau demselben Alter war, in dem Joanne zum ersten Mal den Einfall mit dem Zauberlehrling gehabt hatte.

Die meisten eingeschickten Manuskripte landeten direkt im Ablehnungskorb, und dorthin wanderte an jenem Februarmorgen auch Harry Potter. Aber nicht, weil Bryony das Manuskript nicht gefiel. *Harry Potter und der Stein der Weisen* war offensichtlich ein Kinderbuch, und die Agentur betreute keine Kinderbücher. Christopher war davon überzeugt, dass Kinderbücher kein Geld brachten. »Es hätte keinen Sinn gehabt, Chris etwas hinzulegen, mit dem er sich sowieso nicht beschäftigt hätte«, erklärte Bryony. »Ich trennte erst einmal die Manuskripte, mit denen wir uns beschäftigen, von denen, die uns nicht interessierten, wie beispielsweise Kinderbücher und Gedichte.« Joanne hatte jedoch Glück, dass Bryony trotzdem immer noch einmal durch den Korb mit den abgelehnten Manuskripten sah, bevor sie eine endgültige Absage schrieb. In der Mittagszeit fiel ihr Harry Potter wegen des ungewöhnlichen schwarzen Plastikeinbandes auf, den Joanne ausgewählt hatte.

»Ich fischte das Manuskript heraus, um es mir einmal anzuschauen. Es gab eine Zusammenfassung und drei Probekapitel, was wir als Standard anforderten. Das Erste, was mir auffiel, waren die Illustrationen. Es gab eine von Harry mit wuscheligen Haaren und der blitzförmigen Narbe auf der Stirn, wie er vor dem Kamin im Haus der Dursleys sitzt. Also begann ich das erste Kapitel zu lesen. Schon damals war es fast genau so, wie es letztendlich veröffentlicht wurde. Was mir besonders auffiel, war der Humor, weil der mir besonders gefiel. Zum Beispiel in der Szene, in der Mrs. Dursley Mr. Dursley erzählt, dass Dudley ein neues Wort, ›Pfui‹, gelernt hatte.« Bryony las das erste Kapitel und war beeindruckt genug, das Manuskript zur Seite zu legen, um die anderen beiden später zu lesen.

Damals beschäftigte die Agentur eine junge freiberufliche

Gutachterin, Fleur Howle, die sich unverlangt eingesandte Manuskripte anschauen und dann mit den Autoren, deren Arbeit sie für gut befand, arbeiten sollte, um die Manuskripte so zu überarbeiten, dass sie an einen Verlag gesandt werden konnten. Fleur kam am Nachmittag ins Büro und Bryony drückte ihr Joannes Manuskript in die Hand. »Das liest sich wirklich toll«, sagte sie. »Ich habe das erste Kapitel gelesen und möchte die anderen beiden später auch noch lesen, aber lies du es doch inzwischen, vielleicht gefällt es dir ja auch.« Fleur las alles, was Joanne eingesandt hatte und war genauso beeindruckt wie Bryony. »Um genau zu sein«, erinnert sich Bryony, »las ich das erste Kapitel zuerst, Fleur hingegen die Kapitel zwei und drei. Am Ende des Tages hatte ich sie auch gelesen und sagte zu Chris: ›Können wir uns den Rest schicken lassen?‹ Und er sagte: ›Ja, meinetwegen.‹ Und das war's.«

Christopher Little ist Anfang sechzig und ein geselliger Typ; er ist charmant und gut gekleidet und trägt normalerweise Nadelstreifenanzüge. Doch Christopher, der sich am liebsten ein Kricket-Spiel bei Lord's anschaut, ist in erster Linie Geschäftsmann mit einem geschulten Blick für das, was man aus einem Projekt alles herauskitzeln kann. Er wurde in Yorkshire geboren, was möglicherweise seine Gerissenheit bei Vertragsabschlüssen erklärt – er ist wie ein als Pudelchen verkleideter Rottweiler. Eine Zeit lang arbeitete er für eine Wollfabrik in Yorkshire, anschließend verbrachte er viele Jahre bei einer Spedition in Hongkong. Als dort Ende der Siebzigerjahre die Geschäfte schlechter liefen, zog er wieder zurück nach England, wo er in London eine kleine Zeitarbeitsfirma namens City Boys gründete. Gleichzeitig eröffnete er eine kleine Literaturagentur und führte etwa zehn Jahre lang die beiden Firmen nebeneinander, bis er sich schließlich nur noch auf die Literatur konzentrierte. Aber nicht jedes seiner Projekte hatte Erfolg. Die grandiosen Pläne, ein Magazin namens *By Royal Appointment* herauszubringen, das sich an die Inhaber königlicher Lizenzen in ganz Europa wandte, scheiterte kläglich.

1996 ging Little eine Partnerschaft mit dem bekannten Literaturagenten Patrick Walsh ein, der innerhalb von vier Jahren seine Klientenliste stetig ausgebaut hatte. Die beiden waren sehr unterschiedlich, passten aber gut zusammen. Bryony erklärt: »Chris ist vor allem Geschäftsmann, Patrick hingegen in erster Linie Literaturagent. Die beiden arbeiteten aber insofern gut zusammen, als dass sie über alles streiten und ihre Ideen aneinander ausprobieren konnten. Patrick bekam seinen Willen, was die literarischen Entscheidungen betraf, Chris kontrollierte hingegen den gesamten Marketingbereich. Patrick ist ausgesprochen unordentlich, Chris hingegen sehr ordentlich. Chris kümmerte sich vor allem um die Werbung. Er hatte zum Beispiel ein ausgesprochen gutes Händchen für bekannte Sportler, die vorhatten, ein Buch zu schreiben, wie beispielsweise die olympische Reiterin Ginny Leng, denn er wusste, wie man die verschiedensten Möglichkeiten medienübergreifend nutzen konnte. Die Art, wie er Projekte betreute, war immer die eines Geschäftsmannes, nie die eines Literaturagenten.

Bevor Christopher Little Joanne Rowling unter Vertrag nahm, war wohl der Thriller-Autor A. J. Quinnell, der bekannteste Name auf der Klientenliste der Agentur, zufälligerweise einer der wenigen erfolgreichen Autoren, der statt eines Vornamens nur Initialen benutzt. A. J. Quinnell gehört zu den ältesten und besten Freunden von Christopher Little und schreibt seine Bücher unter der heißen Mittelmeersonne auf der Insel Gozo – ein Leben, das wirklich weit von dem der Lehrerin in Ausbildung entfernt war, die ihre Existenz in einer kleinen Ein-Zimmer-Wohnung in Edinburgh fristete. Quinnell steht in Wirklichkeit für Philip Nicholson, doch seine Identität wurde viele Jahre lang so geheim gehalten, dass man A. J. Quinnell für ein Pseudonym von Little selbst hielt.

Die Agentur hatte sich eigentlich auf Thriller spezialisiert, da sie auch den Nachlass von Alistair MacLean und die Bücher von Simon Gandolfi betreute. Nicht so renommiert, dafür aber eine gute Einnahmequelle war Anna Pasternak, die Autorin von *Princess in Love*, dem Buch, in dem James Hewitt der ganzen Welt von seiner Affäre mit Prinzessin Diana erzählt. Zum Kundenstamm gehört weiterhin James Whitaker, ältester unter den königlichen Biografen. Joanne Rowling stand also kurz davor, auch zu den ausgefallenen Autoren einer Agentur zu gehören, die sich durchaus auf lukrative Geschäfte verstand.

Joanne hatte die Agentur im *Autoren und Künstler Jahrbuch* in Edinburghs Stadtbibliothek gefunden, und der Name hatte ihr gefallen. Es war die zweite Londoner Agentur, an die sie sich gewandt hatte. Die erste Agentur hatte eine unfreundliche Absage geschickt und Joanne verärgert, weil sie ihr den schwarzen Ordner, in dem ihr Manuskript eingeheftet war, nicht mehr zurückgesandt hatten. Bryony schrieb Joanne im Auftrag von Christopher Little und bat um den Rest des Manuskriptes. »Es hatte wirklich keine Eile«, erinnert Bryony sich, doch für Joanne, die in ihrer Wohnung in South Lorne Place saß, sah das natürlich ganz anders aus. Sie tanzte um den Küchentisch. »Zuerst dachte ich, dass es wieder eine Absage sei, stattdessen steckte da ein Brief drin, in dem stand: ›Vielen Dank. Wir würden gerne exklusiv den Rest ihres Manuskriptes erhalten.‹ Das war der beste Brief meines Lebens. Ich habe ihn achtmal gelesen«, sagte Joanne. Innerhalb einer Woche lag der Rest von *Harry Potter und der Stein der Weisen* in der Walham Grove auf dem Tisch, nur für den Fall, dass Christopher Little es sich noch einmal anders überlegte. Joanne hatte ja keine Ahnung, dass Christopher Little in diesem Stadium noch kein einziges Wort davon gelesen hatte.

Doch das sollte sich bald ändern. Bryony las als Erste das

ganze Buch: »Ich las das Manuskript zügig durch, weil es wirklich gut war. Ich konnte es einfach nicht mehr weglegen. Dann gab ich es Chris mit meinem begeisterten Kommentar, er nahm es mit und las es über Nacht. Oft las er nur hier und da, aber er achtete immer darauf, wenigstens etwas seiner Autoren gelesen zu haben. Zunächst war ich nicht überzeugt davon, dass er den *Stein der Weisen* tatsächlich gelesen hatte, denn er behauptete, dass er es in einer Nacht verschlungen hätte, aber wenn man darüber nachdenkt, kann man das Buch tatsächlich über Nacht lesen.

Am nächsten Morgen sprachen wir darüber und Chris war ganz begeistert. Es gab nur ein paar Dinge, um die er Jo noch bitten wollte. Ich erinnere mich noch, dass er wollte, dass sie Neville Longbottom noch ein wenig ausarbeitete. Auch ich fand, dass das eine tolle Figur war. Dann fand Chris das Quidditch-Spiel ganz toll, darum war er der Meinung, dass es in dem Buch eine größere Rolle spielen sollte. Er glaubte, dass es für Jungs nicht wie ein Spiel aussehen würde, solange es keine Regeln hatte. Joanne hatte die Regeln bereits geschrieben, sie mussten also nur noch eingefügt werden. Sie hatte sogar eine Skizze von dem Spiel beigefügt, ein einfaches Blatt Papier, auf dem die Zauberlehrlinge auf Besen sich gegenseitig beeinflussten.«

Nach drei Briefen war Bryony, welche den gesamten Schriftverkehr mit Joanne betreute, zufrieden. Sie zeigte Patrick Walsh das Manuskript, und der war genauso beeindruckt wie Christopher Little. Zu diesem Zeitpunkt war das Manuskript schon fast so, wie es schließlich veröffentlicht wurde. Christopher legte großen Wert darauf, dass alles schriftlich festgehalten wurde, darum wurde ein Agenturvertrag nach South Lorne Place geschickt, in dem man Joanne anbot, sie zu den üblichen Bedingungen zu vertreten: fünfzehn Prozent der Bruttoeinnahmen in Großbritannien und zwanzig Prozent von Filmrechten, Veröffentlichungen in den

USA und Übersetzungen. Aus Sicht der Agentur war es ein sicherer, aber kein außergewöhnlicher Vertrag, der Joanne fünf Jahre an die Agentur band und sich mit einer dreimonatigen Kündigungsfrist automatisch Jahr um Jahr verlängerte. Auf diese Weise kam Christopher Little zu einer Vereinbarung, die vor 2001 nicht kündbar war.

In Paragraph eins dieses Standardvertrages steht: »Der Autor bestimmt den Agenten als seinen/ihren alleinigen Vertreter in allen die Autorentätigkeit betreffenden Angelegenheiten, insbesondere das Verfassen von Romanen, Kurzgeschichten, Theaterstücken, Gedichten, Kinodrehbüchern, TV-Drehbüchern, Liedtexten, Cartoons, Artikeln sowie Werbetexten, PR-Material und der Auswertung so genannter ›Verkaufsrechte‹ aus den zuvor genannten Produkten.« In den ersten Monaten des Jahres 1996 konnte niemand abschätzen, wie gigantisch die Verkäufe von Harry Potter ausfallen würde.

Der übergenaue Christopher Little legte dem Vertrag einen Brief bei, in dem er auf eine Klausel hinwies, in der die Agentur den Autoren empfiehlt, bezüglich des Inhaltes des Vertrages unabhängigen rechtlichen Rat einzuholen, um sicherzugehen, dass die Bedingungen auch tatsächlich und vollständig verstanden worden sind.

Joanne war unglaublich aufgeregt, dass ein echter Agent sich für ihr Buch interessierte. Sie unterschrieb jede Seite des Vertrages, wie es in dem Brief gefordert wurde, und schickte eine Ausfertigung an die Agentur zurück. Die höfliche Schlussformel von Christopher Little, dass er sich »auf eine lange und erfreuliche Geschäftsbeziehung« freue, war nichts als eine nette Floskel. Niemand in der Agentur hatte die geringste Vorstellung davon, in welchen Verhältnissen Joanne lebte. Selbst das Briefporto war eine Ausgabe, die sie belastete. Lieber tippte sie ganze Seiten noch einmal ab, bevor sie Fotokopien bezahlen musste. Sie war die ärmste Autorin, die Christopher Little je angenommen hatte.

Nun war aber die Zeit gekommen, *Harry Potter und der Stein der Weisen* an einen Verlag zu schicken. Dafür war Bryony zuständig. Christopher hatte sie angewiesen, nicht zu viel für Fotokopien auszugeben, denn ein Zweihundert-Seiten-Manuskript ein Dutzend Mal zu kopieren kann ganz schön ins Geld gehen. Bryony kopierte das Manuskript dreimal, legte eine neue Titelseite dazu und stempelte auf jede »Christopher Little Literary Agency«. Die Autorenzeile lautete: »Von Joanne Rowling«.

Alles, was Bryony jetzt tun konnte, war ruhig zu bleiben und Daumen zu drücken. Penguin lehnte das Buch als erster Verlag ab. Bei Transworld war die Frau, die es normalerweise gelesen hätte, krank, also lag es im Eingangskorb und wurde nicht gelesen, bis Bryony um Rücksendung bat, damit sie die Kopie erneut verschicken konnte. Insgesamt lehnten zwölf Verlagshäuser die Gelegenheit ab, J. K. Rowling zu veröffentlichen, bis das Manuskript im Büro von Bloomsbury am Soho Square landete. Dieses Verlagshaus war 1986 von Nigel Newton gegründet worden. Der größte Erfolg des Verlages war bis dato *Der englische Patient* von Michael Ondaatje gewesen, ein Titel, der 1992 mit dem Booker-Preis ausgezeichnet wurde. Bloomsbury hatte gerade eine Abteilung für Kinderbücher gegründet, die unter der Leitung von Barry Cunningham stand, der aus der aus der Marketingabteilung ins Lektorat gewechselt war und wie Christopher Little ein gutes Gefühl für das geschäftliche Potenzial eines Projektes hatte.

Barrys Wunsch war, Bücher zu veröffentlichen, auf die »Kinder reagierten«, und im *Stein der Weisen* erkannte er sofort, dass das Buch die notwendigen Qualitäten dafür besaß: »Es war einfach unglaublich aufregend. Was mir zuerst auffiel, war, dass die Geschichte ganz in einer Fantasiewelt spielte. Man hatte sofort das Gefühl, dass Jo die Figuren kannte und wusste, was mit ihnen geschehen würde. Zu jener Zeit war es für ein Kinderbuch jedoch wirklich sehr lang.«

Die Kinderbuchabteilung bei Bloomsbury bestand bloß aus vier Leuten: Barry Cunningham, Eleanor Bagenal, Janit Hogarth und der Publizistin Rosamund de la Hey. Sie alle waren am Erfolg von Harry Potter beteiligt. Barry erinnert sich noch, wie schwierig es selbst innerhalb der Firma war, sein Programm vorzustellen. Es war Rosamund, die auf die Idee kam, ein Röhrchen mit Smarties an das Manuskript zu kleben, als sie es an die anderen Lektoren im Haus verschickten. Der »Smarties-Price« gehört zu den wichtigsten Literaturpreisen für Kinderbücher. Das Ungewöhnliche daran ist, dass er zum Teil durch die Abstimmung der Kinder selbst vergeben wird und insofern eindeutig widerspiegelt, was sie tatsächlich lesen. In der Zukunft sollte der Smarties Triple Gold Award einen wichtigen Beitrag dazu leisten, Harry Potter zu einer ganz heißen Sache werden zu lassen.

Nach etwa einem Monat konnte Barry ein Angebot von eintausendfünfhundert Pfund machen. Bryony erinnert sich noch, dass sie Harper-Collins anrief, die auch eine Kopie des Manuskriptes besaßen. »Ich sagte ihnen, dass Bloomsbury interessiert wäre und fragte: ›Was meint ihr?‹. Darauf erhielt ich nur die Antwort, dass ihnen das Buch wirklich gut gefallen würde, sie aber keine Zeit hätten, ein Angebot zu machen. Sie rieten mir, einfach das zu nehmen, was ich hatte. Demnach hielten sie sich raus, weshalb uns nur das Gebot von Bloomsbury blieb.« Christopher kümmerte sich höchstpersönlich um das Kleingedruckte im Vertrag und riet Joanne, das Angebot anzunehmen.

Einer der Beteiligten erinnert sich: »Jo konnte sich über das Angebot wirklich freuen.« Und so sicherte sich Bloomsbury für eintausendfünfhundert Pfund das größte Phänomen der modernen Literatur. Für Joanne Rowling war das ein kleines Vermögen, denn nach Abzug der Agenturprovision erhielt sie umgerechnet gute zweitausend Euro. Das Geld wurde in zwei Raten ausgezahlt, eine nach Vertragsabschluss, die zweite bei Veröffentlichung des Titels, die für Juni 1997 geplant war. Bloomsbury ließ Joanne nach London kommen, um sich mit allen zum Mittagessen zu treffen. Jessica zuliebe beschloss Joanne, an einem Tag aus Edinburgh nach London und wieder zurück zu fahren, was bedeutete, dass sie zehn Stunden im Zug saß, das gab ihr aber zumindest die Möglichkeit, an ihrem zweiten Buch zu arbeiten. Natürlich war sie sehr nervös, als sie ihre ersten Schritte in der Verlagswelt unternahm. Sie hatte noch nicht einmal Christopher Little oder Barry Cunningham getroffen. Einer der Manager erinnert sich: »Man konnte förmlich sehen, wie nervös sie war.« Joanna hatte sich außerdem nie ihre Studenten-Ernährung aus Zigaretten und Koffein abgewöhnt, was nicht unbedingt gut für die Nerven ist.

Man traf sich zum Mittagessen in einem kleinen Bistro in Soho, so dass Joanne in den berühmtem Spielzeugladen Hamley's in der Regent Street schauen konnte, um Jessica ein Geschenk zu kaufen. Barry Cunningham fand das Mittagessen sehr gelungen. »Was sie selbst betraf, so kam sie mir sehr schüchtern vor, aber sehr selbstbewusst und zuversichtlich, wenn es um ihr Buch ging. Vor allem war sie davon überzeugt, dass die Kinder Harry mögen würden. Ich wusste, dass sie harte Zeiten durchgemacht hatte, nachdem sie aus Portugal zurückgekehrt war, darum war ich um so beeindruckter, mit welcher Hingabe sie sich der Geschichte widmete. Sie wusste einfach, was es hieß, erwachsen zu werden.« Am Ende des Mittagessens schüttelte Barry seiner neusten Autorin die Hand und sagte: »Mit Kinderbüchern ist nicht viel Geld zu verdienen, Jo.« Diese Bemerkungen ist eines von Joannes Lieblingszitaten geworden.

Am Ende eines langen Tages stieg die zukünftige Multimillionärin müde in den Bus der Linie eins und fuhr von der Princes Street die Easter Road hinunter nach Leith, nach Hause. Leid tat ihr nur, dass sie Bryony nicht hatte kennen lernen können, die in Walham Grove geblieben war, um sich um das Büro zu kümmern. So hatte Joanne sich nicht bei der Frau bedanken können, die sich solche Mühe um sie gegeben hatte, und die später die Agentur verlassen sollte, ohne sich jemals mit ihr getroffen zu haben. Bryony war gerade umgezogen, hatte eine neue Beziehung begonnen und beschlossen, dass sie mehr Geld verdienen wollte. Drei Jahre arbeitete sie bei einem Hausmakler, bevor sie im Verlagshaus Michael O'Mara Books anfing.

Joanne und Bryony hatten zuvor nur miteinander telefoniert, aber sie trafen sich schließlich im Oktober 1998 beim Cheltenham Literary Festival, kurz nach der Veröffentlichung von *Harry Potter und die Kammer des Schreckens*. Bryony kam mit ihrer Tante und zwei »geliehenen« Kindern, um sich unter das Publikum in einer Fragestunde mit J.K. Rowling zu mischen. Sie erinnert sich noch gut an den Tag: »Wir saßen gegen 10 Uhr morgens in einem Flur vor dem Saal, als eine Frau mit sehr hohen Absätzen an uns vorbeistolzierte. Sie war ausgesprochen elegant gekleidet und ziemlich klein. Ich wollte nichts sagen, fragte mich aber, ob das Joanne Rowling war. Dann gingen wir alle in den Saal und die Kinder setzten sich im Schneidersitz um die Bühne herum. Sie umklammerten ihre Bücher, und die Erwachsenen saßen auf Stühlen hinter ihnen. Jo kam herein, las etwas vor und beantwortete die Fragen. Sie las etwas aus dem Kapitel ›Dobbys Warnung‹ aus dem zweiten Band, in dem Harry den Hauself Dobby auf seinem Bett im Ligusterweg Nummer vier entdeckt. Dann stellten die Kinder äußerst intelligente Fragen, was mich überraschte, aber offensichtlich waren sie alle Fans. Sie kannten alle Bücher und interessierten sich vor allem für die Namen. Wir erfuhren, das Dumbledore ein altes englisches Wort für Hummel war.

Ich hob meine Hand, um auch eine Frage zu stellen, und sie sagte ›sehr gut, es melden sich auch ein paar Erwachsene‹.

Ich fragte nach den Filmrechten: ›Ich habe gelesen, dass Sie sich für das niedrigere Angebot entschieden haben, weil sie dann ein Mitspracherecht haben. Sind Sie damit zufrieden?‹ Sie sagte, das wäre sie und setzte hinzu: ›Ich hoffe, Bobby Coltrane überreden zu können, Hagrid zu spielen, aber unglücklicherweise stand in einer Zeitung, dass Hagrid ein großes dickes Monster sei, was ihn vielleicht davon abbringen könnte.‹ Ich sagte ihr, der Journalist, der den Artikel geschrieben hätte, hätte das Buch ganz offensichtlich nicht gelesen. Das gefiel ihr.

Danach gab sie Autogramme. Meine Tante hatte eine Erwachsenenausgabe des *Stein der Weisen* mit, die gerade erst eine Woche zuvor herausgekommen war, und Jo sagte ihr, dass es das erste Exemplar sei, das sie signierte. Ich zeigte ihr einen Brief, den ich über das Buch geschrieben hatte und der im *Evening Standard* in London veröffentlicht worden war. Sie sah meinen Namen und konnte es gar nicht fassen. Dann sprang sie auf und umarmte mich vor allen anderen, sie erzählten allen, wer ich war, und was ich für Harry Potter getan hatte. Es war wirklich ganz reizend.«

Joanne hat niemals vergessen, welche Rolle Bryony bei ihrem Erfolg gespielt hatte, und sie war sehr verärgert, als eine Zeitung im Juli 2000 bei der Veröffentlichung des *Feuerkelch* Bryonys Rolle herunterspielte. Als sie Bryony am Tag der Buchveröffentlichung noch einmal traf, signierte sie ihre Ausgabe mit den folgenden Worten: »Für Bryony – die Harry Potter wirklich entdeckte ... J. K. Rowling.«

★ 9 ★

Miss Joanne Rowling geht es besser

»Miss, sind Sie Schriftstellerin?«

Für Joanne lief nicht alles perfekt. Die Freude, bei einer echten Literaturagentur untergekommen zu sein, wurde durch ein mörderisches Semester im Moray House gedämpft. Im zweiten Semester mussten die angehenden Lehrer »knallharte Aufgaben« bewältigen, wie es Joannes Lehrer Richard Easton formuliert. Erstens wird ein Video von ihnen gedreht, in dem sie ihre Schwächen erkennen können, um ihr Auftreten bei späteren Bewerbungsgesprächen zu optimieren. »Im zweiten Semester stehen die Studenten unter großem Druck«, gibt Richard Easton zu bedenken. »Nach Weihnachten haben die meisten Depressionen und eine Erkältung. Doch Ende des zweiten Semesters sind sie erst richtig fertig. Das gilt insbesondere für allein erziehende Eltern und aufstrebende Autorinnen.« Joanne musste mehrere Wochen in einer richtigen Schule arbeiten, wo man von ihr erwartete, dass sie sich »wie eine richtige Lehrerin« benahm. Sie bekam einen Platz in der St. David's Roman Catholic High School in Dalkeith, einer kleinen Stadt an der Bundesstraße A68, etwa acht Meilen südöstlich von Edinburgh. Das bedeutete einen sehr langen Arbeitstag, der einzige Vorteil war die Lage in einem Grüngebiet neben dem Newbattle Golfplatz und dem Benbucht Wald.

Für Joanne war es keine einfache Zeit. Sie wurde zweimal von Michael Lynch, einem Professor des Moray Houses geprüft. Bei der ersten Prüfung am 19. Februar gab er ihr eine gerade noch ausreichende Note in den Fächern Klassenbetreuung und Planung der Unterrichtsstunden. Die Klassenbetreuung beinhaltete für eine »zielgerichtete, ordnungsgemäße und sichere« Umgebung zum Lernen zu sorgen, auf die Kontrolle des Verhaltens der Schüler zu achten und das Aufrechterhalten des Interesses der Schüler sowie ihre Motivation. Joannes Noten lauteten im Einzelnen: Themen und Unterrichtsinhalt, ausreichend, Kommunikation, befriedigend, Methodik, befriedigend, Organisation, ausreichend, Einschätzungsvermögen, befriedigend, Schulwissen, befriedigend, Professionalität, gut/befriedigend. Hermine Granger hätte einen Nervenzusammenbruch erlitten.

Doch zwei Bemerkungen von Mr. Lynch gaben Grund zur Hoffnung. Er befand, dass sie gegenüber den Bedürfnissen der Schüler sehr offen war, und dass sie mit anderen Lehrern ausgezeichnet zusammenarbeiten konnte. Niemand erwartete von ihr, dass sie sofort eine ausgezeichnete Lehrerin wurde, doch die Noten waren eine Warnung, sich ranzuhalten, wenn sie den Abschluss schaffen wollte. Und die Warnung hatte den gewünschten Effekt. Acht Tage später, bei der nächsten Prüfung, war alles viel besser. Diesmal erhielt sie durchweg gute Noten, außer für ihre Kenntnisse über die Schule. Hierzu bemerkte Mr. Lynch, dass sie sehr wohl wusste, wie sie sich innerhalb der Schule Hilfe und Fachinformationen beschaffen konnte.

Ihm gefiel auch, wie sie einen zusammenhängenden Lehrplan aufstellte. Die Zeit, die Joanne abends, wenn Jessica schon schlief, damit verbrachte, sorgsam den Plan für die Stunden des nächsten Tages aufzustellen, zahlte sich aus. Mr. Lynch erwähnte auch Joannes interessante neue Ideen und wies erneut auf ihr großes Verständnis für die Bedürfnisse der Schüler hin. Die Schule befand ebenfalls, dass Joanne sich in der kurzen Zeit, die sie bei ihnen war, deutlich verbessert hatte, vor allem, was die Präsentation anging. Während der Prüfung wurde auch ihre Geduld und ihr Verständnis den Schülern gegenüber gewürdigt, auch wenn sie trotzdem immer auf einem gewissen Wissensstandard beharrte – möglicherweise Überreste aus ihrer eigenen Schulzeit mit ihrer Englischlehrerin Lucy Shepherd und durch die Erziehung ihrer Mutter Anne. Die Stärken, die Joanne im Unterrichten zeigte, waren ganz offensichtlich dieselben, die sich auch in ihren Büchern widerspiegeln: sorgfältige Planung, ein Verständnis für Kinder und was ihnen gefällt und viel Fantasie.

Das Sommersemester stand noch bevor, doch wenn Joanne weiter so gute Fortschritte machte, ließ sich ihre Karriere als Lehrerin genauso vielversprechend an wie die als Autorin. Für ihr sechswöchiges Praktikum fand sie diesmal einen wesentlich bequemeren Einsatzort, denn sie unterrichtete an der Leith Academy, die keine siebenhundert Meter von ihrer Wohnung entfernt war. Die Leith Academy, ein beeindruckendes modernes Architekturwunder gleich an der Easter Road, war 1991 eröffnet worden und hatte insgesamt tausend Studenten. Das Gebäude gleicht einem riesigen Gewächshaus voller labyrinthartiger Wege, an denen exotische Palmen und Farne wachsen – weit entfernt von den Holztischen, Tintenfässern und Kreidetafeln der traditionellen Schulen. Am wichtigsten war für Joanne, dass es dort eine Krippe für die Kinder der Angestellten und der älteren Studenten gab.

Als Referendarin fühlte Joanne sich an der Leith Academy sehr wohl. Sie mochte Schüler und Lehrer, und ihre Betreuerin Eliane Whitelaw war beeindruckt: »Sie unterrichtete in einigen meiner Stunden und war sehr gut. Sie war organisiert und professionell und hatte ein Gespür dafür, eine Beziehung mit Kindern aufzubauen. In der Klasse arbeitete sie wirklich ganz hervorragend.« Die Französischstunden waren locker und leicht, Joanne hatte während des Unterrichts einen schönen Blick auf einen kleinen grünen Garten und alles schien viel besser als an den meisten städtischen Schulen zu sein.

Joanne nahm die Vorbereitung ihrer Stunden äußerst genau. Sie musste alle Altersstufen von zwölf bis achtzehn Jahren unterrichten und hatte keine Angst, ihre eigenen Ideen in die Unterrichtsstunden einzubringen. Bestimmt sagte Joanne niemals: »Bitte schlagt Seite dreihundertvierunddreißig eurer Textbücher auf.« Für eine Stunde erfand sie ein faszinierendes Kartenspiel, das dem Spiel Quidditch vielleicht nicht das Wasser reichen konnte, aber doch ein Hinweis auf ihr Potenzial als Lehrerin war. Sie zeichnete alle Illustrationen selbst. Das Kartenspiel war für Gruppen von zwei oder drei Schülern geeignet. Die Karten waren alle illustriert und wurden auf zwei Stapel gelegt. Der Schüler, der an der Reihe war, nahm von jedem Stapel eine Karte und musste dann mit den beiden abgebildeten Dingen einen Satz bilden. Das ganze Spiel wurde auf Französisch gespielt. Konnte der Schüler den Satz bilden, durfte er die Karten behalten. Wenn nicht, wurden die Karten unter die jeweiligen Stapel zurückgelegt. Dann kam der nächste Spieler dran.

In Joannes Anleitung für das Spiel sagt Spieler A zu Spieler B: »*Qu'est-ce qu'on t'a offert?*« (Was hast du bekommen?) Spieler B nimmt das Bild von einem Pullover von einem Stapel und das seiner Großmutter vom anderen und sagt: »*Ma Grandmère m'a offert un pull*« (Meine Großmutter hat mir einen Pullover geschenkt), was eine gute Antwort ist, woraufhin er die Karten behalten darf. Dann fragt er Spieler C: »*Qu'est-ce qu'on t'a offert?*« Das Spiel geht weiter, bis alle Karten weg sind. Die Kinder in Leith reagierten gut auf Joannes Methoden, die viel lustiger waren, als einfach nur herumzusitzen und zu fragen: »*Quelle heure est-il?*« (Wie viel Uhr ist es?)

Joanne verwendete auch Karten und Diagramme, kryptische Kreuzworträtselhilfen, Artikel aus der Zeitschrift *Elle* und alle möglichen eigenen Illustrationen. Eine Aufgabe für die Studenten bestand darin, einen Dankesbrief an einen Cousin namens François zu schreiben, der ihnen ein Weihnachtsgeschenk geschickt hatte. Die Studenten durften sich selbst aussuchen, um was für ein Geschenk es sich handelte, Joanne schlug lediglich vor, dass sie ein paar ihrer Lieblingssachen in den Brief mit einfließen lassen sollten: *J'aime la couleur* (Ich mag die Farbe), *merveilleux* (wundervoll), *amusant* (lustig), *je l'adore* (ich liebe es). Joanne Rowlings Stunden waren sehr amüsant. Richard Easton erinnert sich, dass »Joanne sehr fantasievoll war. Ich glaube, das ist die wichtigste Eigenschaft, über die ein Lehrer verfügen muss. Manche Leute unterrichten nach Lehrbuch und damit hat es sich. Aber wer auch nur ein bisschen kreativ ist, kann sich alle möglichen interessanten Spielereien ausdenken. Ich erinnere mich noch an Joannes Zeichnungen. Sie nutzte ihre eigenen Talente als hilfreiches Unterrichtsmaterial. Das versuchen wir bei unseren neuen Lehrern am meisten zu fördern. Viele Schulen verwenden gar keine Textbücher mehr. Unsere Lehrer in Schottland müssen sich beispielsweise nicht wie die in England an einen Lehrplan halten. Wir haben eine standardisierte Abschlussprüfung, aber wie man zu der gelangt, liegt ganz beim Lehrer.«

Eliane Whitelaw gab Joanne siebenmal die Bewertung »sehr gut« – eindeutiges Zeichen für »außergewöhnlich gute Leistungen«. Insbesondere lobte sie Joannes Fähigkeit, Studenten mit besonderen Schwierigkeiten zu helfen. In Joannes Klassenzimmer gab es keine Idiotenreihe. Eliane fand, dass sie eine sehr gute Arbeitsatmosphäre in der Klasse schuf und dass sie dadurch den Schülern half, Selbstsicherheit und Unabhängigkeit zu erlangen. Als Lehrerin ist Joanne Rowling die Antithese zu Professor Snape in Hogwarts, der seine Schüler verächtlich behandelt und lächerlich macht, vor allen den armen Neville Longbottom.

Richard Easton besuchte die Schule und lobte in seiner letzten Prüfung, die er Joannes vor dem Abschluss abnahm, ihr Organisationstalent, ihre Kommunikationsfähigkeit und das große Interesse, das sie bei den Schülern erwecken konnte. Er selbst beobachtete etwas, das später auch in der Verlagswelt immer wieder beobachtet wurde: dass sie ausgesprochen professionell war. »Es sind reine Ammenmärchen, dass sie sich nicht auf die Stunden vorbereitete«, erklärt er. »Vielleicht brauchte sie dafür nicht so lange wie die anderen Lehrer, aber ich glaube, das lag nur daran, dass sie ihre Zeit so effektiv wie möglich nutzte.« In nur fünf Monaten wurde aus der Lehramtsanwärterin mit Benotung »ausreichend« eine erstklassige Lehrerin mit der Bewertung »sehr gut«. So hieß auch das Schulmotto der Leith Academy passenderweise »durchhalten«.

Im Juli 1996 legte Joanne ihre Prüfung als Lehrerin ab und bekam ihre Abschlussurkunde in der McEwan Hall überreicht, einem der Universitätsgebäude. Sie feierte mit ihren Professoren und den anderen frisch gebackenen Lehrern einen ganzen Tag lang am Strand von Seacliff. Dieser Ort ist wegen der Hexen von North Berwick in die Geschichte eingegangen: 1590 versammelten sich an Halloween Hexen und Hexer im Namen des Teufels, der in Wirklichkeit Francis Stuart, Earl of Bothwel hieß, an der Church of St. Andrews. Er wollte genügend Hexenkraft versammeln, um einen Sturm zusammenzubrauen, der König James VI. ertrinken lassen sollte, wenn er aus Dänemark zurückkam. Es funktionierte nicht, doch viele der Hexen wurden später gefoltert, verurteilt und wegen ihrer Teilnahme hingerichtet. Historisch betrachtet geht es bei der Hexerei und Zauberei nicht einfach nur um lustiges Herumfliegen auf Besenstielen.

Die Studenten von Moray House genossen den schönen Tag, sie schwammen und machten Picknick. Für Joanne war ein Tag am Meer etwas Seltenes, vor allem ohne Jessica. Am

Ende des Tages gingen sie alle, wie Studenten das eben tun, zum Curry-Essen ins King's Balti in der Buccleuch Street südlich der Universität. Richard Easton erinnert sich an das längste Gespräch, das er je mit Joanne geführt hat. »Sie war ziemlich zickig und ich sagte zu ihr, ›du musst dich nicht verteidigen. Niemand will dich niedermachen‹. Darauf antwortete sie, ›ich weiß, manchmal reagiere ich etwas zu heftig‹.«

Am Ende dieses schwierigen akademischen Jahres hatte Joanne ihr Leben verändert. Bald schon sollte sie eine veröffentlichte Autorin sein, was für sie bedeutete, dass ein Traum wahr geworden war, auch wenn sie damit kein Geld verdienen würde. Und sie hatte ein Zertifikat, das Postgraduate Certificate of Education. Sie konnte sich beim General Teaching Council anmelden und in Schottland als Lehrerin arbeiten. Sie konnte sich zudem als Vertretung in Edinburgh registrieren lassen und auf ein passendes Angebot warten, um dann eine Vollzeitstelle anzunehmen. Sie hatte begonnen, den zweiten Band ihrer Harry-Potter-Saga zu schreiben. Im Computersaal des Moray House tippte sie ihre Notizen für das Buch ab, das später *Harry Potter und die Kammer des Schreckens* werden sollte. Das war allemal besser, als ihre Stunden vorzubereiten.

Joanne war im Begriff, ihren Lebensunterhalt als Lehrerin zu verdienen. Sie hatte nicht das schwierigste Jahr ihres Lebens durchgestanden, um dafür nur einen Anteil an eintausendfünfhundert Pfund zu bekommen. Allerdings gibt es nur wenig Dinge, die so aufregend sind, wie darauf zu warten, zum ersten Mal das eigene Buch im Laden stehen zu sehen. »Ich empfand die reinste, ungetrübteste Freude, als letztlich feststand, dass es ein Buch werden würde, ein echtes Buch, das man im Laden im Regal stehen sehen konnte«, erinnert sich Joanne. Aber bis dahin sollte noch ein Jahr vergehen, und sie brauchte Geld, um Jessica zu ernähren und einzukleiden, vor allem jetzt, wo sie keine Sozialhilfe mehr bekam.

Eine Vertretung für Lehrer, die krank oder anderweitig beschäftigt sind, wird nicht gut bezahlt, aber immerhin war es besser als früher, wo sie allein in der Wohnung herumsaß. Jessica war inzwischen drei Jahre alt, also musste sich Joanne noch keine Sorgen um die Grundschule machen, obwohl es eine in der Nähe gab.

Mit etwas Glück bekam sie eine Stelle an der Leith Academy. Das war die nächstgelegene Schule, und sie hatte sich mit Eleane Whitelaw angefreundet. Eleane war eine qualifizierte, erfahrene Lehrerin, obwohl sie ein oder zwei Jahre jünger als Joanne war. Die beiden Frauen trafen sich nach der Schule auf einen Kaffee und Eliane half Joanne, ihre Stunden vorzubereiten. In der Leith Academy gibt es gewisse Regeln, die von Mitarbeitern, Schülern und Eltern eingehalten werden müssen, die auch für Hogwarts durchaus nicht schlecht wären: »Lernerfolg für alle; gegenseitiger Respekt und Hilfe; individuelle Entwicklung und individuelle Bedürfnisse; Ehrlichkeit und Fairness in unserem Tun.« Eines Tags tauchte in Joannes Klasse ein Mädchen auf, das weder Stift noch Papier dabeihatte. Miss Rowling bat sie, sich Stift und Papier aus dem Lehrertisch zu holen. Sie erzählte später dem *Guardian*: »Sie blieb ewig an dem Tisch stehen, also drehte ich mich schließlich um und sagte: ›Maggie, gehst du bitte zurück und setzt dich?‹« Maggie hatte Joannes Geheimnis zwischen den Papieren auf dem Tisch entdeckt und fragte nun: »Miss, sind Sie Schriftstellerin?« »Das ist bloß ein Hobby«, murmelte Miss Rowling peinlich berührt.

Richard Easton erinnert sich, sie einmal in der Innenstadt von Edinburgh getroffen zu haben. Er fragte, wie es ihr ginge. Sie erzählte ihm, dass sie im Café ihres Schwagers ein Buch geschrieben hätte, das bald veröffentlicht würde. Das war, lange bevor sich die Presse für das Nicolsons oder dessen berühmte Autorin interessierte. Doch Richards Erinnerung straft die Theorie Lügen, dass Joannes Verlag sich die

Geschichte mit dem Café als Teil der Marketingstrategie ausgedacht hätte.

Joanne musste Geld verdienen. Sie tat gut daran, *Harry Potter und die Kammer des Schreckens* zu schreiben, und Christopher Little machte ihr Mut. Doch Jessica und sie konnten schließlich nicht allein von Luft und Liebe leben. Das Lektorat des ersten Bandes verlief schmerzlos. Bryony Evans erinnert sich noch, wie verblüfft sie war, als das erste Buch fast ohne Korrekturen erschien. Barry Cunningham sagte dazu, dass er das Manuskript bloß »geglättet« hätte. Der berühmte erste Absatz beispielsweise blieb genau so, wie Bryony ihn zuerst gelesen hatte. Die größte Veränderung an dem Buch war, dass Joanne Rowling sich jetzt J.K. Rowling nannte. Das war Christopher Littles Idee gewesen. Er hatte Fachleuchte aus dem Kinderbuchbereich konsultiert und in Erfahrung gebracht, dass Mädchen zwar Bücher von männlichen Autoren lesen, Jungs aber kein Buch von einer Frau in die Hand nehmen. Er riet Joanne deswegen, Initialen plus Nachname zu wählen. J. Rowling alleine klang nach zu wenig Substanz. J.R. Rowling klang wie eine Figur aus Dallas, J.R.R. Rowling grenzte an J.R.R. Tolkien, also dachten sie noch eine Weile darüber nach und kamen schließlich auf J.K. Rowling. Das geht glatt von der Zunge, weil es zwei aufeinander folgende Buchstaben im Alphabet sind, und Joanne gefiel die Vorstellung, den Vornamen ihrer Großmutter Kathleen zu ihrem eigenen hinzuzufügen. Das einzige Problem bestand darin, dass sie sich jetzt an den Küchentisch setzen und ihre neue Unterschrift üben musste. Ihr ganzes Leben hatte sie entweder mit Joanne Rowling oder nur J. Rowling unterschrieben. Jetzt musste sie mit J.K. Rowling klarkommen. Sie hatte ja nicht die geringste Ahnung, wie oft sie diesen Namen noch schreiben würde.

Unerwartet hörte Joanne von einem Stipendium des Scottish Arts Council für Schriftsteller. Die einzigen Bedingungen, um sich bewerben zu können, waren, dass man in Schottland lebte und bereits etwas veröffentlicht hatte. Genau genommen erfüllte Joanne zwar nur die erste Bedingung, aber sie hatte das Glück, in Jenny Brown, der Leiterin des Council, auf eine nette Gesprächspartnerin zu treffen. Sie erklärt: »Wir beschlossen, dass Joanne ein Recht auf Förderung hatte, weil sie bereits einen Vertrag mit Bloomsbury besaß. Sie wollte mit Hilfe des Stipendiums ihr zweites Harry-Potter-Buch schreiben.«

Ermutigt durch Barry Cunningham reichte Joanne einen Antrag ein, in dem sie beschrieb, was sie vorhatte und wofür sie das Geld brauchte. Sie bat das Scottish Arts Council zu berücksichtigen, dass sie Kinderbetreuungskosten hatte und keine regelmäßige Arbeit als Lehrerin. Jenny bat Joanne zu einem Gespräch in ihr Büro in Manor Place in der Nähe der Princes Street. Joanne berichtete Jenny, dass sie vorhatte, insgesamt sieben Bücher zu schreiben. Sie hatte vierzig Seiten vom *Stein der Weisen* bei sich und Jenny ist auch heute noch ganz begeistert davon, dass sie zu den ersten Menschen gehört, die in dem Buch lesen durften. Sie war beeindruckt und wählte Joanne unter vierzig Bewerberinnen für die jährlich zehn Stipendien aus.

Eine Jury, die sich nicht mit Joanne persönlich treffen musste, entschied über ihre Bewerbung. Bald erfuhr sie per Post, dass sie die höchstmögliche Unterstützung von achttausend Pfund erhalten würde. Schon sehr früh erhielt sie so den Beweis, wie gut ihre Arbeit aufgenommen wurde, und die Geldsumme, die sie erhielt, war die höchste, die Joanne bis dahin jemals bekommen hatte. Lustig ist, dass das Stipendium über siebentausend Pfund an July Bertagna ging, die ebenfalls eine sehr erfolgreiche Teenager-Autorin wurde. Sie hat unter anderem den Titel *Soundtrack* geschrieben. Joanne hat niemals die Unterstützung vergessen, die Jenny und ihr Team ihr zuteil werden ließen, und sie war natürlich gern bereit, bei der Veröffentlichung der durch den Council organisierten Blindenschrift-Fassung von *Harry Potter und der Stein der Weisen* aufzutreten. Mittlerweile ist Joanne mit zwei Scottish Arts Council Book Awards ausgezeichnet worden, und 2001 gab sie ihr Preisgeld über tausend Pfund als Spende weiter, um junge Autoren zu unterstützen. Das Stipendium war ein weiteres Beispiel dafür, dass es mit Joannes Leben nun bergauf zu gehen schien. Mit einem Stipendium erhält man eine unglaubliche Chance – und anders als bei Studienunterstützungen muss es nicht zurückgezahlt werden, selbst dann nicht, wenn man hundert Millionen Bücher verkauft hat.

Jeder Schritt, den Joanne in dieser Zeit unternahm, war ein weiterer Schritt in Richtung der Erfüllung ihres Traumes, hauptberuflich Schriftstellerin zu werden. Einmal wurde sie zu einer »Bloomsbury Road Show« im Café Royal in Edinburgh eingeladen, wo der Verlag den wichtigsten Literaturkritikern Schottlands seine Autoren vorstellte. Sie hatten schon ein Manuskript an die wichtigsten Rezensenten verschickt, darunter Lindsey Fraser, Executive Director des Scottish Book Trust, einer Organisation, die Lesen mit Hilfe von Büchern fördert. Die Aufgabe des Trust ist, Bücher zu empfehlen, die vor allem Kindern gefallen könnten. In der harten Verlagswelt ist so eine Empfehlung eine wichtige Feder am Hut eines bislang unbekannten Autors. Lindseys Fachgebiet waren Kinderbücher, also war sie ein gutes Barometer dafür, wie ein neuer Titel ankommen könnte. Sie sagt: »Ich fand das Buch originell, witzig, ambitioniert und substanziell. Aber ich hätte nie gedacht, dass die Dinge sich so entwickeln würden, wie sie es letztendlich taten.«

Joanne wurde Lindsey bei einem Treffen vorgestellt, welches erst Jahre später seine Früchte tragen sollte, als nämlich die inzwischen berühmte J.K. Rowling bereit war, sich für die Reihe *Telling Tales* interviewen zu lassen, die bei dem

Verlag Egmont unter dem Namen Mammoth gedruckt wurde. Es handelt sich dabei um ungezwungene Plauderstündchen mit Kinderbuchautoren, die so die Möglichkeit haben, sich an ihre Leserschaft zu richten. Lindsey hatte den Vorteil, dass sie »aus der Gegend« war und bereits ein weiteres Interview für diese Serie veröffentlicht hatte: *An Interview with Theresa Breslin*, Autorin von *Kezzie* und *The Dream Master*. Lindsey weiß noch, »dass Jo zu dieser Serie nicht überredet werden musste, denn es richtete sich schließlich an ihre Leser, und denen war sie stets sehr verbunden«. Das Gespräch wurde zu einem der aufschlussreichsten Interviews, die Joanne je gegeben hatte.

Das Erste, was Joanne sich mit den achttausend Pfund aus dem Stipendium kaufte, war ein Computer, damit sie endlich nicht mehr auf ihrer alten, gebrauchten Schreibmaschine die Seiten immer wieder neu abtippen musste. Trotzdem verlor sie nie die Angewohnheit, in einer Ecke des Nicolsons oder eines anderen Cafés zu sitzen und sich per Hand Notizen zu machen. Kaum bekannt ist, dass Joanne alle Harry-Potter-Bücher gleichzeitig in Form von Notizen verfasste: So erfindet sie zum Beispiel eine Geschichte für ihre Figuren und legt sie nach ihrem narrensicheren System in einer Schuhschachtel ab, auch wenn die Figur in einem bestimmten Buch vielleicht gar nicht benötigt wird. Bryony Evans erklärt dazu: »Sie hat sich immer über alles Notizen gemacht, in denen sie dann für spätere Bücher nachlesen kann. Im ersten Buch liefert Hagrid beispielsweise Harry als Baby mit dem Motorrad ab, das ihm der Junge Sirius Black geliehen hatte. Später, im dritten Band, erfahren wir mehr über Sirius Black und sein Motorrad, das er Hagrid gibt, und es fällt einem wieder ein, dass man schon einmal darüber gelesen hat. Ich habe keine Ahnung, wie sie die Übersicht behält.«

Harry Potter und der Stein der Weisen erschien am 26. Juni 1997 sowohl als Hardcover als auch als Taschenbuch – inzwischen waren sieben lange und harte Jahre vergangen, seit Joanne auf der Zugfahrt von Manchester nach London zum ersten Mal die Idee für diese Bücher gehabt hatte. Nun war ihr Traum Wirklichkeit geworden. Das Hardcover wurde in einer Auflage von fünfhundert Stück gedruckt. Barry Cunningham hatte persönlich die Illustration auf dem Umschlag ausgesucht. Er wollte sie angenehm und charmant und nicht zu glatt haben, und sie sollte Harry Potters Humor widerspiegeln. Thomas Taylors Bild des Schuljungen mit der dicken runden Brille und der blitzförmigen Narbe auf der Stirn, der vor einem knallroten Zug steht, an dem das Schild Hogwarts-Express prangt, mag vielleicht zum berühmtesten Buchcover aller Zeiten geworden sein.

Joanne war so aufgeregt, dass sie den ganzen Tag mit dem Buch unter dem Arm durch Edinburgh spazierte. Barry erzählte sie, dass sie das Gefühl hatte, als hätte sie noch ein Baby bekommen. Lindsey Fraser erzählte sie hingegen, dass die ersten Worte, die Jessica sprechen konnten »Harry« und »Potter« gewesen seien und dass sie sie ganz freiwillig in jedem Buchladen herausposaunte: »Ich bin mir sicher, dass die Leute glaubten, ich hätte ihr das irgendwie beigebracht.«

Für die Veröffentlichung des ersten Buches wurde nicht besonders die Werbetrommel gerührt. Die Kombination unbekannte Autorin und Internatsgeschichte mit Zauberlehrling war nicht unbedingt das, was Literaturkritiker aufhorchen ließ. Barry verfügte nur über ein sehr geringes Budget – es war so gering, dass er noch nicht einmal für die US-Rechte mitbieten konnte – und konnte das Buch in diesem Stadium darum auch nicht ordentlich vermarkten. Stattdessen versuchte er, Leute zu kontaktieren, von denen er wusste, dass ihnen das Buch gefallen könnte. Im *Scotsman* wurde es positiv besprochen und als »eine erfreulich frisch und abwechslungsreich erzählte Geschichte in einer Zeit der formelhaften Grusel- und Kitschromane« beschrieben.

Die *Sunday Times* erwähnte es ebenfalls positiv und bemerkte vor allem, dass es eine »witzige, fantasievolle, magische Geschichte für alle von zehn bis hundert« sei. Natürlich war die Hauptzielgruppe von Harry Potter zwischen neun und dreizehn, doch Joanne konnte den Durchbruch als Kinderbuchautorin vor allem dann schaffen, wenn das Buch auch Erwachsenen gefiel. Die Zeitung fasste kurz die Geschichte zusammen: »Harry Potter wird als Kind bei seinen widerlich-dämlichen, ekelhaften Verwandten abgeladen, jedoch zu seinem eigenen Schutz: Er ist ein Kind der Zaubererwelt. An seinem elften Geburtstag kommen die Zauberer, um ihn mit fort zu nehmen und für seine Bestimmung auszubilden. Es ist eine Geschichte voller Überraschung und Witz, die zeitweise sogar den Vergleich mit Dahl rechtfertigt.« Seltsamerweise gehört Roald Dahl nicht gerade zu Joannes Lieblingsautoren.

Drei Tage nach der Veröffentlichung von *Harry Potter und der Stein der Weisen* schlug das Schicksal auf eine ungewöhnliche und unerwartete Weise zu. Das Telefon klingelte in South Lorne Place Nummer sieben. Es war Christopher Little, der aus New York anrief und erklärte, dass es eine Auktion gäbe, auf der die Buchrechte für den amerikanischen Markt versteigert werden sollten und alles sehr vielversprechend aussähe. Joanne erinnert sich später in einem Gespräch mit dem Online-Magazin *Salon* daran: »Eine Auktion? Dabei dachte ich an ›Sotheby's, Christie's und Antiquitäten‹. Was bedeutete das? Dann erst wurde mir klar, dass es mein Buch war, das versteigert werden sollte.« Christopher sagte, er würde Joanne auf dem Laufenden halten. Hinter den Kulissen war Arthur A. Levine, Lektoratsleiter von Scholastic Books, eine der Schlüsselfiguren. Durch Zufall hatte Janet Hogarth Bloomsbury verlassen und angefangen, bei Scholastic zu arbeiten, und sie hatte Levine gebeten, sich *Der Stein der Weisen* anzuschauen. Er las es also auf dem Flug von New York zur Kinderbuchmesse in Bologna in Italien und erkannte sofort, dass es sich unglaublich gut für den amerikanischen Markt eignen würde. Er war nicht der einzige amerikanische Lektor, der beeindruckt war, aber er war der einzige, der hunderttausend Dollar bieten konnte. Der *New York Times* erzählte er: »Es ist einfach schrecklich, wenn man immer weiter und weiter bietet und der Preis immer weiter nach oben geht. Wenn man einfach sagt, ›ich finde den Roman von dieser unbekannten Frau aus Schottland toll und möchte ihn veröffentlichen‹, ist das etwas ganz anderes, als wenn die Gebote ständig weiter steigen. Findet man das Buch für fünfzigtausend oder siebzigtausend Dollar dann immer noch so toll?«

Joanne hatte das Glück, dass Mr. Levine ihr Buch für hunderttausend Dollar toll fand, obwohl er selbst zugeben musste, dass er noch nie zuvor so viel für ein Buch bezahlt hatte, und dass er ein großes Risiko dafür einging. Selbst Christopher Little, der sich seiner zwanzig Prozent bewusst war, klang nicht so gelassen wie sonst, als er Joanne anrief, um ihr mitzuteilen, dass Mr. Levine von Scholastic Books eine sechsstellige Summe für das Buch geboten und Joanne anrufen würde, um ihr dafür zu gratulieren – und zwar in zehn Minuten. »Ich starb fast vor Aufregung«, sagte sie später. Mr. Levine erinnert hingegen: »Wir hatten ein sehr nettes Gespräch. Ich sagte zu ihr, dass sie keine Angst zu haben brauchte, doch sie antwortete mir, dass sie die hatte. Dann sagten wir beide, jetzt, wo wir so viel dafür bezahlt hatten, müssten wir uns darauf konzentrieren, dass das Buch das Geld wieder einspielte.«

Dieser Augenblick veränderte Joanne Rowlings Leben. In einem Artikel, den sie für die *Sunday Times* schrieb, erinnert sie sich an jenen Abend zurück: »Ich lief stundenlang nervös durch die Wohnung, ging um zwei Uhr nachts ins Bett und wurde früh am nächsten Morgen vom Telefon geweckt. Es hörte eine Woche lang nicht auf zu klingeln.« Die Presse erkennt eine Geschichte, wenn man sie ihr vor die Nase hält, und »arme, allein erziehende Mutter bekommt sechsstellige Summe für Buch« liegt gleichauf mit »Lotteriegewinner kann sich lebensrettende Operation für kleines Kind leisten«. Joannes Lebensumstände in Edinburgh waren für die Presse ein gefundenes Fressen, das es auszuschlachten galt.

Die Zeitungen liebten die Geschichte. Die *Daily Mail* erklärte: »Eine arme, frisch geschiedene Mutter hat ihr erstes Buch für hunderttausend Pfund verkauft.« Joanne war nicht unbedingt mittellos, immerhin hatte sie achttausend Pfund vom Scottish Arts Council erhalten; sie war seit fast genau zwei Jahren geschieden, und das Buch war für hunderttausend Dollar und nicht hunderttausend Pfund verkauft worden. Immerhin stimmte, dass sie Mutter war. Joannes Leben wurde bereits zu einer Fantasiegeschichte aufgebauscht, alle wichtigen Ereignisse ihres Lebens wurden zuerst versimpelt und dann übertrieben. Die Zeitungen hatten schon bald die Information, dass sie in einem Café schrieb, während Jessica schlief, und dass sie in einer eiskalten, grottenartigen Bude hauste.

Wäre das Harry-Potter-Fieber auch dann ausgebrochen, wenn Scholastic weniger als hunderttausend Dollar für das Buch bezahlt hätte? Hätte Scholastic nur fünftausend Dollar gezahlt, wäre die ganze Sache mit Sicherheit nicht so interessant gewesen. Aber nachdem so viel Geld auf dem Spiel stand, musste das Buch ein Erfolg werden. Waren die hunderttausend Dollar gut angelegt worden? Viele so genannte Experten zweifelten an der US-Erstauflage von fünfhunderttausend Exemplaren, einer sehr hohen Zahl für ein Erstlingswerk. Das Buch stand auf Platz hundertfünfunddreißig der Bestsellerlisten, doch wie zuvor in Großbritannien, stieg die Beliebtheit des Zauberlehrlings schnell an. Ende 1999 belegten die Harry-Potter-Bücher drei der ersten vier Plätze in den

Bestsellerlisten des Jahres und waren damit das Verlagsäquivalent zu den Beatles.

Christopher Little erzählte der Presse, dass der Vertrag mit Scholastic »unglaublich« für ein Kinderbuch sei. Er war ganz offensichtlich selbst beeindruckt. Um aber einmal einen Vergleich zu ziehen: Die Lynne Reid Bank bekam sechshundertsiebzigtausend Dollar für den Verkauf der amerikanischen Rechte an ihrem dritten Teenager-Roman *Der Indianer im Küchenschrank*, den McIntosh and Otis bei einer Auktion in New York Anfang der Neunzigerjahre verkauft hatten. Aber Joannes Vertrag war zweifellos ausgesprochen großzügig für eine unveröffentlichte Kinderbuchautorin. Großzügig genug, dass der Wahnsinn beginnen konnte.

★ ★ ★

Zwei Wochen nach der Veröffentlichung von *Harry Potter und der Stein der Weisen* schickte Joanne das Manuskript für den zweiten Band der Abenteuer des Zauberlehrlings an ihren Verlag. Die Arbeit daran fiel ihr schwerer als beim ersten Band, und sie befürchtete, dass er nicht so gut ankommen würde. Sie überredete Bloomsbury sogar, ihr noch einmal sechs Wochen einzuräumen, damit sie an dem Text feilen konnte. Mittlerweile hatte Barry Cunningham Bloomsbury verlassen. Sein Vertrag mit der Firma hatte drei Jahre gedauert und er wollte aufs Land ziehen. Er führt nun seine eigene Firma, den Verlag The Chicken House, der Kinderbücher in Großbritannien und den USA veröffentlicht. Auch heute noch ist er sehr stolz auf seinen Beitrag zur Harry-Potter-Geschichte und darauf, dass das Buch den Titel *Hannibal Lecter* von der Spitze der Bestsellerlisten vertrieb. Kurz nachdem er den Verlag verlassen hatte, besuchte er am Tag der offenen Tür eine Schule und bemerkte ein junges Mädchen, das eine Erstausgabe vom *Stein der Weisen* bei sich trug: »Ich wollte gerne wissen, wie es ihr gefiel, also fragte ich sie. Ich werde nie vergessen, wie sie das Buch an sich drückte und leise sagte: ›Ich liebe dieses Buch.‹«

Joanne hat Barrys Beitrag zum Erfolg der Harry-Potter-Bücher niemals vergessen und ihn bei den Projekten seiner neuen Firma immer gern unterstützt.

Inzwischen hatte der Strudel der Ereignisse ihr Leben so verändert, dass sie einer nationalen Zeitung endlich ihr erstes großes Exklusivinterview geben musste. In Nigel Reynolds, dem weltoffenen, witzigen Feuilletonkolumnisten des *Daily Telegraph*, der bestverkauften Boulevardzeitung Großbritanniens, fand Bloomsbury einen angenehmen Gesprächspartner, und in Begleitung von Rebecca Wyatt, der Pressedame von Bloomsbury, fuhr Joanne in das Büro des *Telegraph* in Londons Docklands. Reynolds mochte sie: »Es machte Spaß. Ich weiß noch, dass ich ihr sagte, dass sie in Zukunft andauernd alle möglichen Fragen gestellt bekäme. Sie war ein bisschen ängstlich und muss irgendwie deutlich gemacht haben, dass ihr das alles schwer fiel, denn ich sagte ihr, dass, wenn alles gut ginge, sie bald die Öffentlichkeit besitzen würde. Es schien, als machte ihr das Sorgen. Insgesamt war sie eher ernst und besorgt darüber.«

Nigel und Joanne plauderten über die »gepotterte Biografie«, die Bloomsbury den Journalisten zur Verfügung gestellt hatte. Dazu bemerkte er, dass »wenn man sie las, der Eindruck entstand, als würde Joanne in einer kleinen dunklen Wohnung leben, für die sie sich noch nicht einmal die Heizung leisten konnte. Sie selbst betätigte alles, was man uns schon gesagt hatte, denn sie und die PR-Dame hatten die Geschichte absolut wasserdicht gemacht. Sie erzählte auch von dem Baby im Kinderwagen – die Geschichte, die wir jetzt alle kennen. Schon von Anfang an sprach sie davon, dass die Harry-Potter-Bücher als Reihe erscheinen sollten. Was ihr Privatleben betraf, so war sie sehr zurückhaltend. Sie sprach beispielsweise nicht davon, weshalb sie Portugal verlassen hatte.«

Reynolds war von ihrer Professionalität, die sie von Anfang an im Umgang mit den Medien hatte, beeindruckt: »Ich hatte nicht das Gefühl, dass sie glücklich war. Glücklich sah sie weiß Gott nicht aus. Ich wusste, dass es ihr in Schottland nicht gut ergangen war, aber auf mich machte sie den Eindruck, als laste die ganze Welt auf ihren Schultern. Seitdem habe ich immer das Gefühl gehabt, als sei sie vom Leiden der Welt erfüllt.«

Der *Telegraph* wollte natürlich ein Foto, auf dem sie mit einer Tasse Kaffee zu sehen war, also setzten sie sich alle in ein Taxi und fuhren in ein Straßencafé in Covent Garden. Weit weg von den Pressebüros hatte Joanne nun begonnen sich zu entspannen, dennoch war sie nicht die glatte, gestylte Person, die seitdem auf tausend Fotos absichtlich so missmutig dreinschaut. Auf dem Foto, das mit dem Artikel veröffentlicht wurde, kann man ein zartes Lächeln unter ihrem dunkelroten Haar erkennen, und wie gewöhnlich lugt unter ihrer Haarpracht nur der rechte Ohrring hervor. Sie hatte Glück, in Nigel Reynolds jemanden gefunden zu haben, der mit ihr eine Zigarette nach der anderen rauchte und fröhlich paffend noch eine Stunde Capuccino trank.

Wie erste Interviews so sind, war auch dieses relativ schmerzlos abgelaufen, doch mit einem hatte Reynolds Recht, Joanne hat es nie besonders gemocht, wenn die Öffentlichkeit sich für sie interessierte. Zu einer der wenigen Auseinandersetzungen, die sie je mit Christopher Little hatte, kam es, weil er ein paar Interviews organisiert hatte, die sie prompt absagte, als sie davon erfuhr. Genau zehn Tage nach der Veröffentlichung ihres ersten Buches war Joanne »Aufmacher« auf Seite drei im *Telegraph*, ein beeindruckender Beweis für ihre beginnende Karriere, und der Artikel war im Grunde die Vorlage für alle weiteren Versionen von Joannes Leben, die

Legende von J.K. Rowling: »Sie fuhr Jessica in ihrem Buggy durch die Straßen, bis sie einschlief. Sie nahm das schlafende Kind mit in ein Café, bestellte einen Kaffee, breitete ihre Zettel auf dem Tisch aus und schrieb fieberhaft, bis ihre Tochter aufwachte.« Die romantische Geschichte der mittellosen, geschiedenen Frau, die den Jackpot gewonnen hatte, wurde den harten Zeiten, die Joanne tatsächlich durchlebt hatte, nicht wirklich gerecht.

Doch diese Story war erfolgreich. Das nächste Mal, dass Reynolds über sie schrieb, war beinahe ein Jahr später, sechs Tage nach der Veröffentlichung von *Harry Potter und die Kammer des Schreckens*. In seinem Artikel schrieb er, dass zum ersten Mal ein Kinderbuch an der Spitze der britischen Bestsellerliste stand. In beiden Artikeln erwähnte er, dass sich Filmfirmen für Harry Potter interessierten. Aber zum nächsten wichtigen Ziel, das Joanne Rowling erreichen wollte, gehörte sicher nicht Hollywood. Sondern Hazelbank Terrace Nummer neunzehn.

⋆ 10 ⋆

Unterwegs

»Ich weiß noch, wie sehr mich Joanne Rowlings natürlicher Umgang mit ihrer Tochter beeindruckte.«

Harry Potter und der Stein der Weisen stand seit Veröffentlichung auf der Booktrack Bestsellerliste. Das Buch hatte vielleicht nicht von Anfang an Kultstatus, aber allein im ersten Jahr wurden in Großbritannien siebzigtausend Exemplare verkauft und es gewann den Smarties-Preis für Kinderliteratur. Doch Tantiemen brauchen immer lange, bis sie den Autor erreichen. Joannes Tantiemenscheck für die ersten sechs Monate betrug achthundert Pfund, worüber sie sich sehr freute, denn sie hatte »gar nicht erwartet, überhaupt Geld damit zu verdienen«. Der zweite Scheck ging schon über zweitausend Pfund. Als ihr zweites Buch, *Harry Potter und die Kammer des Schreckens*, auf Platz eins der Bestsellerliste landete, hatte Joanne insgesamt gerade einmal zweitausendachthundert Pfund an Tantiemen eingenommen.

Der Vertrag mit Scholastic bedeutete aber echtes Geld, und Joanne wusste, was sie als Erstes mit ihrem Anteil anfangen würde: South Lorne Place verlassen. Sie hatte sich dort immer schon ein bisschen Sorgen um ihre Sicherheit gemacht, und ein versuchter Einbruch und ein zerbrochenes Fenster ließen sie zu dem Schluss kommen, dass sie eine neue Wohnung brauchte. Ihre Schwester Di, die nicht mehr als Krankenschwester arbeitete, sondern jetzt Jura studierte, lebte immer noch mit ihrem Mann Roger in der Marchmont Road, also begann Joanne in der näheren Umgebung nach einer neuen Wohnung für sich und Jessica zu suchen, die entweder nur einen kurzen Fußweg oder höchstens fünf Minuten mit dem Taxi entfernt war. Joanne hat nie den Führerschein gemacht, doch als es ihrem Konto besser ging, konnte sie es sich leisten, mit dem Taxi durch Edinburgh zu fahren, statt zu Fuß zu gehen oder mit ihrer vierjährigen Tochter in die Busse zu steigen. Sie wollte höchstens vierzigtausend Pfund ausgeben, doch am wichtigsten war ihr, etwas in der Nähe einer Grundschule mit gutem Ruf zu finden.

Da bot sich die Craiglockhart Primary School in Ashley Terrace an. Sie ist nur ein paar Meter von der Lockhart Bridge entfernt, die über den Union Canal führt und sehr geeignet ist für einen schönen Nachmittagsspaziergang einer jungen Mutter mit ihrem Kind. Zwei Ecken von der Schule entfernt fand Joanne in Hazelbank Terrace ein Apartment, das zum Verkauf stand. Die Wohnung befand sich in einem ordentlichen Arbeiterviertel mit netter Atmosphäre, wo die Kinder auf ihren Fahrrädern die Sackgasse rauf und runter fuhren. Joanne gefiel es dort von Anfang an. Die Häuser waren schmal und hatten zwei Stockwerke und die kleinen Vorgärten reichten bis an die Straße heran. Für jemanden, der sich zum ersten Mal ein Haus kaufte, war diese Wohnung gut geeignet. Die Nachbarschaft war eine angenehme Mischung aus Leuten, die schon seit über dreißig Jahren im selben Haus lebten, und Familien mit kleinen Kindern, von denen die meisten auf die Craiglockhart Primary School gingen. Joanne hat nie verraten, wie sie auf den Namen Gilderoy Lockhart gekommen ist, den eitlen Lehrer, der eine ihrer schönsten und lustigsten Figuren ist, aber immerhin war »Lockhart« ein Name, den sie nunmehr tagtäglich hören sollte.

Als Joanne aus Leith wegzog, vergoss sie keine Träne. In den folgenden Jahren konnte sie es sich leisten, in die teuren

Restaurants und Bistros am Shore zu gehen, an denen sie bislang nur hatte vorbeigehen können, um ein wenig neidisch auf die Speisekarten zu schauen. Sie zog rechtzeitig nach Hazelbank Terrace um, damit Jessica im September 1998, kurz nach ihrem fünften Geburtstag, mit der Schule beginnen konnte. Niemand in der Straße oder in der Schule wusste damals, dass Joanne eine Bestsellerautorin war. Die Mütter, die mit Joanne am Nachmittag am Schultor warteten, hatten keine Ahnung, dass das Buch, das ihre kleinen Schätzchen umklammerten, von der Frau geschrieben war, die so fröhlich mit ihnen plauderte. Eine Mutter gestand, dass sie nie den Mut gehabt hätte, mit Joanne zu reden, wenn sie gewusst hätte, dass sie J.K. Rowling war. Joanne war auf den Ruhm nicht vorbereitet und genoss seine klaustrophobische Umarmung keineswegs. Der *Sunday Times* erzählte sie: »Ich hätte nie gedacht, dass sich jemand für mich persönlich interessieren würde. In meinen kühnsten Träumen hatte ich mir nie mehr als die Veröffentlichung meines Buches und eine Kritik in einer guten Zeitung ausgemalt.«

Joannes neues Heim befand sich im oberen Stockwerk eines Hauses. Sie hatte eine eigene rote Eingangstür, die sich direkt zu einer Treppe öffnete, die nach oben in die zwei Schlafzimmer, eine Küche und ein Wohnzimmer führte. Es gab einen umgebauten Dachboden, so dass Joanne zum ersten Mal so etwas wie ein Büro hatte, obwohl Jessica dort auch Nintendo und andere Computerspiele spielte, sobald sie die Gelegenheit dazu hatte. Und zum ersten Mal hatte Jessica auch ein eigenes Zimmer.

Der kleine Vorgarten war gepflastert, was Joanne gut gefiel, denn im Gegensatz zu ihrer Mutter hatte sie keine Lust auf Gartenarbeit. Ihre Nervosität eignete sich nicht für solch eine ruhige Tätigkeit. Immerhin gab sie jedoch Jessicas Wunsch nach, ein Kaninchen zu halten – sie kaufte eines, das sie für ein kleines Zwergkaninchen hielt, das aber schnell zu einem Monster mit Hängeohren heranwuchs, das immer versuchte, ihre Besitzerin zu beißen. Später kam noch ein Meerschweinchen hinzu, um dem Hasenmonster Gesellschaft zu leisten. Fast jede Nacht hörte William Ford, ein Nachbar, die Hintertür knallen und Joanne rufen: »Ich hab vergessen, das Kaninchen zu füttern!« Passend dazu hatte Joanne auch noch eine Katze namens Chaos.

Mr. Ford brauchte einige Zeit, bis ihm klar wurde, dass Joanne die Autorin J. K. Rowling war, doch wie die anderen Nachbarn auch bemühte er sich nach Kräften, ihre Privatsphäre zu respektieren. »Solange sie hier wohnte, war sie ein sehr ruhiger und zurückgezogener Mensch«, erinnert er sich. »Wir alle schlossen die Kleine ins Herz. Jessica war niedlich, aber für ihr Alter etwas klein. Hier kümmern sich alle um einander.« Joanne gehörte schon bald zur Gemeinschaft, sie bat sogar Mr. Ford um Hilfe, als sie sich einmal ausgesperrt hatte.

Joanne war jetzt hauptberufliche Autorin. Sie versuchte, Jessicas Leben so normal wie möglich zu gestalten, obwohl sie regelmäßig verreisen musste, um auf Lesungen und Signierstunden zu gehen. Sie stellte fest, dass sie die Kinder wirklich mochte, die kamen, um sie zu sehen oder ihrer Lesung zu lauschen: »Als ehemalige Lehrerin empfand ich ein herrliches Gefühl der Verantwortungslosigkeit, weil ich ja wusste, dass ich sie bloß unterhalten musste, zum Teufel also mit der Disziplin.«

Doch als ehemalige Lehrkraft ließ sie auch die Unhöflichkeit von zwei Lehrern nicht durchgehen, die während einer ganzen Lesung miteinander ratschten, während sechzig Kinder brav und fasziniert dasaßen und zuhörten. Das Beste aber widerfuhr Joanne auf ihrer Werbereise durch Großbritannien für *Harry Potter und die Kammer des Schreckens*. Die Mutter eines leseschwachen neunjährigen Jungen berichtete Joanne, dass Harry Potter das erste Buch gewesen sei, das er ganz alleine zu Ende gelesen hätte. Seine Mutter war in Tränen ausgebrochen, als sie ihren Sohn eines Morgens entdeckte, wie er in dem Buch selbst weiterlas, nachdem sie ihm die ersten beiden Kapitel vorgelesen hatte.

Als die Schüler in der Craiglockhart Primary School bemerkten, wer sie war, bot Joanne an, auch dort einmal zu lesen, damit die Kinder die arme Jessica nicht weiter wegen ihrer Mutter nervten. »Die älteren Kinder an der Schule waren sehr beeindruckt, weil sie das Buch schon im Unterricht lasen«, erklärte Joanne. Jessica, die sich in der Schule problemlos mit anderen Kindern angefreundet hatte, hatte das Buch noch gar nicht gelesen. Joanne wollte warten, bis sie sieben war, aber Jessica war so genervt davon, dauernd über Harry befragt zu werden, dass Joanne schließlich nervös begann, ihr die Geschichte vorzulesen. Glücklicherweise fand Jessica sie ganz großartig.

Je berühmter Joanne wurde, desto entschlossener verteidigte sie ihre Privatsphäre. Manchmal schaute sie bei Margiotta vorbei, einem Delikatessenladen in der Ashley Terrace, etwa zweihundert Meter von ihrer Wohnung entfernt, doch meistens kaufte sie in Stockbridge ein, einer recht exklusiven Gegend nördlich der Princes Street, ein paar Meilen von zu Hause entfernt. Der Literaturagent Giles Gordon, der das schottische Büro von Curtis Brown betreibt, weiß noch, dass er am Schinken-Käse-Stand eines Delikatessengeschäftes namens Herbie's in Raeburn Place ein bekanntes Gesicht vor sich entdeckte. Sie hatte ein kleines Mädchen bei sich und Giles berichtet: »Sie hätte nicht glücklicher aussehen können.« Als er dran war, fragte er die Kassiererin, ob sie wüsste, wer das gerade gewesen sei. Die Kassiererin hatte keine Ahnung, von wem er sprach, und als Giles ihr verriet, dass sie gerade Edinburghs berühmteste Mitbürgerin bedient hatte, sagte sie ihm bloß, dass sie Stammkundin sei. Giles war von der Begegnung so begeistert, dass er darüber in seiner literarischen

Tratschkolumne »Agent Provocateur« in den *Edinburgh Evening News* schrieb: »Aber das Beste ist«, schloss er, »dass meine Kinder – die finden, dass J.K. Rowling tausendmal besser ist als Shakespeare – mich nächstes Mal begleiten werden, wenn ich Eier kaufen gehe.« Als sie das aber tatsächlich taten, bekamen sie Joanne nicht zu Gesicht. Ein paar Wochen später kam Giles wieder zu Herbie's: »Besten Dank«, beschwerte sich das Personal, »seit Sie darüber geschrieben haben, haben wir sie nicht mehr gesehen, und sie war eine unserer besten Kundinnen.«

Auch das ist ein Beweis dafür, wie ernst Joanne Rowling ihre Privatsphäre nahm. Ein anderer Journalist aus Edinburgh weiß, dass Joanne sich angewöhnt hatte, falsche Fährten zu legen, was die Cafés betraf, in die sie ging, damit sie in denen, in die sie tatsächlich ging, in Ruhe gelassen wurde. Sie besuchte immer noch das Nicolsons, aber immer seltener, denn auf der J.-K.-Rowling-Touristenroute wurde das Café zu einem obligatorischen Besuchsziel. Außerdem hatte sich 1998 das ganze Lokal verändert. Die fröhliche, unkomplizierte Ausstattung, die Joanne so inspirierend gefunden hatte, war verschwunden und aus dem Café wurde ein plüschiges Restaurant mit dazugehöriger Bar. Die blau-gelben Tischdecken und die Matissedrucke an den Wänden mussten weichen, dafür gab es jetzt dunkle Holztische und rot gepolsterte Stühle zu einem modernen, minimalistischen Dekor und Holzfußboden. Das Management wollte nun die jungen, trendigen Cocktail-Trinker als Klientel, das Geld brachte und kurz vor einem Besuch im Festival Theatre vorbeischaute, um noch schnell einen wegzukippen. Das war nicht mehr länger ein Ort für Harry Potter. Nun konnte man sich nicht mehr vorstellen, eine allein erziehende Mutter auf Sozialhilfe dort sitzen zu sehen, die mit dem Stift in der Hand einen Tequila Mockingbird trank, während ihre Tochter friedlich neben ihr schlief.

Doch der Kaffee geriet nicht in Vergessenheit, und Joannes Schwager Roger gründete eine neue Firma mit dem Namen Black Medicine, die Coffeeshops in der ganzen Stadt eröffnen sollte, um den anderen international erfolgreichen Caféketten Konkurrenz zu machen. Roger sagte dazu, dass sie versuchten, »mit Hilfe von viel Holz und Naturstein eine warme und entspannte Atmosphäre zu schaffen«. Kaffeetrinken ist in den letzten Jahren unglaublich in Mode gekommen, und was die Werbung betraf, die Joanne durch ihre Berühmtheit für das Nicolsons machte, so hatte sie bei Roger und seinen Angestellten längst alle Schulden beglichen. In den kommenden Jahren wird das Nicolsons bestimmt in jedem Reiseführer für Edinburgh als der Ort beschrieben werden, an dem J.K. Rowling Harry Potter geschrieben hat. Man könnte sogar gleich ein Schild draußen anbringen. Kein Wunder, dass die Sint Partnership, als sie das Nicolsons im April 2001 zum Verkauf anbot, einen Mindestpreis von dreihundertfünfundzwanzigtausend Pfund ansetzte. Die neuen Eigentümer werden aber wohl kaum viel von J.K. Rowling zu Gesicht bekommen haben.

Das, was Giles Gordon vor allem auffiel, als er in der Schlange hinter Joanne an der Käsetheke stand, war die enge Bindung, die offensichtlich zwischen Mutter und Tochter bestand: »Ich weiß noch, wie sehr mich Joanne Rowlings natürlicher Umgang mit ihrer Tochter beeindruckte«, sagte er. »Sie gab sich viel Mühe und wirkte ganz normal. Beide gingen völlig natürlich miteinander um, was mich an eine enge Bindung denken ließ. Das fand ich ganz großartig.«

Wie es schien, hatte der Ruhm ihrer Mutter Jessica bislang nicht verändert. In »Desert Island Discs« erklärte Joanne einmal: »Ich glaube, sie hat den Unterschied nicht bemerkt, weil sie einfach noch viel zu klein war, als alles begann. Sie ist mit der Situation, wie sie jetzt ist, einfach aufgewachsen.« Einmal versuchte Joanne ein bisschen Interesse zu wecken, also schaltete sie das Radio ein und sagte ihrer Tochter, sie würde gleich ihre Mutter über das Buch reden hören. Jessica ließ das völlig kalt: »Aber ich weiß doch schon, wie du klingst, Mami.«

Und das stimmte. Joanne hat in den ersten Jahren viel mehr Zeit mit ihrer Tochter verbracht, als es vielen Müttern sonst möglich ist, und das machte sich bemerkbar. Auch heute noch ist Jessica J.K. Rowlings Lebensmittelpunkt und wichtiger als Harry Potter: »Sie weiß, dass sie der Chef ist, und das stimmt auch.«

★ 11 ★

Öffentliches Eigentum

»Jetzt kann ich nicht mehr schreiben!«

Am 14. November 1999 trat ein, was Joanne am meisten befürchtet hatte. Die Zeitungen hatten herausgefunden, dass sie früher einmal die Frau von Jorge Arantes gewesen war. Sie wusste, dass es irgendwann einmal so weit kommen würde, doch womit sich nicht gerechnet hatte, war, dass man ihrem Ex-Mann Geld anbieten würde, damit er intime Details ihrer Liebesgeschichte und Ehe ausplauderte, nur um ein paar Millionen Leute beim Frühstück zu unterhalten. Zur selben Zeit wurde sie von der Zeitschrift *Glamour* in Amerika zur Frau des Jahres gekürt, und für den *Scotland on Sunday* war sie Schottlands begehrteste Frau. Vielleicht war dies einfach die Reaktion der Medien auf ihren Ruhm.

Die Zeitschrift *Express Newspapers* war bereit, Jorge fünfzehntausend Pfund für einen zweiteiligen Bericht zu zahlen, der in der Sonntagszeitung (*Express on Sunday*) beginnen sollte, darum flog Dennis Rice nach Porto, um das Interview zu führen. Zur selben Zeit flog auch Paul Henderson von der *Mail on Sunday* auf der Suche nach einer Geschichte die nichts kostete, den Konkurrenten aber schadete, nach Portugal. Dennis Rice war von Joannes Ex-Mann nicht sonderlich beeindruckt: »Ich fand ihn unsympathisch. Er stand nie vor zwei Uhr nachmittags auf, und ich hatte keine Lust, meine Zeit mit ihm zu verbringen.«

Die Story war nicht sonderlich schwer zu schreiben, denn Jorge sprach ausgezeichnet Englisch. Sie erschien mit der Schlagzeile »Verlassener Liebhaber las als erster Harry Potter«. Der Untertitel dazu lautete: »Ex-Mann erzählt, wie die Autorin in der Schwangerschaft zu schreiben begann«, was so gar nicht stimmt. Auch ein Bild von Joanne, Jorge und Jessica wurde veröffentlicht. Jorge sprach sehr positiv von Joanne, vor allem schwärmte er von ihren blauen Augen. Er wollte sich nicht rächen. Trotzdem lag Joanne nicht besonders daran, dass die Öffentlichkeit Einzelheiten über ihre dramatische Beziehung erfuhr.

Die Story warb auch für die Fortsetzung der Geschichte: »Morgen im *Express*: Warum ich meine Frau fünf Monate nach der Geburt unserer Tochter rauswarf und mich von unserer Ehe und meiner Tochter für immer verabschiedete.«

Paul Hendersons Geschichte in der *Mail on Sunday* machte Joanne noch wütender, denn darin wurde behauptet, Jorge hätte an Harry Potter mitgeschrieben. Wörtlich hieß es: »Wenn ich Joanne einen Änderungsvorschlag machte, führte sie den normalerweise auch aus. Wir lasen gegenseitig, was wir schrieben, und machten einander Verbesserungsvorschläge.« Henderson beschrieb Jorge als »armen, arbeitslosen Teufel, der nach einer misslungenen Karriere als Lokalreporter seine Tage in einem Reihenhaus in Porto hinter heruntergelassenen Jalousien im Dunkeln verbrachte und sich wünschte, er hätte mehr aus seiner Ehe mit der berühmten Autorin gemacht«.

Als die Geschichte erschien, rief ein Freund bei Joanne an. Sie erinnert sich: »Ich hatte keine Ahnung, was geschehen war. Er fragte nur ›alles in Ordnung?‹ Er sprach mit mir, als wäre ich gerade operiert worden. Also fragte ich ihn, was nicht in Ordnung sein sollte, worauf er nur sagte, ›Oh, mein Gott, dann weißt du es also noch gar nicht.‹« Der Arme wollte nicht der Erste sein, der Joanne die schlechten Nachrichten überbrachte, also versuchte er das Gespräch zu beenden, doch schließlich erzählte er ihr doch, was in den Zeitungen zu lesen war. »Alles, was mir dazu einfiel, war, ihn zu fragen, warum um Himmels willen er die *Mail on Sunday* las?«

Dann gab es aber noch den zweiten Teil der Geschichte im *Express*. Hier waren die Enthüllungen noch sensationeller. In dem Artikel stand, dass Jorge mittlerweile drogensüchtig sei und dass er nach eigener Aussage Joanne um fünf Uhr morgens aus dem Haus gezerrt und »sie auf der Straße kräftig verprügelt hatte«. Ob sie den Artikel selbst las oder nur davon erzählt bekam, Joanne musste noch einmal ihre schlimmsten Augenblicke in Porto durchleben. Zum Glück war Jessica erst sechs Jahre alt und bekam nichts davon mit. Sie hatte Besseres zu lesen.

Jorge behauptete, dass er nur seine Tochter wiedersehen wollte, erwähnte allerdings nicht die in Edinburgh gegen ihn erlassene einstweilige Verfügung. Er sagte nur, »ich will kein Geld von der Rowling«, akzeptierte aber bereitwillig den Scheck über fünfzehntausend Pfund, den ihm der *Express Newspapers* anbot. Doch die bekam er nicht, weil er nach Angaben des *Express Newspapers* den Exklusivvertrag nicht respektiert hatte und offenbar auch mit anderen Zeitungen wie der *Mail on Sunday* und dem *Journal de Noticias*, Portos Tageszeitung, Geschäfte machte. So hatte Jorge im Grunde nichts davon. Weiter erzählte er, dass er eine andere Frau kennen gelernt habe, die er aber nicht heiraten konnte, »weil ich ihr nicht beweisen kann, dass ich ein freier Mann bin«. Sowohl das Standesamt in Edinburgh als auch Joannes Kanzlei Blacklock Thorley in der Commercial Street hätten ihm den Beweis seiner Scheidung vom 26. Juni 1995 zur Verfügung stellen können.

Für Joanne hätte es aber auch schlimmer kommen können. Zumindest gab es keine Äußerungen über Sex und Drogen, was dem Image einer Kinderbuchautorin durchaus geschadet hätte. Stattdessen schien es eine ziemlich traurige Geschichte zu sein. Dennis Rice bemerkte dazu: »Ich glaube, sie schämte sich der ganzen Sache sehr.« Es ist schon ein Unterschied, ob die Zeitungen schreiben, dass man eine arme, allein erziehende Mutter war, oder ob sie schreiben, dass einen der eigene Ehemann auf die Straße gesetzt hat.

Seit dieser Zeit misstraut Joanne der Presse und bemüht sich noch mehr darum, ihre Privatsphäre zu schützen. Immer mehr Geschichten wurden über sie veröffentlicht, von denen einige vollständig erfunden waren. Ann Treneman von der *Times* erzählte sie: »Damals war ich sehr verwundbar. Und wie immer, wenn es mir schlecht ging – und das passiert nicht oft – konnte ich nicht mehr schreiben. An jenem Tag brach ich auf, um etwas zu schreiben. Ich ging in ein Café und saß einfach nur da und kritzelte vor mich hin. Das machte mich noch depressiver. Ich dachte nur, jetzt haben sie mir das genommen, was mich aufrecht hält. Jetzt kann ich nicht mehr schreiben!«

Joannes Mittel gegen Stress ist nicht etwa Schokolade, sondern Shopping. Sie ging zu einem Juwelier in der Princes Street, der Haupteinkaufsstraße in Edinburgh, und kaufte sich einen Ring mit einem großen viereckigen Aquamarin, ohne auch nur nach dem Preis zu fragen. Sie hatte sich noch nie etwas so Extravagantes gegönnt, außerdem konnte er ihr als Schlagring dienen, sollte sie jemals in die Lage kommen, ihn als solchen gebrauchen zu müssen. »Man kann damit nicht einmal tippen, weil er so schwer ist«, sagte sie einmal. »Echt obszön! Es ist so ein Teil, das man nur zu besonderen Gelegenheiten tragen kann; im Alltag ist der Ring völlig unbrauchbar, weil man damit wirklich jemand verletzen könnte.« Sie kaufte auch ein paar Geschenke für ihre Freundinnen und fühlte sich danach schon deutlich besser. Und das war auch gut so, denn damals stand sie unter großem Druck, weil

Harry Potter und der Feuerkelch fertig gestellt werden musste und sie Probleme mit der Geschichte hatte. Etwa in der Mitte des Buches war ihr aufgefallen, dass etwas mit dem Handlungsablauf nicht stimmte, darum musste sie noch einmal von vorne beginnen, da sie sonst nicht zu dem Ende gekommen wäre, das sie vorgesehen hatte.

Doch noch hatten die Zeitungen ihren Ex-Mann Jorge nicht aufgegeben. Im Sommer 2000, zwei Wochen vor der Veröffentlichung von *Harry Potter und der Feuerkelch*, äußerte er sich erneut im *Sunday Mirror* und behauptete, dass im Grunde er *Harry Potter und der Stein der Weisen* geschrieben habe, als sie in Porto war.

In dem Artikel wurde erneut ausdrücklich auf Jorges Drogenmissbrauch hingewiesen. Es stand aber auch darin, dass er ein drogenfreies Leben in Clichy in Paris beginnen wollte. Einen Monat später sprach er mit der *Daily Mail* und er sagte, dass er beschlossen habe, jeglichen Kontakt zu Jessica und Joanne abzubrechen. Wieder kein Wort von der einstweiligen Verfügung. Er behauptete sogar, dass Joanne mehrere Manuskripte zurückgelassen hätte, deren Inhalt er jedoch niemals enthüllen würde. Im Grunde ist das auch völlig gleichgültig. Als Joanne damals floh, war ihr Jessica wichtiger als ein paar Notizen, und das sollte auch in Zukunft so bleiben. Jorge Arantes war einfach ein Teil von Joanne Rowlings Lebenserfahrungen und gegen die Tatsache, dass die Medien Menschen aus ihrem Umfeld befragen, kann sie nur wenig tun. Vielleicht hat Jorge ja tatsächlich zurück zum Leben gefunden und ist wieder der aufgeschlossene und charmante Mann, der Joanne so fasziniert hat.

In nur drei Jahren wurde Joanne zu einer der reichsten und berühmtesten Frauen der Welt, und wer berühmt ist, der wird auf Fehler untersucht. Auch die Tatsache, dass ihr Vater seine Sekretärin womöglich voreilig geheiratet hatte, was zum Zerwürfnis innerhalb der Familie führte, wurde breitgetreten. Seltsam ist, dass Joanne sowohl für die seriösen Zeitungen als auch für die Klatschblätter ein Thema ist. Doch während die Ersteren sich für sie als Autorin und literarisches Phänomen interessieren, lassen sich die Boulevard-Blätter von ihrem Ruhm und ihrem Wohlstand beeindrucken. Beides ist legitim, doch als sie möglichst viele Menschen auf den Nationalen Rat für Alleinerziehende aufmerksam machen wollte, erzählte sie der *Sun*, wie sie damals in Edinburgh von Sozialhilfe lebte.

Worüber sich Joanne auch ärgerte, wenigstens hatte sie die Möglichkeit, sich in ihren Büchern dafür zu revanchieren. Sie bestreitet, dass sie Rita Kimmkorn, die Reporterin des *Tagespropheten*, erfunden hat, um sich an der schreibenden Zunft zu rächen, deren Geschichten sie ärgerten, und auch Rosamund de la Hey bestätigt, dass absolut niemand Rita Modell gestanden hat. Rita Kimmkorn ist eine der großartigsten Figuren in Harry Potter, eine Hexe im magentaroten Umhang, die mit ihrer Flotte-Schreibe-Feder die Zitate ihrer Opfer fälscht und verdreht, vor allem die von Harry. Joanne beschreibt sie genüsslich: »Sie hatte eine kunstvolle und auffällig steife Lockenfrisur, die überhaupt nicht zu ihrem schwerkiefrigen Gesicht passen wollte, und trug eine juwelenbesetzte Brille. Ihre dicken Finger, die den Griff einer Krokodilledertasche umklammert hielten, endeten in fünf Zentimeter langen, karmesinrot lackierten Fingernägeln.« Als Harry auf eine Frage über das trimagische Turnier antwortet: »Ähm …«, schreibt die Flotte-Schreibe-Feder: »Eine hässliche Narbe, Erinnerung an seine tragische Vergangenheit, entstellt den ansonsten durchaus reizenden Harry Potter, dessen Augen …«

Rita arbeitet tatsächlich wie eine echte Klatschreporterin, obwohl sie doch nie bei einer Zeitung gearbeitet hat. Joanne betont, dass Ms. Kimmkorn eigentlich für den *Stein der Weisen* geplant war. Als Harry zum ersten Mal in den Tropfenden Kessel geht, eilt sie auf ihn zu, um mit dem berühmten Jungen mit der Narbe auf der Stirn ein Interview zu machen. Doch am Ende nahm Joanne sie schließlich heraus, um sie später im *Feuerkelch* zu verwenden. Hierzu sagte sie: »Da ich sieben Bücher geplant habe, schien mir der beste Augenblick für Ms. Kimmkorn in der Mitte des vierten Buches zu sein, wo der Druck von Harrys Ruhm tatsächlich auf ihm zu lasten beginnt.« Obwohl sie betont, dass kein bestimmter Journalist der Figur zur Vorlage diente und keine besondere Begebenheit die Geschichte beeinflusst hat, so gibt es doch Ähnlichkeiten zwischen einer Veröffentlichung im *Daily Record*, in der es heißt, die Rowling sei »introvertiert, nervös und jähzornig« geworden, und einem Exklusivbericht im *Tagespropheten*, worin steht, Harry Potter sei labil und möglicherweise gefährlich.

Der Reporter des *Daily Record* kann jedoch erleichtert aufatmen, der *Feuerkelch* war schon geschrieben, noch bevor er seinen Artikel geschrieben hat. Rita bekommt schließlich Ärger, als Hermine entdeckt, dass sie als Animagus nicht registriert ist und sich in einen Käfer verwandeln und alle belauschen kann, um die besten Geschichten zu haben. Hermine fängt Rita Kimmkorn mit einem Glas. Aber sie überlebt, damit sie in den folgenden Büchern weiter Unheil stiften kann.

Mittlerweile kann Joanne recht gut kontrollieren, was über sie geschrieben wird. Die Interviews, zu denen sie sich noch bereit erklärt, sind sorgfältig ausgewählt und werden wie eine Militäroperation geplant. Ein schottischer Journalist berichtet: »Die Vorbereitungen laufen oft sehr geheim ab. Definitiv gewöhnt sie sich immer mehr an ein Leben in der Öffentlichkeit. Sie versucht, ihre Verlage davon abzubringen, zu viel des Guten zu tun. Um ihr Buch vorzustellen wäre es ihr am liebsten, den ganzen Tag in einem Hotel zu sitzen und sich jede Stunde mit einem neuen Journalisten zu treffen.

Die Tage, in denen sie für die Fotografen einen Kaffee im Elephant Café oder Nicolsons trank, sind längst vorbei. Und wer braucht schon ein weiteres Foto, auf dem Joanne Rowling Kaffee trinkt? Die Menschen, die mit ihr gesprochen haben, schätzten vor allem wegen ihres Humors, ihres Lachens, das wie aus der Maschinenpistole abgefeuert klingt, ihrer Ehrlichkeit und ihrer Intelligenz. Und obwohl sie der größte Star der modernen Literatur ist, ist sie dennoch immer auf dem Teppich geblieben. Am Ende eines Interviews mit Simon Hattenstone vom *Guardian* ließ sie sich zu einem Foto mit Besen überreden. Lachend sagte sie: »Ehrlich gesagt komme ich mir ziemlich albern vor.«

★ 12 ★

Hollywood

»Der Film muss britisch sein und den Kindern glaubwürdig erscheinen.«

Hollywood interessierte sich von Anfang an für Harry Potter. Zuerst meldete sich David Heyman, der 1997 zurück nach London gezogen war, nachdem er siebzehn Jahre in Los Angeles verbracht hatte. Er war zunächst für Warner Bros. tätig gewesen, später dann als freier Produzent von Filmen wie *Juice – City-War* und *The Daytrippers*, der im Jahre zuvor auf dem Festival in Deauville als bester Film ausgezeichnet worden war. Er hatte auch bei dem Kinohit *A Little Princess* mitgewirkt und wusste, wie man einem jungen Publikum einen Film schmackhaft machen konnte. Was aber noch wichtiger war, er hatte mit Warner einen Vertrag als freier Mitarbeiter, der es ihm erlaubte, kreatives Material und potenzielle Co-Produktionen mit Hilfe seiner eigenen Firma Heyday Films zu entwickeln.

Warners Präsident Lorenzo di Bonaventura erklärte: »Heyman sollte für uns in Großbritannien die Augen offen halten und die Ohren spitzen. Er war sozusagen das Bindeglied zwischen England und den Vereinigten Staaten und sollte die Finanzierung für bestimmte Produktionen und Entwicklungen sichern, die man besser in Großbritannien als in den Vereinigten Staaten machen kann.«

Großes Lob für Mr. Heyman, aber den richtigen »Stoff«

musste er erst noch finden. Da betrat J. K. Rowlings mit *Harry Potter und der Stein der Weisen* die Bühne.

Tania Seghatchian, eine Mitarbeiterin von Heyday, las das Buch als Erste und fand es ganz großartig. Sie erzählte David davon, er las es ebenfalls und mochte es auch. Seine Kinder lasen und liebten es. Seine Freunde hatten es schon gelesen und waren auch ganz begeistert. Er besuchte eine Dinnerparty im Haus des Literaturagenten Koukla Maclehose, und die empfahl ihm das Buch ebenfalls. Koukla ist die Londoner Vertreterin für eine ganze Reihe europäischer Verlagshäuser. Sie erkannte sofort, welches Potenzial in Harry Potter steckte und drängte ihren Freund Heyman, sowie einige andere Kunden, es sich so schnell wie möglich zu sichern. Damals beschäftigte sie ein Aupairmädchen namens Melinda, die Tochter des ungarischen Verlegers Istvan Balasz. Koukla bat Melinda, auch ihrem Vater *Harry Potter und der Stein der Weisen* zu empfehlen. Istvan war anfangs unsicher – das Mindestgebot betrug fünfhundert Dollar, in Ungarn eine ordentliche Summe für eine unbekannte Autorin – aber nach langem Zögern nahm er das Buch dann doch und veröffentlichte es in seiner Animus-Reihe. Nach der Veröffentlichung des vierten Buches, *Harry Potter und der Feuerkelch*, fragte Koukla bei Istvann nach, wie es denn liefe. »Wir haben sechzigtausend Stück verkauft«, verriet er ihr stolz.

David Heyman wollte sich zügig eine persönliche Option auf das Buch sichern, doch Christopher Little ließ sich nicht drängen. Es sollte noch zwei Jahre dauern, bis der Vertrag mit Warner Bros. endlich unterzeichnet wurde, und zu dem Zeitpunkt gehörte die Harry-Potter-Serie schon zu den bestverkauften Büchern der Welt und hatte deutlich an Wert gewonnen. Bemerkenswert daran ist, dass so viele Verlage das Manuskript zuerst ablehnten, sobald es aber veröffentlicht wurde, sich darum rissen, auch ein Stück vom Kuchen abzubekommen. In einer Zeit der Hightechunterhaltung für Kinder hatte die Verlagswelt den Reiz einer ganz traditionellen Geschichte unterschätzt, in der ein Internat, ein Waisenkind und die Magie zusammenwirken, um die Fantasie der Kinder zu beflügeln.

David Heyman erkannte sofort die visuellen Möglichkeiten von Joannes außergewöhnlichen Kreationen. Aber er war nicht allein, und Christopher Little war natürlich daran gelegen, die Interessenten gegeneinander auszuspielen. Nigel Reynolds schrieb in jenem ersten Interview mit Joanne, zehn Tage nach der Veröffentlichung: »Zwei Hollywoodstudios und ein unabhängiger amerikanischer Produzent buhlen um die Filmrechte.« Am nächsten Tag berichtete Tanya Thompson dasselbe im *Scotsman.* Christopher sorgte dafür, dass alle wussten, was für ein heißes Thema er da an der Hand hatte. Joanne, in ihrer »grottenkalten« Wohnung in Edinburgh, fand das anfangs alles eher merkwürdig.

Joanne begann ihr Selbstbewusstsein wiederzuerlangen. Dabei halfen ihr alle möglichen Ereignisse, beispielsweise die Nummer eins in der Bestsellerliste zu sein, einen angesehenen Buchpreis zu gewinnen, aus ihrer Mietwohnung auszuziehen, eine lange Schlange Fans auf sie warten zu sehen oder auch nur ganz einfach ein Buch zu signieren. Sie war eine erfolgreiche Autorin. In den nächsten paar Jahren wuchs in Joanne die Kraft und Selbstsicherheit, ihr Werk zu beschützen und die Entwicklung des Filmes mit professionellem Interesse zu begleiten. Beispielsweise sollte Harry Potter auf keinen Fall die Beverly Hills Highschool für Zauberei und Hexerei besuchen. Joanne sagte der *New York Times*: »Ich werde alles dafür tun, dass Harry nicht auf Hamburgerschachteln auftaucht. Das wäre ist ein Albtraum.«

Der enorme Erfolg von Harry Potter in den USA ist schwer zu erklären. Joanne selbst gibt zu bedenken, dass es doch recht britische Bücher sind. »Es gibt keine amerikanischen Figuren, nichts spielt in Amerika. Ich weiß auch nicht, warum es ein solcher Erfolg ist.« Dennoch hält sie es nicht für notwendig, ihre Integrität für den US-Markt aufzugeben. »Es wird keinen amerikanischen Austauschstudenten in Hogwarts geben. Ich glaube, ich würde meinen Büchern nicht treu bleiben, wenn plötzlich jemand aus Texas oder sonst wo anreiste.« Sie hatte schon einen Kampf gegen ihren US-Verlag gewonnen, der das Wort Mum in »Mom« ändern wollte. Dafür gab sie nach, was den Titel des ersten Buches auf der anderen Seite des Atlantiks betraf. Man dachte, dass der Begriff »Philosopher« den meisten jungen Amerikanern nicht besonders geläufig gewesen wäre, darum nannte man das Buch dort statt *Harry Potter and the Philosopher's Stone* *Harry Potter and the Sorcerer's Stone* (Harry Potter und der Stein des Zauberers). Demzufolge würde auch ein Hollywoodfilm in den USA *Harry Potter and the Sorcerer's Stone* heißen.

Wenn man das Interesse an einem möglichen Film für Kinder wecken will, dann gibt es dafür zwei magische Worte: erstens Steven, zweitens Spielberg. Kaum wurde er in einem Atemzug mit Harry Potter genannt, wusste die Filmwelt, dass dies ein großartiger Film werden würde. Joanne genoss schon das beliebte Partyspiel, den Figuren Schauspieler zuzuweisen. Für die Rolle des Hagrid hatte sie sich schon immer Robbie Coltrane gewünscht, denn sie glaubte, dass er für den Wildhüter von Hogwarts wie geschaffen war.

Ende 1999 stand der Filmvertrag. Bei Filmprojekten ist es immer schwierig, zwischen Fiktion und Wirklichkeit zu unterscheiden. Christopher Little hatte einen Vertrag mit David Heyman und Warner Bros. ausgehandelt, Joanne war glücklich darüber. Es war nicht das beste Geschäft aller Zeiten, angeblich eine Million Dollar, aber Joanne hatte Harry Potter auch nicht für drei Säcke Silber verkauft. Und sie hatte ein Mitspracherecht bei allem. Sie konnte am Drehbuch mitarbeiten und durfte vor allem in Großbritannien bestimmte

Marketingmaßnahmen ablehnen. Im Gegenzug übernahm Warner Bros. die weltweite Kontrolle der Marke Harry Potter, und ihr war klar, dass das Klamotten und Spiele, Getränke und Schokolade bedeuten würde – und natürlich viel Geld. Die Kolumnistin Libby Purves machte sich schon damals Sorgen darüber, welchen Lauf die Dinge nehmen würden. Im *Times Education Supplement* schrieb sie: »Harry wird eine babyblonde Freundin und einen amerikanischen Akzent bekommen. Irgendwann wird es Abenteuerparks geben, in denen niedliche kleine Häuschen in der Winkelgasse stehen und virtuelle Quidditch-Spiele auf Besenkarussels abgehalten werden.« Verständlicherweise fürchtete sie, was aus Harry Potter werden könnte, nachdem man das »ekelhafte neue Ende« an *A Little Princess* gepappt hatte, in dem sich herausstellt, dass ihr Vater doch nicht tot ist.

Die erste Aufgabe des Studios bestand darin, einen Regisseur zu finden. Spielberg war eine Zeit lang der Favorit, lehnte dann aber ab; es wurde gemunkelt, dass er und Joanne sich nicht darüber einig wurden, wie man Harry Potter auf die Leinwand bringen sollte. Er widmete sich dann einem anderen Projekt für Warner Bros. Die Liste möglicher erstklassiger Regisseure beinhaltete Brad Silberling, Terry Gilliam, Joanathan Demme und Ivan Reitman. Schließlich, fast drei Jahre nachdem David Heyman zum ersten Mal Harry Potter gelesen hatte, nahm man am 27. März 2000 Chris Columbus unter Vertrag. Columbus hatte beeindruckende Erfolge vorzuweisen, darunter *Kevin – Allein zu Haus* und *Mrs. Doubtfire – Das stachelige Kindermädchen*, amüsanterweise nach dem gleichnamigen Roman von Anne Fine, der in Edinburgh spielt. Aber noch wichtiger war, dass er der Drehbuchautor von erfolgreichen Fantasiefilmen wie die *Gremlins – Kleine Monster*, *Die Goonies* und *Das Geheimnis des verborgenen Tempels* war.

Lorenzo di Bonaventura sagte: »Uns war wichtig, einen

Regisseur zu finden, der sowohl zu Kindern als auch zur Magie einen Bezug hatte.« Auch Columbus verschwendete keine Zeit damit, sich mit den Medien auseinander zu setzen, sondern nahm ein Flugzeug nach London, um sich zum ersten Mal mit Joanne zu treffen. *Variety* berichtete, dass schlussendlich sie und nicht der Regisseur oder der Studioleiter Alan Horne darüber entschied, wie der Film zu sein hatte. Vielleicht war dies sogar das Hindernis, weshalb Steven Spielberg letztendlich aus dem Projekt ausgestiegen war. Joanne hatte bereits mehr Geld verdient, als sie jemals hätte ausgeben können, es hatte also keinen Sinn, ihr noch mehr Geld zu bieten. Außerdem hatte sie immer wieder unterstrichen, dass sie die Bücher nur für sich selbst und nicht für irgendwelche Hollywoodproduzenten schrieb. Sie sagte, dass sie mit Columbus als Regisseur äußerst zufrieden sei.

Von Anfang an ging es nicht um eine einzige Filmproduktion. Joanne hatte immer betont, dass es sieben Bücher werden würden, also sprach man auch von sieben Filmen. Damals rangierten die ersten drei Bücher unter den fünf besten Plätzen der Bestsellerlisten des Vorjahres und die Vorfreude auf das vierte nahm ungeahnte Ausmaße an.

Zuerst musste das Produktionsteam einen jungen Schauspieler finden, der Harry Potter verkörpern konnte. Bald schon waren die Zeitungen voll mit Geschichten von der »großen Suche« nach einem Harry-Potter-Doppelgänger. Anfangs war Haley Joel Osment der Favorit, er war berühmt für seine Darstellung des gequälten Jungen im Oscar gekrönten Film *The Sixth Sense*. Doch warf er sich selbst aus dem Rennen, weil er meinte, dass ein Buch ein Buch bleiben und nicht verfilmt werden sollte. Besorgte Produzenten hielten an Schulen im ganzen Land Vorsprechen ab und ermutigten interessierte Kinder, sich über die Website von Warner Bros. bei ihnen zu melden. Ein glücklicher Zufall wollte es, dass David Heyman mit seinem Freund, dem Literaturagenten

Alan Radcliffe, im West End ins Theater ging und der seinen Sohn mitbrachte, der vor kurzem zu schauspielern angefangen hatte. David erinnerte sich daran: »Ich sah mir das Stück an, doch all das verschwand im Hintergrund, sobald ich Dan gesehen hatte. Am nächsten Tag rief ich Alan an. Mir schien, dass Dan ausgesprochen gut für die Rolle des Harry Potter geeignet war.«

Ende August verkündete Warner Bros., dass sie einen Elfjährigen aus Fulham in Südwesten Londons unter Vertrag genommen hätten, der den Harry Potter spielen sollte. Und als Daniel Radcliffe mit seiner runden Brille in einem Hotel in Knightsbridge der Presse vorgestellt wurde, sah er wirklich wie Harry Potter aus, als wäre er direkt der Illustration von Thomas Taylors entsprungen wie bei einem dieser lebendigen Gemälde in Hogwarts.

Daniel gab schüchtern zu, dass er geweint habe, als er die Rolle bekam. Aber ganz unerfahren war er im Showbusiness nicht mehr. Er war schon in einer BBC-Fernsehproduktion mit David Copperfield aufgetreten und hatte sein Kinodebüt in dem Film *Der Schneider von Panama*, eine Adaption des Bestsellers von John le Carré, mit Geoffrey Rush und Pierce Brosnan. Daniel hatte in dem Film den Sohn des Schneiders gespielt. Sein Vater Alan war hingegen ein ziemlich unbekannter Schauspieler, bevor er den Beruf wechselte und zuerst bei William Morris und später dann bei ICM ein wichtiger Literaturagent wurde. Dans Mutter Marcia Gresham hatte ebenfalls mit der Schauspielerei geliebäugelt, bevor sie eine bekannte Schauspielagentin wurde. Somit hatte der neue Kinderstar das richtige Team hinter sich, um die Gage auszuhandeln. Er nahm das Angebot von zweihunderttausend Pfund für zwei Filme an, was bereits zeigte, in welchem Dilemma Warner Bros. sich befand: Die Filmgesellschaft war gezwungen, schon mit der Produktion des zweiten Filmes zu beginnen, bevor sie überhaupt wussten, ob der erste Film ein

Erfolg werden würde. In den Büchern wird Harry Potter jedes Jahr älter, also musste auch Daniel älter aussehen.

Joanne war begeistert, dass Danmiel ausgesucht worden war, und genauso gut gefiel ihr die zehnjährigen Emma Watson und der elfjährigen Rupert Grint (wenn das kein potteresker Name ist), die Hermine und Ron spielen sollten. »Ich habe Dan Radcliffes Screentest gesehen und glaube nicht, dass Chris Columbus einen besseren Harry hätte finden können«, sagte sie. »Ich wünsche Dan, Emma und Rupert das Allerbeste und viel Glück. Ich hoffe, dass sie genauso viel Spaß dabei haben werden, ihr erstes Jahr auf Hogwarts zu spielen, wie ich es hatte, als ich es schrieb.« Sie sagte auch, dass sie das Gefühl hatte, Chris Columbus habe ihren »verlorenen Sohn« gecastet.

Sowohl Heyman als auch Columbus gaben sich alle Mühe, der Besorgnis, Harry Potter könne zu amerikanisch oder gar ein Disneyfilm werden, zuvorzukommen. Hierzu sagte Heyman: »Wir haben und wir werden uns immer treu an die Bücher halten.« Dem Online-Magazin *Salon* sagte Columbus hingegen: »Der Film muss britisch sein und den Kindern glaubwürdig erscheinen.« Und er fügte hinzu: »J. K. Rowling hat mich von der ersten Seite an gepackt.« Wenn er ihr geliebtes Buch vermasselte, hätte J. K. Rowling ihn wahrscheinlich bald am Kragen gepackt.

Besonders erfreulich war, dass Robbie Coltrane sich tatsächlich bereiterklärte, Hagrid zu spielen, und Dame Maggie Smith die Rolle von Professor McGonagall übernahm – eine wirklich ausgezeichnete Wahl. Alan Rickman spielte Snape, Richard Harris Dumbledore, Julie Walters trat als Mrs. Weasley auf und John Cleese als der Fast Kopflose Nick – angeblich bekam er dreihunderttausend Pfund als Gage für nur drei Tage Arbeit. Der Film wurde immer mehr zu einem *Who is Who* der britischen Kinolandschaft. Drehbuchautor war Steve Kloves, der unter anderem *Die fabelhaften Baker Boys* mit Michelle Pfeiffer geschrieben hatte, und er freute sich darüber, dass Joanne ihm bei der Arbeit helfen wollte, obwohl sie Mitte 2000 unter dem Druck der vierten Harry-Potter-Veröffentlichung stand. Dennoch musste sie das Drehbuch am Ende ja freigeben.

Der nächste wichtige Schritt war, die richtigen Drehorte zu finden. Hogwarts und Harrys Schrank unter der Treppe wurden in den Leavesden Studios, in der Nähe von Watford in Hertfordshire, sorgfältig nachgebaut, doch Joannes Fantasie gerecht zu werden, war nicht leicht. Obwohl sich viele Touristenorte bewarben, wurde am Ende die Kathedrale von Gloucester als Hauptdrehort für Hogwarts gewählt. Die atmosphärischen Hallen der Kathedrale waren zuvor schon in der Fernseh-Adaption von Joanne Trollopes Roman *The Choir* und Dennis Potters *Tanz in den Wolken* zu sehen gewesen. Reverend Nicholas Bury, der Dean of Gloucester, wurde wie alle anderen Mitarbeiter zur Geheimhaltung verpflichtet. »Gloucester ist eine der schönsten und elegantesten Kathedralen, und die Klostergänge müssen zu den herrlichsten Juwelen der Architektur Europas gezählt werden«, sagte er stolz. Diese Klostergänge, befand man, passten perfekt zu Hogwarts.

Weitere Drehorte waren Lacock Abbey in Wiltshire, die Kathedrale in Durman und Whitby Abbey. Die Australian High Commission in London wurde hingegen zur Gringotts Bank. Warner Bros. versuchte, so viele Drehorte wie möglich geheim zu halten, weil die Filmgesellschaft nicht wollte, dass die Leute später auf die Leinwand zeigten und sagten, »Oh sieh mal, das ist ja Oxford.« Am berühmtesten ist durch den Film wohl der niedliche kleine Dampfeisenbahnhof in Goathland in North Yorkshire geworden. Er wurde bereits in der beliebten Fernsehsendung *Heartbeat* gezeigt, für den Harry-Potter-Film aber in den Bahnhof Hogsmeade verwandelt. Im Buch ist es nur ein »kleiner, dunkler Bahnsteig«, an dem Harry und seine Mitschüler nach ihrer Abfahrt von King's Cross aussteigen.

Bei Beginn der Dreharbeiten hatten weder Daniel noch Rupert alle Potter-Bücher gelesen. Daniel gestand, dass er die ersten beiden vor langer Zeit gelesen hatte, sie aber komplett vergessen hätte. Kinder sind gesetzlich verpflichtet, während der Dreharbeiten weiter Unterricht zu nehmen, also kam ein Lehrer mit an den Drehort. Leider waren die Fächer Mathematik und »Muggel«-Geschichte – und nicht die Pflege magischer Geschöpfe. Der schreckliche englische Winter hatte zur Folge, dass die Dreharbeiten nicht wie geplant vorangingen und man bis März 2001 nicht fertig wurde. Das wiederum führte dazu, dass David Heyman eine Verlängerung der Arbeitserlaubnis für die Kinder und die damit verbundene Abwesenheit in der Schule beantragen musste.

Heute weiß man, dass selbst wenn der Film abgedreht ist, der Kampf erst halb gewonnen ist. Nun kommen die Werbekampagnen hinzu, die möglichst viele Leute auf den Film aufmerksam machen sollen. Am 1. März wurden zum ersten Mal kleine Filmausschnitte auf der Website von Warner Bros. gezeigt, eine Montage verschiedener Szenen, so zum Beispiel wie Harrys Briefe durch den Kamin fallen, der Zug nach Hogwarts fährt oder Professor Flitwicks Unterricht in Zauberkunst. Und natürlich war Robbie Coltrane als Hagrid zu sehen.

Es gab einen kleinen Skandal, als die *Sun* auf der Titelseite eine Geschichte unter der Überschrift »Harry-Potter-Drogenschock« brachte, die aber nicht hielt, was sie versprach. Offenbar waren in den Leavesden Studios einige Spritzen gefunden worden und die Polizei hatte das ganze Gebäude durchsuchen lassen. Voldemort wurde dabei leider nicht verhaftet, aber man kann nun mal nicht alles haben.

Ende Juni wurden weitere Bilder aus dem Film veröffentlicht, darunter auch ein Foto von Fluffy, dem dreiköpfigen

Monsterhund, der über den Stein der Weisen wacht. Chris Columbus versprach, dass es keinen weiteren Film wie *Kevin – Allein zu Haus* geben wird: »Das verspreche ich. Auf keinen Fall wird es so etwas werden. Diese Bücher sind unglaublich fantasievoll, ganz klassische Geschichten. Warum sollte man daran herumschrauben?«

⋆ 13 ⋆

Honoris Causa

»Als gut bezahlte, mittelmäßige Angestellte war ich nie so glücklich wie ich es als arme, unveröffentlichte Schriftstellerin war.«

Zwei Jahre nach der Veröffentlichung von *Harry Potter und der Stein der Weisen* stand auf Joannes viertem Tantiemenscheck eine sechsstellige Summe. Ende Juni 1999 war sie offiziell Millionärin. Die außergewöhnliche Reise vom Sozialhilfescheck zur dreifachen Platin-Kreditkarte hatte nur fünf Jahre gedauert. Jetzt besaß Joanne auch genug Macht, um einen ausgezeichneten Autorenvertrag auszuhandeln. Sie bekam zwischen fünfzehn und zwanzig Prozent vom Verkaufspreis jedes ihrer Bücher.

Sie lebte mit Jessica immer noch in Hazelbank Terrace. Das Einzige, was sie sich leistete, war eine neue Küche und ein amerikanisches Kindermädchen, das ihr helfen sollte, sich um Jessica zu kümmern. Joanne hatte immer weniger Zeit, denn jeden Tag mussten Hunderte von Briefen geöffnet und wann immer möglich persönlich beantwortet werden. Den ersten Fanbrief von einem Mädchen namens Francesca Gray hat sie niemals vergessen. Er begann mit »Sehr geehrter Herr …«, was bestätigte, dass Christopher Littles Strategie, zumindest was ihren Autorennamen betraf, anfangs Erfolg hatte und die Leser im Unklaren über das Geschlecht der Autorin ließen.

Das Leben in Hazelbank Terrace verlief noch immer ruhig. Joanne war nie daran interessiert, die große literarische

Gastgeberin in Edinburgh zu werden, und in der Literaturszene trifft man sie nur selten an. Im August nahm sie am Edinburgh Buch Festival teil, ansonsten nur an vereinzelten anderen Veranstaltungen. Sie beschränkte ihre abendlichen Einladungen auf die engsten und treuesten Freunde. An ihrer Küchenwand hatte sie einen Auszug aus Hilaire Bellocs *Verses* gehängt, den sie zum ersten Mal als zehnjähriges Mädchen gelesen hatte und der sehr viel darüber aussagt, wie Joanne Rowling gerne ihr Leben leben wollte:

In stillen Heimen und der Welt
Bis zu deren harschem End
Ist nichts so wichtig und so schön
Wie gute Freunde lachen seh'n

Die Bewohner der Hazelbank Terrace waren stolz darauf, eine so berühmte Autorin in ihrer Straße zu haben, gaben sich aber alle Mühe, Joanne nicht zu belästigen. Es machte ihr nichts aus, sich mit den Eltern von Jessicas Freunden zu unterhalten, da sie aber sowohl ihre Privatsphäre als auch Jessicas schützen wollte, achtete sie darauf, niemanden zu nahe an sich heranzulassen. Seltsamerweise blieb es in der Straße ruhig, außer an einem Tag, als einem Wagen, der vor der Nummer neunzehn stand, alle Reifen gestohlen wurden. Jedenfalls war es so sicher, dass Jessica mit dem Fahrrad hin und her fahren konnte. William Ford sagte dazu treffend: »Wenn sie sich Sorgen um die Sicherheit gemacht hätte, wäre sie sofort weggezogen.«

Und tatsächlich dachte Joanne ernsthaft darüber nach, wegzuziehen. Doch ist es schwieriger, mitten in Edinburgh ein Millionenobjekt zu finden als eine Wohnung mit zwei Schlafzimmern. Joanne ließ sich Zeit. Sie war sowieso viel auf Lesereisen, denn am 8. Juli 1999 war ihr drittes Buch *Harry Potter und der Gefangene von Askaban* erschienen, mit dessen Veröffentlichung sie vor allem in den USA von der gefeierten Autorin zum Superstar wurde. Joanne hat nie vergessen, wie sie zu einer Signierstunde in einem Buchladen in Boston kam und eine Schlange sah, die um zwei Häuserblocks ging. Als Britin ging sie natürlich davon aus, dass es irgendetwas im Ausverkauf gab, doch die Vertreter von Scholastic belehrten sie eines Besseren: Die Leute warteten auf sie. An jenem Tag signierte sie eintausendvierhundert Bücher. Einer der Mitarbeiter des Politics and Prose Store in Washington sagte zu Joannes Signierstunde: »Die Leute standen wie bei einem Konzert der Rolling Stones schon von den frühen Morgenstunden an Schlange.« Leider sind Signierstunden für Buchläden nicht immer ein gutes Geschäft, denn die treuen Fans kommen meist mit Büchern unter dem Arm, die sie schon lange besitzen.

Unerwartet, aber vielleicht auch unausweichlich gerade wegen der unglaublichen Beliebtheit in Amerika, war die Opposition »besorgter Eltern«. Bei einer Sondersitzung musste das South Carolina Board of Education sich folgendes anhören: »Die Bücher handeln von Tod und Hass, von mangelndem Respekt und dem Bösen an sich.« Joanne vertrat hingegen schon immer die Position, dass Harry aufgrund seiner gemischten Herkunft die moderne Welt widerspiegelt – sein Vater, ein reinrassiger Zauberer, die Mutter eine als »Muggel« geborene Hexe. Arthur A. Levine vom Scholastic Verlag bestätigte, dass es keine Pläne gab, Harry Potter zu »bereinigen«.

In Australien verbannte das Christian Outreach College, eine Privatschule in Queensland, die Bücher aus der Bibliothek, da man sie als grausam und gefährlich bezeichnete. Eine Gruppe der Christian Community Schools verlangte gar, man solle auf die Bücher Warnaufkleber pappen, auf denen steht, dass sie schwarzmagisch seien, und Peter Thomson, der Leiter des Cedar College in Südaustralien, verkündete sogar: »Die Bücher beschreiben das Okkulte als etwas Positives, und diesen Weg wollen wir nicht gehen.«

In den Vereinigten Staaten behauptete eine Erziehungsexpertin, dass die Bücher die falschen Signale gaben, indem sie den Kindern zu verstehen geben, dass Jungs besser als Mädchen sind. Dr. Elizabeth Heilman aus Indiana sagte, Harry müsse Hermine immer wieder aus gefährlichen Situationen retten, und das führe dazu, dass sie immer hilflos wirke. Sie befand, die Mädchen seien in den Büchern »kichernde, emotionale, vertratschte und unintellektuelle Wesen«, während die Jungs einfach »klüger, tapferer, intelligenter und witziger« seien. Dabei ist Hermine Harry und Ron um Lichtjahre voraus, wenn es um Denkarbeit oder moralische Fragen geht. In jedem Harry-Potter-Buch werden ihre unschätzbaren intellektuellen Fähigkeiten benötigt, um Harry beim Kampf gegen das Böse zu unterstützen. Doch wie Joanne selbst sagte: »Mein Held ist ein Junge, und in seinem Alter sind Mädchen einfach noch nicht so wichtig. Mit der Zeit wird auch das sich ändern. Doch mit elf wäre es ausgesprochen albern, über ein paar tolle Mädchen zu schreiben, die klasse in Mathe sind und gleichzeitig Autos reparieren können.« Immerhin sind in der Quidditch-Mannschaft Gryffindors drei Mädchen Jägerinnen.

Am Ende nutzten die vereinzelten »empörten« Meldungen Joanne eher, als ihr zu schaden, und die Harry-Potter-Fans verteidigten sie ohnehin. Und Harry-Potter-Fans gibt es viele. Als das vierte Buch zur Veröffentlichung bereitstand, hatten sich die ersten drei Harry-Potter-Bücher in Großbritannien acht Millionen Mal und in den Vereinigten Staaten fast vierundzwanzig Millionen Mal verkauft. Die US-Verkäufe betragen erstaunliche fünfundfünfzig Prozent des weltweiten Absatzes. Die Harry-Potter-Bücher wurden in fünfunddreißig Sprachen rund um die Welt übersetzt und Christopher Little ist zuversichtlich, dass die Auslandsverkäufe in den kommenden Jahren einen immer größeren Anteil ausmachen werden. Selbst China ließ sich im Sommer 2000 auf die Abenteuer des Zauberlehrlings ein, als das Peoples Literature Publishing House, das auch die gesammelten Gedichte des Vorsitzenden Mao herausgegeben hat, sechshunderttausend Boxsets mit Übersetzungen der ersten drei Harry-Potter-Bände herausgab – die größte Romanerstauflage, seit die Kommunisten 1942 die Macht ergriffen hatten.

Zögernd ließ sich Joanne auf eine Reihe »großer Interviews« ein, die das Interesse an dem vierten Buch *Harry Potter und der Feuerkelch* wecken sollten. Noch nie zuvor war so viel Druckerschwärze auf die Spekulation verwendet worden, wie das Buch wohl heißen würde, als würde das einen Unterschied beim Verkauf machen; die Jugendlichen konnten die Veröffentlichung ja ohnehin kaum erwarten. »Harry Potter und die Quidditch-Weltmeisterschaft« war ein Vorschlag, der oft zitiert wurde. Und dann gab es da noch die geschickt lancierte Information, dass im vierten Buch jemand sterben würde. Oh Schreck! Doch wohl nicht Ron oder etwa gar Hermine? Die jungen Leser waren sehr besorgt. Schließlich war es Cedric Diggory, der bis zum vierten Buch keine besonders wichtige Rolle gespielt hatte. Als es zu seinem Tod kam, war dieser jedoch nicht weniger berührend und verstörend.

Die gesamte Veröffentlichung wurde geheimgehalten – ein sicherer Weg, das Interesse anzufachen. Das Originalmanuskript wurde in einem Banksafe eingeschlossen und es wurden keine Rezensionsexemplare verschickt. Emma Matthewson, Joannes Lektorin bei Bloomsbury, hatte schreckliche Angst vor Räubern, die das wertvolle Manuskript vielleicht stehlen könnten. In der Auslieferung wurde das Buch nur mit dem Codenamen »Potter Vier« bezeichnet. Zu den wenigen Leuten, die ein Leseexemplar des Buches erhalten hatten, gehörte Chris Columbus. Er fühlte sich sehr geehrt, als Joanne es ihm überreichte, und er durfte es nicht einmal seinen eigenen

Kindern zeigen. Sie mussten sich wie alle anderen im Buchladen anstellen, ohne zu wissen, dass ihr Vater eine nagelneue Ausgabe in seinem Schreibtisch weggeschlossen hatte. Bloomsbury gab mehr als zwei Millionen Pfund für die Werbung des Buches aus, eine atemberaubende Summe. Damit erweckten sie kein Interesse, sondern schufen eine regelrechte Hysterie. Am 8. Juli 2000 deuteten die Schlangen in den Läden eher auf ein Konzert der Beatles oder Englands Fußballmannschaft im WM-Finale hin. Dabei wollten die Leuten lediglich ein Buch kaufen, noch nicht einmal die Autorin treffen! Nie zuvor war bei einer Veröffentlichung so etwas passiert.

Allein die Zahlen sind verrückt. Am 8. Juli 2000, dem Veröffentlichungstermin, hatte der Internet-Buchhändler Amazon.com bereits Vorbestellungen von über zweihundertneunzigtausend Exemplaren entgegengenommen. Die durchschnittliche Auflage eines gut verkäuflichen Kinderbuches liegt bei etwa zwanzigtausend Stück. Allein in Großbritannien betrug die Erstauflage eine Million Exemplare. In Großbritannien, Kanada, Australien und den USA wurden insgesamt 5,3 Millionen Exemplare gedruckt. Allein durch die Erstauflage in den USA sollte Joanne rund sieben Millionen Pfund bekommen. Als die Uhren in den USA Mitternacht schlugen, schwärmten neuntausend Sicherheitslastwagen aus, um im ganzen Land das neueste Harry-Potter-Abenteuer auszuliefern.

In England war Bloomsbury hingegen etwas ganz Besonderes eingefallen – der Verlag wollte die Veröffentlichung am Bahnhof King's Cross feiern. Man dekorierte einen Bahnsteig als Gleis neundreiviertel. Die Veranstaltung begann um elf Uhr, wenn, wie Potterfreunde wissen, der Hogwarts-Express zu Beginn jedes Schuljahres abfährt. Man hatte einen alten Sonderzug zur Verfügung gestellt, um Joanne und die geladenen Gäste über Land zu fahren. Doch die Veranstaltung geriet außer Kontrolle, was Joanne sehr peinlich war. Fünfhundert oder auch mehr aufgeregte Kinder mussten sich dem Heer der Presse unterordnen, als Joanne endlich in ihrem türkisgrünen Ford Anglia auftauchte. Unglücklicherweise konnte sie nicht mit ihren wirklichen Fans reden, da die Polizei versuchte, die Lage unter Kontrolle zu bekommen. Es war der helle Wahnsinn. Die Leute der Marketingabteilung bei Bloomsbury hatten ihre Arbeit zu gut gemacht.

Amelia Hill schrieb im *Observer*: »Zwei Väter hatten weinende Kinder auf den Schultern und fluchten laut vor sich hin, während sie versuchten, sich aus der Masse zu retten.« Eine Mutter beschwerte sich: »Wo bleibt denn hier die Magie?«, weil ihr kleiner Junge sich über den Mangel an herumfliegenden Eulen beklagt hatte. Die Einzigen, die es schafften, ihre Bücher signieren zu lassen, waren die Polizisten, die für Ordnung sorgen sollten, und die Einzigen, die mit Joanne sprechen konnten, waren die Presseleute und Fotografen, die immer wieder riefen: »Hierher, Joanne, schauen Sie hierher!« Als die Autorin gefragt wurde, ob sie überrascht sei, sagte sie nur: »Denken Sie sich ein stärkeres Wort dafür aus und verdoppeln Sie es dann.«

Für sie standen die Kinder immer an erster Stelle. Sie war also entsetzt. Als der Hogwarts-Express losfuhr, konnte sie nur noch ihr Fenster öffnen und ein paar enttäuschten Kindern zurufen: »Es tut mir leid!« Natürlich gab das Ärger – die Schriftstellerin Penelope Lively bemerkte im *Independent*: »Und was die Berichte über die außer sich geratenen Eltern in King's Cross betrifft, die weinenden Kinder, die vom Warten übernächtigen Familien … genug ist genug. Ist das noch ein literarisches Ereignis oder nur noch die lemminghafte Gier?«

Bei *Harry Potter und der Feuerkelch* fiel als Erstes auf, dass das Buch mit sechshundertsechsunddreißig Seiten doppelt so lang wie die Vorgänger war. Robert McCrum, Literaturredakteur des *Observer*, zitierte Dorothy Parker und schrieb, sein erster Eindruck sei gewesen, dass man dieses Buch nicht einfach beiseite legen könne, sondern »mit Wucht in die Zimmerecke pfeffern« müsse. Er bemerkte auch, dass es »ein professioneller, kommerzieller Blockbuster« sei. Ms. Lively fand das Buch zu lang und die Struktur formelhaft: Rätselhafte Bedrohung, Rätsel zu lösen, schließlich der Triumph und die Erlösung. Sie forderte beim nächsten Mal »eine vernünftigere Veröffentlichungspolitik«.

Sechs Tage nach dem Zwischenfall saßen Joanne und ihre Begleiter wieder im Zug, diesmal fuhren sie zu den friedfertigen Elfenbeintürmen der Universität von Exeter, ihrer Alma Mater, wo ihr der Ehrendoktortitel verliehen werden sollte. Vorgeschlagen hatten sie dafür ihr Professor David Harvey und seine Frau Frances. Professor Harvey war ein großer Fan von ihr: »Ich bin einundsechzig und liebe die Bücher genau wie die Kinder. Sie kann einfach großartig Geschichten erzählen und die Spannung darin aufrechterhalten, außerdem hat sie Humor.« Nach der Veröffentlichung ihres ersten Buches hatte er sich bei ihr gemeldet, daraufhin schrieb sie ihm einen kurzen Artikel für den *Pegasus*, die Universitätszeitschrift.

Joanne konnte kaum glauben, dreizehn Jahre nach ihrem Abschluss in Exeter, mit 2,2 in Französisch, nun zurückzukehren, um so gefeiert zu werden. Glenda Jackson, die Joanne damals wegen ihres Mutes bewunderte, weil sie den Beruf gewechselt hatte, um sich in einer von Männern dominierten Welt durchzusetzen, war fast fünfzig gewesen, als sie bei Joannes eigener Abschlussfeier 1987 geehrt worden war. Und nun war sie hier, Joanne Rowling, die Gesamtschülerin aus Wyedean, und bekam zwei Wochen vor ihrem fünfunddreißigsten Geburtstag den Ehrendoktor verliehen.

Das Schöne an Universitäten ist, dass die Zeit dort stillzustehen scheint. Die Gesichter der Studenten wechseln zwar, aber ihre Kleidung und ihr Auftreten, ihre Ernährung aus Zigaretten und Kaffee, ihr ganzes Verhalten ändert sich nicht. Auch die Einrichtung, das Gebäude, die Hörsäle und sogar die Lehrer selbst bleiben gleich. Es hatte sich nicht viel verändert, seit Joanne die Universität verlassen hatte; die gemähten Rasenflächen und sorgfältig beschnittenen Bäume, das Northcott Theatre, die Devonshire House Coffee Bar sahen alle noch genauso aus. Selbst die Bibliothek, obwohl sie nun einen anderen Namen trug. Nun trug sie nicht mehr den arabischen Namen Maktoum Bibliothek, sondern hieß einfach Neue Bibliothek. Von den Dozenten erkannte Joanne sofort Martin Sorrell wieder und lief zu ihm, um ihn zu begrüßen. Sie erinnerte sich an die Aufführung des *Agricultural Cosmonaut* und plauderte mit ihm über die Kostüme. Martin freute sich, dass sie sich an ihn erinnerte, denn er hatte die Studentin Joanne Rowling immer gemocht. Vor allem aber war ihr Vater Pete mit seiner zweiten Frau Janet aus Chepstow angereist und saß im Publikum, um seiner Tochter Beifall zu klatschen, und er war genauso stolz wie bei ihrer ersten Abschlussfeier. Alle Streitigkeiten zwischen Vater und Tochter waren ausgeräumt, und sie widmete ihm ihr viertes Buch.

Abschlussfeiern sind langweilige Veranstaltungen, bei denen es sehr formell zugeht. Die Akademiker und Perückenträger sehen in ihren exotisch bunten Roben immer sehr ernsthaft aus. Man möchte glauben, wenn einer von ihnen zu kichern anfinge, würde die ganze Plattform plötzlich vor Lachen beben, so lächerlich ist das Ganze. Joanne sah man an, wie merkwürdig sie die Veranstaltung fand. Als Ehrendoktorin trug sie einen leuchtend violetten, blau besetzten Umhang mit einem schlichten schwarzen Kleid darunter, dazu einfache schwarze Schuhe mit hohen Absätzen, damit sie in der Reihe nicht allzu klein wirkte. Auch ihre Kapuze war violett und der Besatz eine Mischung aus taubengrau und himmelblau. Dazu musste sie einen so genannten Pileus tragen, eine schwarze Samtmütze mit blauer Troddel. Sie sah aus wie die Botin eines Theaterstücks von Shakespeare.

Man weiß nicht, was sie in diesem Augeblick fühlte, jedenfalls sah sie ziemlich nervös aus, als sie sich in der Reihe aufstellte. Eigentlich war sie so lange Ehrendoktor-Anwärterin, bis ihr vom Rektor die Urkunde überreicht wurde. Die Anwärter in der Reihe sahen aus wie lustige bunte Vögel. Der Universitätsdirektor Lord Alexander of Weedon trug einen Umhang aus schwarzem Damast mit goldenem Besatz. An seiner Kappe hing auch eine goldene Troddel.

Die Prozession, die vom University Marshall angeführt wurde, dem Joanne Rowling folgte, betrat von hinten die große Aula und ging dann langsam zwischen den versammelten Studenten und stolzen Eltern zur Bühne. Schließlich kamen die Betreuer der höheren Semester und der Erstsemester, der Leiter der akademischen Partnerschaften, der Universitätssprecher, der stellvertretende Rektor, der Schatzmeister, weitere Stellvertreter und die Bibliothekare herein. Das silberne Symbol der Universität steht für die königliche Lehrgenehmigung, was angemessen war, denn einer der Abschlussstudenten dieses Tages war Peter Phillips, Sohn aus königlichem Hause. Er hatte Sport und Sportwissenschaft studiert.

Alistair Patterson, Bibliothekar der Universität, erinnert sich, dass Joanne extrem nervös war. Er versuchte sie zu beruhigen, indem er mit ihr über die Leith Academy in Edinburgh, seine ehemalige Schule, sprach, wo Joanne unterrichtet hatte. Joanne ist von Natur aus ein schüchterner Mensch und hatte schon immer Schwierigkeiten, in der Öffentlichkeit aufzutreten. In der Anwesenheit von Kindern fühlt sie sich hingegen wohler. Andrerseits befriedigte dieser Ehrendoktortitel aus Exeter die Seite ihres Wesens, die der Hermine ähnlich ist, denn akademische Würden waren ihr schon immer wichtig gewesen. Was sie während der Verleihung jedoch vor allem beschäftigte, war das Problem, dass ihr Pileus zwei Nummern zu groß war und ihr immer wieder über das Gesicht zu rutschen drohte.

Der öffentliche Redner ist Mitglied der Universität und hat zur Aufgabe, die Ehrendoktoranden vorzustellen. In Joannes Fall war es Professor Dr. Peter Wiseman, ein Mitglied der Fakultät für klassische Philologie. Er begann seine Ansprache mit einem Zitat aus *Harry Potter und der Feuerkelch*: »Jener, dessen Name nicht genannt werden darf, ist seinem Dasein als lebender Toter in den Wäldern Albaniens entronnen …« Es spricht für die Bekanntheit Harry Potters, dass keiner der versammelten Akademiker glaubte, Dr. Wiseman sei verrückt geworden. Er las einen kurzen Lebenslauf von Joanne, wie man ihn aus Radio und Zeitungen kannte: »Sie war eine typische Leseratte – klein und dick, mit einer Kassenbrille. Sie träumte in den Tag hinein und schrieb endlose Geschichten.«

Dr. Wisemans geniale Rede kratzte zwar nur an der Oberfläche, doch immerhin wies er auf die drei wichtigsten Gründe für ihren Erfolg hin: »Zunächst ihr angeborenes Talent und die Leidenschaft, es zu verwirklichen – die Tagträumerin und ihre Geschichten. Dann die prägenden Erfahrungen – die schlechten Zeiten, die den stärken, der sie durchzustehen vermag. Und schließlich harte Arbeit – Selbstdisziplin und Konzentration, die darauf zielen, es um jeden Preis zu schaffen.« Dr. Wisemans Überlegungen erinnern an Joannes buddhistische Lieblingsweisheit, »Leben ist Leiden«, doch schließen sie auch etwas ein, das oft in Vergessenheit gerät, wenn man von ihrem Erfolg spricht: Fast von dem Augenblick an, an dem sie sprechen konnte, war Joanne Rowling eine Geschichtenerzählerin.

Dr. Wiseman wies auch auf einen wichtigen akademischen Aspekt hin: »Es gibt jetzt rund dreißig Millionen Menschen auf der Welt, die zumindest einen einzigen lateinischen Satz kennen, selbst wenn der heißt ›Kitzle niemals einen schlafenden Drachen‹ (*Draco Dormiens Nunquam Titillandus*).«

Die Ansprache war leicht und geschmeidig und beruhigte Joanne. Sie trat unter Beifall vor und bekam von Lord Alexander ihre Urkunde überreicht, mit ihrer eigenen Ansprache musste sie aber noch warten, bis alle anderen Anwärter, die mit ihr auf die Bühne gekommen waren, ihre Urkunden erhalten hatten. Der Sprechende Hut wäre angesichts der vielen Leute wohl zusammengebrochen. Sie dachte an ihre eigene Abschlussfeier zurück, als ihr Name laut vorgelesen wurde: »*... Timothy John Otway, Heather Jane Reid, Joanne Rowling, Benjamin William Tarring ...*«

Doch dann war endlich die Zeit für Joannes Ansprache gekommen. Sie hat nie eine bessere Rede gehalten. Rebecca Rampton, Vorsitzende der Studentenschaft, erinnert sich daran: »Sie hielt die beste Rede, die ich je gehört habe. Sämtliche Studenten im Publikum fühlten sich von ihr angesprochen.« Joanne begann damit, dem Publikum von einer Glückwunschpostkarte zu berichten, die ein Kommilitone aus Exeter ihr geschrieben hatte. Darauf stand: »Ich schätze, das beweist den Neuen, dass man tatsächlich was aus seinem Leben machen kann, selbst wenn man drei Jahre im Black Horse verbracht hat.«

Sie habe sich entschieden, ihnen von drei Dingen zu berichten, die ihr viel bedeuteten: Fehler machen, etwas riskieren und Glück haben. Die Offenheit, mit der sie über ihre schwierige Zeit in Manchester, ihre mittelmäßigen Fähigkeiten in den zahllosen Bürojobs und ihre Versuche, einen Roman für Erwachsene zu schreiben, der sehr schlecht ausfiel, sprach, war entwaffnend. Joanne verriet, dass sie große Angst zu versagen hatte, als sie die Universität verließ. »Ich hatte Angst davor, desillusioniert und in Armut zu enden und mich mit ganzem Herzen der einzigen Leidenschaft zu verschreiben, die ich jemals hatte: Autorin zu sein.«

Joanne gab zu, dass sie erst während ihrer schlimmsten Jahre, in denen sie kein Geld hatte und sich allein um ihre Tochter kümmern musste, den Mut fand, herauszufinden, ob sie als Autorin etwas taugte. Sie hatte keine Arbeit, kein Geld und keinen Mann mehr, also hatte sie auch nichts mehr zu verlieren. Sie gestand: »Als gut bezahlte, mittelmäßige Angestellte war ich nie so glücklich wie ich es als arme, unveröffentlichte Schriftstellerin war.«

Die natürliche Bescheidenheit und ihr soziales Bewusstsein traten ganz offensichtlich zutage, als Joanne Rowling ihr Publikum daran erinnerte, dass sie Glück hatten, auf diese Universität gehen zu dürfen, da es auf der Welt viele Menschen mit gleichen Talenten gäbe, die diese Chancen niemals bekommen würden. Sie erinnerte die Studenten daran, dass sie das Privileg hatten, studieren zu dürfen, und dass sie sich vornehmen sollten, die Welt zu verbessern und sich nicht auf ihren Lorbeeren auszuruhen. Was sie sagte, lebte sie selbst vor, indem sie seit ihrem Erfolg verschiedene Wohltätigkeitsveranstaltungen unterstütze.

Schließlich sagte sie zu den Studenten, dass sie hoffe, »dass Sie sich nicht von Angst vor dem Versagen einschüchtern lassen, dass Sie keinerlei Erwartungen entsprechen wollen außer Ihren eigenen und dass Sie eine Berufung finden, in der Sie Ihr Bestes geben und damit Ihr Leben so ausfüllend und befriedigend wie möglich leben können«.

Ihre Rede hatte die Studenten sehr beeindruckt, und sie klatschten begeistert Beifall. Ihr Vater sagte, es sei ein wunderschöner Tag gewesen. Später konnte Joanne sich entspannen und bei einem Abendessen an der Universität unter die übrigen Gäste mischen. Sie stand noch nie gern im Mittelpunkt. Außerdem konnte sie endlich diese lächerliche Mütze abnehmen.

★ 14 ★

Tue Gutes und rede darüber

»Wir müssen doppelt so hart kämpfen, um nur halb so weit zu kommen.«

Die Selbstsicherheit, die Joanne mittlerweile gewonnen hatte, machte ihr Mut, sich mit Dingen auseinander zu setzen, die ihr wichtig erschienen. Jetzt, wo sie reich und berühmt war, hatte sie die Möglichkeit, sich für andere einzusetzen, obwohl sie die Öffentlichkeit solcher Aktionen nicht sonderlich liebte. Sie fördert drei Wohltätigkeitsorganisationen und spendete den höchsten Einzelbetrag, der jemals einer Wohltätigkeitsorganisation gespendet wurde – es waren ihre gesamten Tantiemen für die zwei kleinen Bücher für »Comic Relief«.

Ihre erste gute Tat war, dem Nationalen Rat für Ein-Eltern-Familien in London fünfhunderttausend Pfund zu spenden. Im September 2000 wurde sie zudem Botschafterin dieses Verbandes. Schon immer war die klischeehafte Sicht, die man von allein erziehenden Eltern hatte, Joanne ein Dorn im Auge, deshalb hatte sie das Gefühl, etwas dagegen tun zu müssen. Jetzt hatte sie die Möglichkeit. So hilfreich ihre große Spende auch war, die Werbung, die sie durch ihren Artikel in der *Sun* erreichte, war mindestens genauso wichtig. Sie selbst war eigentlich eher eine typische Leserin des *Guardian*, doch ihr war klar, was die *Sun*-Auflage von über drei Millionen Exemplaren wert war.

Ihr Artikel war erfrischend offen und erzählte davon, wie sie eine Gefangene der Bürokratie geworden war und wie sie dem glücklicherweise wieder hatte entkommen können. Die Offenheit, mit der sie über ihr Unglück schrieb, zeugte von ihrer Reife und davon, dass sie daran gewachsen war. Alleine die Fakten, die sie in dem Artikel über allein erziehende Eltern zusammengetragen hatte, waren erschreckend: Drei Prozent aller allein erziehenden Eltern sind Teenager; sechzig Prozent waren verheiratet und lebten entweder getrennt, waren geschieden [wie Joanne] oder verwitwet; fast ein Viertel aller Kinder in Großbritannien lebt in Familien mit nur einem Elternteil; sechs von zehn britischen Familien mit einem allein erziehenden Elternteil leben in Armut.

Daraus schloss Joanne: »Wir alle müssen zuerst einmal das alleine erledigen, was normalerweise zwei Leute erledigen würden, bevor wir auch nur daran denken können, uns nach bezahlter Arbeit umzusehen. Ich habe es am eigenen Leib zu spüren bekommen, dass wir doppelt so hart kämpfen müssen, um nur halb so weit zu kommen.«

Joanne unterstützte auch Maggie's Centres in Edinburgh, die Krebskranken und ihren Familien mit Beratung und Unterstützung zur Seite stehen, was die Krankenhäuser weder zeitlich noch personell leisten können. Joanne, die von der Gesellschaft erfuhr, als eine Freundin Brustkrebs bekam, hat in Schottland mehrere Lesungen veranstaltet, um Geld für die Eröffnung neuer Standorte in Glasgow und Dundee zu sammeln.

Die dritte Wohltätigkeitsorganisation, die sie unterstützt, ist die Gesellschaft für multiple Sklerose in Schottland, die Joanne schon aufgrund der Krankheit ihrer Mutter sehr am Herzen lag. Joanne hat für diese Organisation die Patenschaft übernommen und hat in dieser Rolle bereits öffentliche Auftritte absolviert. Im April 2001 eröffnete sie ein zweihundertfünfzigtausend Pfund teures Zentrum für Multiple-Sklerose-Kranke in Aberdeen und erklärte dabei: »Ich freue mich auf den Tag, an dem solche Zentren an der Tagesordnung und nicht mehr die Ausnahme sind. Wie schlecht es um die Pflege der Menschen mit multipler Sklerose steht, wurde mir erst bewusst, nachdem ich mich an die Gesellschaft für multiple Sklerose in Schottland wandte. Darum bin ich sehr stolz, für diese Organisation die Patenschaft übernommen zu haben.« Erstaunlicherweise werden weltweit die meisten Fälle von multipler Sklerose in Schottland diagnostiziert.

Und wieder griff Joanne zum Stift und schrieb exklusiv für die Zeitung *Scotland on Sunday* einen Artikel, der später auch im *Observer* erscheinen sollte. Was sie berichtete, war rührend und aufrüttelnd zugleich: Joanne schrieb, dass die Krankengymnastin, die ihrer Mutter helfen sollte, ihr Leid zu lindern, in den zehn Jahren ihrer Krankheit höchstens zehnmal vorbeigekommen wäre. Ihre Mutter war in Church Cottage gefangen, weil sie auf dem Land lebte und nicht Auto fahren konnte. Die Krankengymnastin und die Haushaltshilfen kamen nicht zu ihr nach Hause, obwohl ihre Mutter die Treppe nach oben kriechen musste, weil sie nicht mehr gehen konnte. Joannes Wut über das Leid, das ihre Mutter ertragen musste, war spürbar.

Beta-Interferon, eines der wenigen Arzneimittel, die Multiple-Sklerose-Kranken möglicherweise helfen könnten, wird in Schottland nur sehr selten verschrieben. Hierzu erklärte Joanne: »In Finnland bekommen es fünfzehn Prozent der Multiple-Sklerose-Kranken, in Deutschland und Italien dreizehn Prozent, in Frankreich und Griechenland zwölf Prozent, in der Irischen Republik sowie in Nordirland acht Prozent. In Schottland, mit der höchsten Zahl an Multiple-Sklerose-Erkrankungen der Welt, sind es nur 2,4 Prozent. Selbst in der Türkei hat man eine bessere Chance, es verschrieben zu bekommen.«

Sie verurteilte die mangelnde finanzielle Unterstützung, die Schottland den Multiple-Sklerose-Kranken zur Verfügung stellte. Würde jeder von Schottlands insgesamt zehntausendundvierhundert Multiple-Sklerose-Kranken Beta-Interferon erhalten, würden die Kosten sieben Millionen Pfund im Jahr betragen, rund 0,1 Prozent der gesamten jährlichen Aufwendung des staatlichen Gesundheitswesens. Joannes Behauptung, die Hilfe für Multiple-Sklerose-Kranke sei auch heute noch genauso mangelhaft wie vor zehn Jahren, wurde durch die Erfahrung, die sie mit ihrer Mutter machen musste, untermauert.

Angenehmer war hingegen für Joanne, dass der Autor Richard Curtis sie bat, am »Comic Relief« 2001 teilzunehmen, hinter dessen offensichtlich amüsanter Verpackung ein guter Zweck steckte. Sie erklärte sich bereit, zwei kleine Büchlein von jeweils vierzig Seiten zu schreiben, die im Fahrwasser von Harry Potter verkauft werden konnten. Alle Tantiemen, mindestens zwei Pfund pro verkauftem Exemplar, gingen an die »Comic Relief«. Die Bücher gehören zu Harrys Lehrbüchern für Hogwarts – *Sagentiere und wo sie zu finden sind* und *Quidditch im Wandel der Zeiten* – und Joanne trat sogar in *Blue Peter* auf, um das Interesse daran zu wecken. Ihr machte es Spaß, sie zu schreiben, doch die Erfahrung ließ sie auch näher an die Welt des Showbusiness heranrücken.

Eine weitere Vereinigung, die Hilfe von Joanne wollte, war die Labour Partei. Gordon Brown, der Vorsitzende, bewunderte sie und wie sie ihr Leben gemeistert hatte. Am 5. Dezember 2000 traf er sie bei einer Konferenz des Nationalen Rates für Ein-Eltern-Familien und sie verstanden sich offensichtlich gut. Es wurde außerdem darüber berichtet, dass er Joanne bat, die Labour Partei zu unterstützen, doch ihr war es wichtiger, ihre politische Einstellung für sich zu behalten. Wie der Kolumnist A. N. Wilson so schön sagte: »Die meisten Schriftsteller machen sich eher lächerlich, wenn sie ihren politischen Ambitionen nachgehen.«

Joanne setzt sich auf ihre Weise für soziale Fragen ein. In ihrer ersten Rede als Botschafterin des Nationalen Rates für Ein-Eltern-Familien teilte sie einen Schlag an die damalige Innenministerin aus, die gesagt hatte, verheiratete Paare seien »die Norm«. Wieder betonte sie, dass ein Viertel der Kinder in Großbritannien von nur einem Elternteil großgezogen wurde, und sie erklärte: »Ann Widdecombe versuchte ihre Äußerungen gegen allein erziehende Eltern dadurch zu rechtfertigen, dass sie dem *Good Housekeeping* Magazin sagte, sie habe das Gefühl, in der Gesellschaft sollte es eine ›bevorzugte Norm‹ geben.

Wir sind vielleicht nicht die ›bevorzugte Norm‹ bestimmter Leute, trotzdem gibt es uns. Wie zivilisiert eine Gesellschaft ist, sollten wir nicht daran messen, was sie als ›normal‹ bezeichnet, sondern wie sie ihre schwächsten Mitglieder behandelt. Und lässt man die Armut einmal beiseite, dann leistet der Großteil der Ein-Eltern-Familien genauso gute Arbeit wie ein Elternpaar.«

Joanne mag Mr. Browns Vorschlag nicht nachgegeben haben, aber sie erklärte sich bereit, an einem Buch mit Kurzgeschichten magischen Inhalts mitzuwirken, das seine Frau Sarah Brown zu Gunsten des Nationalen Rates für Ein-Eltern-Familien zusammenstellte. Sue Townsend war bereit, für die Veröffentlichung im Frühjahr 2002 eine Adrian-Mole-Geschichte zu schreiben. Joanne hatte hingegen gesagt, ihr Beitrag sei definitiv keine Harry-Potter-Geschichte. Vielleicht ist dies der richtige Augenblick, »The Seven Cursed Diamonds« abzustauben.

★ 15 ★

Und der Sieger ist …

»Ich gebe mir alle Mühe, nicht wie Gwyneth zu sein.«

Seit Sommer 1977 sind Joanne viele Preise verliehen worden. *Harry Potter und der Stein der Weisen* erhielt in vier Jahren ganze einundzwanzig Auszeichnungen. Bei der Carnegie Medal, dem wohl begehrtesten Kinderbuchpreis, wurde sie dreimal Zweite. Im Januar 2000 gab es viel Wirbel, als sie den Whitbread Book Preis *nicht* gewann, und er stattdessen Seamus Heaney, dem irischen Nobelpreisträger, für seine ruhmvolle Übersetzung des epischen angelsächsischen Gedichtes *Beowulf* verliehen wurde. Der Preis war durch die Ernennung des Modells Jerry Hall als eines der Jurymitglieder ohnehin in die Kontroverse geraten, und so war es die hoch gewachsene Texanerin, die den Sieger umarmte. Joanne gewann bei derselben Preisverleihung den Whitbread Children's Book of the Year Award für *Harry Potter und der Gefangene von Askaban*, doch sie konnte den Preis nicht selbst entgegennehmen, weil sie Grippe hatte. Der Schauspieler und Autor Stephen Fry nahm den Preis in ihrem Namen entgegen. Sie hatten sich angefreundet, nachdem er sich bereit erklärt hatte, die Audio-Version ihrer Bücher zu lesen. Acht Stunden dauerte die Marathon-Ausstrahlung von *Harry Potter und der Stein der Weisen* am Erstverkaufstag, und sie erreichte ein Publikum von dreieinhalb Millionen Zuschauern.

Die größte Überraschung war nicht, dass Joanne den Whitbread nicht verliehen bekam, sondern dass ein Kinderbuch von einer vor drei Jahren zum ersten Mal veröffentlichten Autorin neben einem Nobelpreisträger und einem der größten Namen der modernen Literatur überhaupt für einen so angesehenen Preis nominiert worden war. Bryony Evens erinnert sich, dass sie von Anfang an bei der Christopher Little Literaturagentur »das Buch nicht als reines Kinderbuch« angesehen hatte. »Es las sich einfach verdammt gut, ob nun von Kindern oder nicht. Als Joanne die Bücher zu schreiben begonnen hatte, hatte sie dabei nicht nur an Kinder gedacht.«

Ob bei einer Grippe oder in der Literaturszene, eine Woche kann lang sein, und neun Tage später ging es Joanne wieder so gut, dass sie im Grosvenor House Hotel in der Park Lane in London hören konnte, wie der Schauspieler Tom Courtenay ihren Namen als Siegerin des Britischen Buchpreises »Autor des Jahres«, den »Nibbies«, verlas. Schade nur, dass er ihren Namen nicht richtig aussprach. Man spricht ihn wie »Rohling« und nicht wie »Jaulen« aus, den alten ungeliebten Spitznamen, den man ihr auf dem Spielplatz gegeben hatte. Joanne wirkte in ihrem schwarzen Designerkleid nicht wirklich gelöst, als sie auf die Bühne trat. Die »Nibbies« sind das literarische Äquivalent zum Oscar, und Joanne verriet dem Publikum, dass sie sich alle Mühe gab, »nicht wie Gwyneth [Paltrow] zu sein ... Das ist eine große Ehre. Vielen Dank. Vielen, vielen Dank. Ich muss mich wie immer bei Bloomsbury bedanken, vor allem bei Emma Matthewson und Rosamund de la Hey. Es ist unglaublich. Wenn sie alle neun Jahre alt wären, würde ich mich viel wohler fühlen. Auch bei dem Grippemittel Maximum Strength Lemsip möchte ich mich bedanken. Sie merken schon, ich bin total überwältigt. Ich möchte Jacqueline Wilson gratulieren, denn es ist ein tolles Buch, und das Wunderbare daran ist, dass wir hier gewonnen haben und keiner von uns neben Jerry Hall fotografiert worden ist.«

Joannes Bemerkung, dass sie sich wohler fühlen würde, wenn der ganze Saal voller Neunjähriger wäre, entsprach der Wahrheit. In der Gesellschaft von Kindern hatte sie sich schon immer wohl gefühlt. Eltern, die mit ihren Kindern zu einer Lesung von J.K. Rowling gingen, haben oft bemerkt, dass sie nicht von oben herab mit ihnen sprach, sondern sie als gleichwertig behandelte. Sie möchte auch weiterhin für die Menschen, die ihr wichtig sind, erreichbar bleiben – nämlich ihre Leser. Das klappt nicht immer wie geplant, wie die Feier zur Veröffentlichung von *Harry Potter und der Feuerkelch* im Bahnhof King's Cross bewiesen hat. Oft wird auch das enorme Interesse unterschätzt, das ein Besuch von J.K. Rowling in einem Buchladen auslösen konnte. Der Literaturagent Giles Gordon erinnert sich noch an eine frühe Signierstunde in einem Buchladen in Stockbridge, wo viel mehr Leute als erwartet kamen. Nachdem er eine Stunde angestanden hatte, war Joanne immer noch wie ein kleiner Punkt am Horizont von ihm entfernt, also waren alle recht verärgert, als verkündet wurde, dass sie nun los müsse, um ihre Tochter Jessica abzuholen. Alle grummelten unzufrieden, Giles aber marschierte nach vorne und verlangte, dass Joanne das Buch seines Sohnes signierte. Joanne war unangenehm berührt, unterschrieb aber ein letztes Buch ohne weitere Widerworte.

Das erste Jahr des neuen Millenniums hätte für Joanne kaum besser laufen können. Abgesehen davon, dass sie Autorin des Jahres war und eine Ehrendoktorwürde in Exeter erhalten hatte, bekam sie auch den OBE für ihre Verdienste um die Kinderliteratur verliehen. Er sollte ihr bei der Geburtstagsfeier von Königin Elizabeth II. überreicht werden. Joanne sollte die Medaille im Dezember im Buckingham Palace entgegennehmen, sagte aber ab, weil Jessica zu der Zeit krank war. Zumindest behauptete sie das. Tatsächlich saß sie aber im Publikum der Craiglockhart Grundschule und schaute sich die Weihnachtsaufführung ihrer Tochter an. Joanne, für die immer alles, was sich um Jessica dreht, an erster Stelle kommt, schaute stolz zu und saß zwischen vielen anderen stolzen Eltern. Dass Jessica sich nicht wohl fühlte, war nur eine höfliche Entschuldigung, wie sie die guten Manieren bei solchen Gelegenheiten vorschrieben. Und es gibt wohl keinen besseren Grund, einen offiziellen Termin sausen zu lassen, als die Schulaufführung der eigenen Tochter anzuschauen. Wie wichtig die Bindung zwischen Mutter und Tochter ist, wird in den Harry-Potter-Büchern genauso ersichtlich wie in Joannes Leben.

Die Königliche Familie nahmen es ihr nicht übel, und nach Weihnachten lud der Prince of Wales Joanne nach Balmoral ein. Sein eigenes Kinderbuch *The Old Man of Lochnagar* war zwar nicht derselbe Renner wie die Harry-Potter-Bücher, hatte sich aber doch sehr anständig verkauft, und beide waren mit Steven Fry befreundet, einem regelmäßigen Gast in Highgrove. Prinz Charles überreichte Joanne schließlich ihren OBE, doch am Ende gelang es ihr auch, die Königin persönlich zu treffen, als Ihre Majestät den Verlag Bloomsbury in Londons Soho Square besuchte.

Die Queen sagte zu Joanne, die bei dem Treffen eine hübsche Brille trug: »Als Kind habe ich sehr viel gelesen. Das hat mir gut getan, denn dadurch kann ich heute sehr schnell lesen. Und ich habe wirklich viel zu lesen.« Sie bemerkte auch, dass ihre Enkelin Prinzessin Eugenie ein Fan vor Harry Potter sei. Königin Elizabeth II. ließ sich gern mit Joanne fotografieren, beiden Damen lächelten warmherzig. Sie wurden vor einem Regal voller Harry-Potter-Bücher abgelichtet, deren Titelseiten alle zur Kamera gedreht wurden – ein völlig zweckloser und unangebrachter Versuch des Verlages, für das Buch zu werben.

Bei all dem Lob musste es irgendwann natürlich auch Ärger geben. Selbst Sir Richard Branson hat inzwischen herausgefunden, dass man nicht immer nur ein Nationalheld sein kann. Sobald man aus der Menge heraussticht, schießt irgendwer mit Erbsen auf einen. In der Literaturwelt kann man kein größerer Star mehr werden als Joanne Rowling, die im Verlagsorgan *Book Magazine* offiziell zu den zehn einflussreichsten Personen gezählt wurde. Also musste irgendetwas Joannes Aufstieg stoppen. Da meldete sich die bislang recht unbekannte amerikanische Autorin Nancy Stouffer [N.K. Stouffer], die behauptete, Harry Potter sei ein Plagiat ihres Buches *The Legend of Rah and the Muggles*, das 1984 erschienen war.

Stouffers Held heißt Larry Potter, er hat lockiges schwarzes Haar und trägt eine Brille; seine Mutter heißt Lilly Potter (Harrys Mutter heißt Lily), es gibt eine Figur namens »Keeper of the Gardens« (»Hüter der Gärten«, Rowling hat einen Hüter der Schlüssel) und dann die »Muggles«, kleine haarlose Wesen, die sich in Stouffers Geschichten um zwei Waisenjungen kümmern, während es in den Harry-Potter-Büchern die Nicht-Zauberer sind. Stouffer schrieb zwischen 1984 und 1988 insgesamt zwölf Bücher, doch in keinem davon geht es um Zauberei. Sie erklärte: »Ich glaube zwar an Zufälle, aber ich bin auch der Meinung, wenn etwas aussieht wie eine Ente und sich wie eine Ente verhält ... dann ist es auch eine Ente.«

Robert McCrum, der Literaturredakteur des *Observer* schrieb hierzu: »Eines der unumgänglichen Gesetze der Literatur ist, dass sobald ein Schriftsteller Erfolg hat, sofort jemand erfolgloseres ›Falschspiel‹ schreit. Das widerfuhr schon Shakespeare und ist bis heute so geblieben.«

Letztlich landete der Fall bei den Anwälten. Joanne hat nie versucht zu verbergen, was ihre Bücher beeinflusst hat, und ein Teil des Vergnügens an Harry Potter besteht auch darin, dass es Beispiele für literarische Verbeugungen vor Autoren wie Tolkien oder Jane Austen, Elizabeth Goudge oder C.S. Lewis gibt. Robert McCrum glaubt, dass »alle guten Autoren, wenn sie ehrlich sind, zugeben müssten, dass sie entweder bewusst oder unbewusst sofort speichern, wenn sie im Werk eines anderen etwas Großartiges entdecken, um es zu verwenden, wenn ihnen selbst nichts Besseres einfällt.« Joanne sagte einmal, dass sie auf das Wort »Muggels« gekommen sei, nachdem sie ein paar Leute gehört hatte, die sich »Mugs« nannten.

Nichts lieben die Medien jedoch mehr als einen deftigen Plagiat-Vorwurf. Die *Sun* behauptete in einer Schlagzeile: »1984 schrieb Nancy ein Buch über Larry Potter und die Muggles; 1997 schrieb J.K. Rowling über Harry Potter und die Muggels.« Solche Vorwürfe betreffen heute jedoch nicht nur Joanne. P.D. James, Ian McEwan, Graham Swift und Robert Stone wurde Ähnliches vorgeworfen. McCrum sagte dazu: »Ich glaube, es ist höchste Zeit, dass kreative Autoren erneut das Recht für sich reklamieren, schamlos von anderen zu borgen.«

Warum also legten Joanne und ihr Verlag den Fall nicht einfach zu den Akten? Eine Million Dollar Schmerzensgeld sind schließlich nicht viel, wenn es um Harry Potter geht. Eine mögliche Erklärung dafür bietet Nigel Reynolds vom *Daily Telegraph*: »Ihr Leben war hart und sie besaß die Integrität einer Puristin.« Joanne ist sehr stolz auf Harry Potter und es würde ihr missfallen, wenn irgendetwas ihre Leistung schmälerte.

★ 16 ★

Fort Knox

»Sie nervt mich, weil sie mir irgendwie ähnlich ist.«

Joannes Reichtum faszinierte die Öffentlichkeit. Vielleicht lag das an dem unfassbaren Tempo, mit dem sie eine der reichsten Frauen in Großbritannien geworden war. Jedes Mal, wenn eine entsprechende Liste veröffentlicht wird, wählt man ihr Gesicht als illustrierendes Foto aus der Liste der üblichen Geschäftsleute, alternden Rockstars und Basketballspieler aus. Als die *Sunday Times* 2001 ihre Liste der Reichsten veröffentlichte, war Joannes Bild zwischen dem ehemaligen Boxchampion im Schwergewicht Lennox Lewis und dem Filmmogul Ridley Scott. Joanne belegte Platz 526 in der Skala der reichsten Personen des Landes. Ihr Vermögen belief sich auf fünfundsechzig Millionen Pfund. Wahrscheinlich kennen nur sie und ihr Steuerberater die wahre Summe ihres Vermögens. Die Bücher verkaufen sich weiterhin unglaublich gut, und die Einnahmen aus Film und Werbung werden sie 2002 sicherlich einen großen Sprung nach vorne auf der Skala machen lassen. Ihr fehlen lediglich fünfzehn Millionen Pfund, um Barbara Taylor Bradford zu überholen, die lange als die bestverdienende Autorin der Welt galt. Die *Sunday Times* gab sogar zu, dass sie ihre Einnahmen »vorsichtig« geschätzt hatte. 2001 belegte Joanne Platz sechsunddreißig unter den reichsten Frauen in Großbritannien und Platz zweiundvierzig unter denen von Schottland.

Es macht keinen großen Unterschied, ob Joanne fünfundsechzig oder achtzig Millionen Pfund besitzt. Hätte sie ein Konto bei Gringotts, der Zaubererbank, könnte sie ihr Verlies nicht betreten, weil es voller Gold wäre. Als sie 2001 den Britischen Buchpreis verpasste, machte ein Witz die Runde: Joanne sei auf Reisen, um sich ein Grundstück in Kanada zu kaufen. Und sie hatte sich tatsächlich ein neues Grundstück gekauft – zwar nicht Kanada, aber immerhin handelte es sich um ein schönes Londoner Haus in Kensington, das schätzungsweise viereinhalb Millionen Pfund gekostet hatte. Das Haus im georgianischen Stil befindet sich in einer Siedlung von fünfundzwanzig neuen Millionärshäusern und verfügt über einen unterirdischen Swimmingpool, Fußbodenheizung und vierundzwanzig Stunden Sicherheitsdienst. Madonna mietete eine Weile eine der umliegenden Villen, was der Siedlung einen gewissen Schick verlieh. Christopher Little sagt nur, dass »dies ihr zweites Heim werden wird. Sie wird nicht nach London ziehen, aber sie muss zumindest nicht mehr im Hotel wohnen, wenn sie kommt, um sich mit mir oder ihren Verlegern zu treffen«. Wie viele Menschen, die den Wert des Geldes noch zu schätzen wissen, weil sie sich in der Vergangenheit täglich darüber Sorgen machen mussten, hatte Joanne keine besonders hohen Ansprüche. Dieses Haus war aber doch eine größere Investition als ein Ring oder ein neues Kostüm. Doch selbst wenn Joanne es niemals selbst benutzen würde, wäre es doch eine sehr gute Investition. Bestimmt wird sie es jedoch nicht unter Preis verkaufen.

Wenigstens kann Joanne noch unerkannt durch die elegantesten Straßen von London gehen, was in Edinburgh immer schwieriger wird, vor allem jetzt, wo man Joanne das Geld ansieht. Sie sieht richtig reich aus. Ihr Haar glänzt jetzt goldgelb – der rötliche Schimmer ist für immer verschwunden. Wie Hermines Haar auf dem Weihnachtsball in *Harry Potter und der Feuerkelch* ist ihr Haar »nicht mehr buschig, sondern geschmeidig und glänzend«. Ihre Haut ist makellos. Sie trägt Designerkleider und echte Diamanten. Wenn sie in der Princes Street einen Schaufensterbummel macht, schauen ihr die Menschen nach. Wenn sie in einem Restaurant essen geht, wird sie erkannt, und falls sie von einem einzelnen Mann begleitet wird, landet dieser höchstwahrscheinlich in den Klatschkolumnen der Zeitungen. Natürlich ist sie nicht Madonna, trotzdem war es nicht länger ratsam, in Hazelbank Terrace zu wohnen.

Schließlich fand sie zwanzig Minuten zu Fuß entfernt das richtige Haus im noblen Stadtteil Merchiston. Auch hier handelte es sich um eine von Efeu bewachsene Villa im georgianischen Stil, die wahrscheinlich extra dafür gebaut worden war, um das Privatleben zu schützen. Sie ist von einer zwei Meter vierzig hohen und fünfundsiebzig Meter langen Steinmauer umgeben, hat ein komplettes Sicherheitssystem mit Gegensprechanlage und ein schickes schwarzes Eingangstor mit Stahlspitzen. Vom Haus aus kann man durch große Fenster in einen weitläufigen Garten voller hochgewachsener Koniferen und Eichen schauen. Es könnte das Haus eines Botschafters sein.

Joannes Freunde wurden darauf eingeschworen, die Adresse ihres neuen Hauses nicht preiszugeben. Dem Haus haftet etwas Trauriges an. Man kann sich gut vorstellen, wie die kleine Jessica von der Schule nach Hause kommt und den streng geheimen Zahlencode eingeben muss, um hineinzukommen. Wenn man versucht, sich die Welt vom Leibe zu halten, kann das eigene Heim leicht zu einem Gefängnis werden.

Joannes ist nicht die Einzige, die durch Harry Potter reich wurde. Der Zauberlehrling ist eine regelrechte Geldmaschine. Sein Bild – runde Nickelbrille, blitzförmige Narbe – ist ein so bekanntes Markenzeichen wie Micky Maus. Coca Cola zahlte hundertfünfzig Millionen Dollar, um mit Warner

Bros. weltweit einziger Marketingpartner des Filmes *Harry Potter und der Stein der Weisen* zu sein. Brad Ball, Marketingchef bei Warner Bros., betont, dass es »ungeheuer wichtig war, einen Partner zu finden, der die Möglichkeit hatte, Harry Potter weltweit zu vermarkten«.

Schätzungen nach zu urteilen, könnten durch Werbung und Lizenzeinnahmen aus Hollywood über eine Milliarde Dollar eingespielt werden. In den Gängen der britischen Kaufhauskette Marks & Spencer, die dringend ein wenig Kommerzzauberei nötig hatte, führte man regelrechte Freudentänze auf, als man einen Vertrag für den Verkauf von Harry-Potter-Kleidung, -Bettbezügen, -Kopfkissen, -Geschenkpapier, -Schulheften, -T-Shirts, -Socken, -Badehosen, -Baseballkappen und -Haarbändern unterzeichnet hatte. Ein Sprecher des Hauses verkündete, dass wohl jeder wisse, wie hervorragend Harry Potter sich verkaufe. »Für uns ist dies ein echter Coup«, sagte er. Das Spielzeug wird hingegen von Mattel, Hasbro und Lego hergestellt, doch von Kindershampoo bis zu Sammelkarten, Spielfiguren und Brettspielen wird es alles geben. Und natürlich Süßigkeiten – Lutscher und Schokoriegel. Die britische Firma Electronic Arts bekam die Weltrechte zur Entwicklung von Computerspielen, die auf den Büchern basieren. Die Firma programmiert bei America Online exklusiv für den Bereich Spiele, was ihr schon einmal ein Publikum von fünfundzwanzig Millionen Usern verschafft hat.

Ganz zu schweigen von Bloomsbury. Joannes Verlag erhielt über zwei Jahre das Recht, Tagebücher, Kalender, Adressbücher und Lesezeichen mit Harry Potter darauf zu verkaufen. Bloomsburys Erfolg mit Joannes Harry Potter stößt auf Neid in der gesamten Verlagswelt, vor allem bei denen, die ja die Möglichkeit gehabt hätten, J.K. Rowling unter Vertrag zu nehmen. Fünf leitende Manager sind bereits Millionäre, weil ihre Firmenanteile so an Wert gewonnen haben. Nigel

Newton, fünfundvierzigjähriger Vorsitzender, hat streng darüber gewacht. Er wurde in Kalifornien als Sohn eines Journalisten der *Financial Times* geboren. Er fing an sich mit Wein zu beschäftigen und führt heute erfolgreich eine Kelterei. In der oft farblosen Geschäftswelt gilt Newton als weltgewandter Unternehmer, was dem Erfolg von Harry Potter bestimmt nicht abträglich war. Mag sein, dass er nicht wie der Zauberlehrling aussieht, doch setzt man ihm zu seinen schwarzen Locken eine Nickelbrille auf, könnte man ihn tatsächlich verwandeln. 1986 gründete er mit der ehemaligen Cheflektorin Liz Calder den verlag Bloomsbury, nachdem er beim Verlag Sidgwick and Jackson berühmt geworden war und Bob Geldof geholfen hatte, in Rekordzeit das Buch für Live Aid zusammenzustellen.

Mr. Newton hat immer wieder darauf hingewiesen, dass nicht jeder im Verlag mit den Harry-Potter-Büchern beschäftigt ist, sondern dass auch andere erfolgreiche Autoren wie Michael Ondaatje, Will Self und Joanne Trollope verlegt werden. Doch obwohl Bloomsbury zweihundertfünfzig Bücher im Jahr herausbringt, ist Harry Potter für mehr als zwanzig Prozent des Umsatzes verantwortlich. *Harry Potter und der Feuerkelch* wurde für 14,99 Pfund verkauft, also bekam Bloomsbury bei fünfunddreißig Prozent des Verkaufspreises über fünf Pfund für jedes verkaufte Buch.

Bloomsbury hat sich vertraglich dazu verpflichtet, alle sieben Harry-Potter-Bücher zu veröffentlichen, und bis jetzt scheint der Erfolg gesichert zu sein. Er scheint sogar immer größer zu werden. Im Juni 2001 gründete Bloomsbury einen Kinderverlag in den USA, was den Aktienpreis der Firma sofort von sechzig Pence auf achthundertfünfundvierzig Pence steigen ließ. Mr. Newton verdiente fast fünfhunderttausend Pfund, nur indem er diese Ankündigung machte.

Wer jedoch am meisten von Joanne Rowlings Erfolg profitierte, war Christopher Little, der nach vorsichtigen Schätzungen über zehn Millionen Pfund verdient haben soll. Mr. Little gehört heute zu den reichsten Männern der Verlagswelt. Doch weiß er sein Glück zu schätzen, und er hat stets zugegeben, dass der Erfolg von Harry Potter die größte Überraschung seines Lebens gewesen sei. Immer wieder erzählt er die Geschichte, wie er kurz davor gestanden hätte, Joanne abzusagen, weil er dachte, dass man mit Kinderbüchern einfach kein Geld verdienen kann. Nun hat er ein neues Büro und einen funkelnagelneuen Mercedes und »isst, schläft und trinkt dank J. K. Rowling«, wie es ein neidischer Agent formulierte.

Mr. Little selbst gibt zu, dass Harry Potter sein und das Leben aller verändert hat, die irgendwie mit ihm zu tun hatten. »Wir waren uns schon sicher, dass sich das Buch gut verkaufen würde, aber einen derartigen Erfolg hätten wir uns niemals träumen lassen. Joanne ist sehr professionell und mit beiden Beinen auf dem Boden geblieben.«

Wer Christopher und Joanne kennt, weiß, dass sie eine Art Vater-Tochter-Beziehung führen, auch wenn diese nicht zu eng werden darf. So kümmert Joanne sich um ihre Geschäfte, während Christopher ihr von Faxen bis zu E-Mails fast alles vom Hals hält. 1999, als die Veröffentlichung des *Gefangenen von Askaban* näher rückte, stellte er alles andere zurück und reduzierte seine Klientenliste auf weniger als ein halbes Dutzend. Darunter war auch Janet Gleeson, die *The Arcanum*, ein von der Kritik gefeiertes Buch über das Porzellan und seine Geschichte geschrieben hatte, John Watson, ein Autor von Marinekrimis, und der irische Autor Darren Shan – in Wahrheit heißt er ja Darren O'Shaughnessy –, der lustige Vampirromane für Teenager schreibt.

Nicht einmal mehr A. J. Quinnell vertrat er mehr und ließ sich *Artemis Fowl* von Eoin Colfer durch die Finger gleiten. Das Buch wurde inzwischen ein großer internationaler Erfolg und soll wie Harry Potter verfilmt werden.

Eine Partnerschaft, die hingegen keine Früchte trug, war die zwischen Christopher Little und Patrick Walsh. Sie endete im Jahr 2000, als Walsh eine neue Agentur, die Conville and Walsh, gründete. Die Trennung wird höchstwahrscheinlich in einem Rechtsstreit darüber enden, wie die Einnahmen aus dem J.-K.-Rowling-Empire verteilt werden sollen.

Immerhin arbeiten Joanne und Christopher weiter gut zusammen, obwohl es Anfang 2001 Gerüchte gab, dass sie doch nicht gut miteinander auskämen und sie nach einem neuen Literaturagenten suche. Aber darüber wissen nur Joanne und Christopher Bescheid.

Auch Joanne und Jessica sind ein großartiges, wenn auch unvollständiges Team. Nach ihrer Scheidung war es Joanne nicht besonders wichtig, einen neuen Mann an ihrer Seite zu haben, während sie noch damit beschäftigt war, sich von Armut und Depression freizukämpfen. Sie war froh, Freunde zu haben und verglich sich mit Emma Woodhouse, der Heldin von Jane Austens *Emma*, die vom Liebesleben ihrer Freunde zehrte. »Sie nervt mich, weil sie mir irgendwie ähnlich ist«, erklärte Joanne in der Radiosendung *With Great Pleasure*.

Jane Austen ist Joannes Lieblingsautorin. Ihre Romane liest sie immer wieder und versteckt hier und da auch eine kleine Homage an Austen in den Harry-Potter-Büchern. Mrs. Norris beispielsweise, die verhasste Katze von Hogwarts' Hausmeister Filch, »eine dürre, staubfarbene Kreatur mit hervorquellenden, lampenartigen Augen«. Mrs. Norris ist auch der Name von Fanny Prices widerlicher Tante in Austens Buch *Mansfield Park*. Nicht ganz so offensichtlich, aber doch ein kleiner Hinweis auf Jane Austen sind die Überraschungen, die Joanne immer in die Höhepunkte ihrer Bücher einbaut. Oft ist nicht Snape Harrys wahrer Feind, sondern eine scheinbar völlig harmlose Figur. Für Joanne ist *Emma* »die spannendste und geheimnisvollste Geschichte, die ich je gelesen habe« – und damit meinte sie die geheime

Verlobung zwischen Frank Churchill und Jane Fairfax. Als sie Austens Buch zum ersten Mal las, bemerkte sie die Übereinstimmung mit Harry Potter gar nicht, wie auch die meisten ihrer Freunde. »Ich habe nie ein überraschendes Ende für Harry Potter geplant. Mir war immer bewusst, dass mir niemals auch nur annähernd das gelingen würde, was Austen in *Emma* gelungen ist.«

In einer Radiosendung sagte Joanne, dass ihre Lieblingsszene die nach dem Picknick auf dem Box Hill sei, wo Emma einen gemeinen Witz auf Kosten der alten Jungfer Miss Bates riss. In einer beeindruckenden Szene weist Mr. Knightly Emma zurecht und sagt: »Wäre sie eine reiche Frau, könnte man ihr all die harmlosen Absonderlichkeiten zubilligen, und ich würde mich wegen irgendwelcher Freiheiten, die Sie sich mit ihr erlauben, nicht mit Ihnen streiten. Wäre sie Ihnen an Lebensverhältnissen gleichgestellt – aber Emma, überlegen Sie doch, wie weit sie davon entfernt ist. Sie ist arm und hat nicht mehr den Stand, in den sie hineingeboren wurde; und falls sie ein hohes Alter erreichen sollte, wird sie wahrscheinlich noch weiter abrutschen. Schon wegen ihre Lage müssten Sie Mitleid mit ihr haben. Da haben Sie wirklich schlecht gehandelt!«

Wie jede Heldin von Jane Austen, so ist auch Joanne stolz auf ihre Unabhängigkeit, obwohl sie einmal eingestanden hat, dass sie gerne noch mehr Kinder hätte, weil ihr große Familien einfach gefielen. Doch der Schmerz, den sie in ihrer Ehe erfahren musste, ließ sie, was neue Beziehungen betraf, vorsichtig sein. Dr. Neil Murray, der auf eine pottereske Art gut aussehend ist – er ist still und belesen und sechs Jahre jünger als Joanne – hat diese Barrieren möglicherweise einreißen können.

Das Paar begegnete sich im Haus eines gemeinsamen Freundes und Joanne war sofort von dem Mann fasziniert. Neil hatte sich von seiner Frau Fiona, einer Ärztin, getrennt, die er beim gemeinsamen Medizinstudium an der Glasgow University kennen gelernt hatte; 1996 heirateten sie. Doch schon nach drei Jahren hatten sie sich auseinander gelebt. Fiona arbeitete in Glasgow, Neil war leitender Anästhesiearzt am St. John's Hospital in Livingston, fünfzehn Meilen westlich von Edinburgh.

Dr. Murrey, Mitglied der gehobenen Mittelklasse, wäre genau der Mann gewesen, den Joannes Eltern gerne für ihre Tochter gesehen hätten, und er hätte doch wohl besser zu ihr gepasst als der portugiesische Junge, den sie in einer Bar kennen gelernt hatte. Doch obwohl er wie jeder Krankenhausarzt hart arbeitete, faszinierte Joanne an ihm, dass er bereit war, seinen gut bezahlten Job aufzugeben, um die Welt zu bereisen. Freunde meinten, dass er sich seine Träume weder von einer gescheiterten Ehe noch von einer anstrengenden Arbeit zunichte machen lassen wollte. Am Anfang ihrer Beziehung sah man Joanne und Neil Händchen haltend und küssend wie alle anderen verliebten Paare. Sie gingen zum Essen in das Skippers Bistro am The Shore in Leith und trafen sich mit Freunden zum Mittagessen im Pizza Express in Stockbridge. Sie leistete ihm auch bei Veranstaltungen im Krankenhaus Gesellschaft. Sie ergänzen sich gut. Er ist eher zurückhaltend, während Joanne mit Menschen, die sie kennt und denen sie vertraut, sehr ausgelassen sein kann; mit ihrem Lachen, das einer Maschinenpistole gleicht, ist sie ein Lichtblick für jede Party. Immer mehr Zeit verbrachten beide in den vier Wänden von Joannes neuem, millionenschwerem Haus, in dem man seinen roten Sportwagen häufig in der Auffahrt stehen sehen konnte.

Als die Zeitungen von der Romanze erfuhren, wiesen sie sofort auf Neils Ähnlichkeit mit Daniel Radcliffe, dem Jungen, der im Film Harry Potter spielt, hin und sie erwähnten seine Brille und die Haarpracht (was ihm fehlte, war lediglich die blitzförmige Narbe auf der Stirn). Er wird wohl damit leben müssen, als J.K. Rowlings »Harry-Potter-Liebe« bezeichnet zu werden. (Die beiden heirateten schließlich unter größter Geheimhaltung am 30.12.2001.) Am 3. Mai 2001 beantragte Neil die Scheidung von seiner Frau Fiona. Ende Juli begleitete er Joanne und Jessica auf eine Traumreise nach Mauritius. Am 29. Juli, zwei Tage vor Joannes sechsunddreißigstem Geburtstag – den sie zufälligerweise mit Harry Potter gemeinsam hat – erschienen in den Boulevardblättern Fotos des Paares. Das hatten sie den superstarken Objektiven der Paparazzi zu verdanken. Joanne sah unglaublich glücklich aus, vielleicht war sie sich der Tatsache gar nicht bewusst, dass ihr Glück beobachtet wurde. Für sie bleibt jetzt nur noch eine Frage offen: Wird der Ruhm sie schließlich genauso einengen, wie es vorher die Armut tat?

Schlusswort

Als ich dieses Buch zu schreiben begann, hatte ich das Gefühl, J.K. Rowling als Mensch wäre interessanter als ihre Erfindung Harry Potter. Ich glaube, ich hatte Recht damit. Wenn Sie den Kampf gegen das Böse und das Reiten auf einem Besen faszinierender finden als echte menschliche Dramen und Gefühle, dann werden Sie mir wohl nicht zustimmen. Ich habe versucht, in diesem Buch einige der Ereignisse und Menschen in Joannes Leben aufzuzeigen, die sie als Mensch und Autorin geformt und beeinflusst haben. Ruhm und Geld weit jenseits der Vorstellungskraft der meisten Menschen haben ihre Beschreibungen so sehr mit Beschlag belegt, dass man leicht vergisst, dass sie in erster Linie eine begnadete Autorin ist. Prinz Charles hat einmal dazu gesagt, dass er es unglaublich fände, »dass jemand so wunderschön schreiben kann«.

Schriftsteller bedienen sich vielleicht mehr als andere Künstler bei ihrer Arbeit ihrer persönlichen Erfahrungen, und zu versuchen, in den Harry-Potter-Büchern Bezüge zu Joannes Leben zu finden, war keine leichte Arbeit. Ich war begeistert, als ich die Bücher erneut las und Dinge herausfand, die mir bekannt vorkamen. In *Harry Potter und der Stein der Weisen* sagt Hagrid beispielsweise zu Harry, Voldemort habe »einige der besten Hexen und Zauberer der

Zeit getötet – die McKinnons, die Bones, die Prewetts ...« Bei meinen Nachforschungen habe ich entdeckt, dass Katrina McKinnon Joannes Kommilitonin an der Universität in Exeter gewesen war und Jill Prewett eine Freundin in Porto. Wer die Bones sind, muss ich hingegen noch herausfinden. Joanne hat oft betont, dass sie Harry Potter in erster Linie für sich selbst schreibt, ich kann mir also vorstellen, dass solche Kleinigkeiten sie belustigen.

Die echte Joanne Rowling ist meiner Meinung nach durch den Erfolg von Harry Potter praktisch unsichtbar geworden. Die Geschichte der »armen, allein erziehenden Mutter« ist so oft erzählt worden, dass sie vielen fast schon als Erfindung erscheinen mag. Ich war überrascht, als ich herausfand, wie wenig – abgesehen von ein paar klischeehaften Fakten und fehlerhaften Informationen – tatsächlich über Joannes Leben bekannt ist. Außerdem weiß man, dass ein Fehler sich immer weiter fortzieht, sobald er einmal gedruckt worden ist. Amüsanterweise stellte sich das auch während meiner Arbeiten an diesem Buch heraus. Der *Guardian* schrieb, dass ich auf dieselbe Schule wie Joanne gegangen sei, was ungefähr hundert Meilen daneben liegt. Stellen Sie sich vor, wie überrascht ich war, als ich nach Portugal fuhr und genau dieselbe Falschinformation in einer portugiesischen Zeitung las. Ich weiß noch, dass mich vor einigen Jahren eine Schauspielerin bat, in einem Artikel nicht zu schreiben, dass sie mit Prinzessin Anne zur Schule gegangen war, denn das entspräche nicht der Wahrheit. Ich versicherte ihr, dass ich den Fehler nicht weitertragen würde. Am nächsten Sonntag öffnete ich die Zeitung und musste peinlich berührt lesen, dass gleich im ersten Satz des Artikels stand: »... die mit Prinzessin Anne zur Schule ging.« Ein Redakteur hatte das hineingeschrieben, ohne mich darüber zu informieren. Man kann wirklich gut verstehen, wieso Berühmtheiten nicht gut auf die Medien zu sprechen sind.

Eines der größten Probleme, die Joanne Rowling jetzt wohl lösen muss, ist, als echte Berühmtheit ihr Privatleben zu schützen. Dame Nellie Melba, eine großartige australische Sopranistin, sagte einmal: »Einer der größten Nachteile des Ruhmes ist, dass man ihm niemals entkommen kann.« Joanne Rowling ist jetzt berühmt, sie ist eine öffentliche Person, deren Leben sich in äußerst kurzer Zeit so verändert hat, dass die Leute wissen wollen, wohin sie in Urlaub fährt, wo sie einkauft und mit wem sie ihren Kakao teilt. Es ist durchaus verständlich, dass sie – insbesondere auch im Interesse ihrer Tochter – ihre Privatsphäre so gut wie möglich schützen will, doch der Ruhm ist nun einmal wie ein dicker Flaschengeist: Ist er erst einmal aus der Flasche raus, kann man ihn nicht wieder zurückstopfen.

Die Öffentlichkeit hat wenig Sinn für Berühmtheiten, die »in Ruhe gelassen werden wollen«, weil sie auf ihrem Weg an die Spitze ja begeistert jede Form der Werbung nutzten. Und da macht es keinen Unterschied, dass Joanne den Pressespielereien ablehnender als die meisten anderen gegenüberstand. Auf dem Weg nach oben ist man nervös, dankbar für jede Aufmerksamkeit, man freut sich sehr, wenn jemand einem sagt, dass er den Film/Song/das Buch mag, man ist glücklich, ein Designerkleid tragen zu können und auf eine Preisverleihung zu gehen – und dann wieder in der Anonymität zu verschwinden, wenn man seine Milch kaufen will. Doch so funktioniert das mit dem Ruhm einfach nicht.

Sie ist mit dem Druck des Ruhmes bisher erstaunlich gut zurechtgekommen und ist dabei sehr bodenständig geblieben. Jetzt bemüht sie sich, im Dienste verschiedener Wohltätigkeitsorganisationen ihren Einfluss für Dinge einzusetzen, die ihr am Herzen liegen. In weniger als vier Jahren wurden von Harry Potter über hundert Millionen Exemplare in der ganzen Welt verkauft. Ich habe stets ein gesundes Misstrauen gegen Zahlen und Statistiken gehabt, doch das Harry-Potter-

Phänomen darf man nicht unterschätzen. Christopher Little sagte einmal, dass man sich vorstellen müsse, dass praktisch jeder Mann, jede Frau und jedes Kind in Großbritannien zwei Harry-Potter-Bücher besitze.

Was sie schließlich für den Kinderbuchmarkt getan hat, steht auf einem anderen Blatt. Die einen behaupten, Harry Potter habe den Markt so gesättigt, dass andere Bücher keine Chance mehr hätten. Andere wieder glauben, dass Harry Potter den Markt erst richtig geöffnet habe, zumal jetzt weitere Autoren den Mut zum Schreiben hätten – und vor allem junge Leser wieder lesen würden.

Lindsey Fraser schrieb dazu: »Ich denke, man muss allen Büchern, die Kindern so gut gefallen, Respekt entgegen bringen. Es ist äußerst befriedigend, dass die Kinderliteratur die Erwachsenen wieder mehr interessiert, weil die Kinder sich so für sie begeistern. Ich arbeite seit fast zwanzig Jahren in diesem Bereich, und Kinderbüchern wird so selten die Aufmerksamkeit und das Interesse zuteil, das sie verdienen. Sie sind nicht nur einfache Hilfswerkzeuge, um Kindern das Lesen zu lehren. Doch manchmal verstellt der unglaubliche Rummel um die Bücher und zum Teil die Autorin selbst den Blick auf das Wesentliche, nämlich dass es auch viele andere ausgezeichnete Bücher, Autoren und Zeichner für junge Leute gibt. Jo versucht das immer zu betonen, wenn sie die Gelegenheit dazu hat.«

So viel Lob schreit förmlich nach Kritik. Oft ist sie amüsant, wie die von Raymond Briggs zum Beispiel, der erklärte, dass es »geradezu ekelhaft« sei »wenn eine blutjunge Anfängerin in das Revier der alteingesessenen Autoren einbricht und sofort einen derart kolossalen Erfolg verbuchen kann. Das ist einfach unfair.« Andere behaupten weniger amüsant, dass J.K. Rowling altes, klischeehaftes Internatsfutter recycelte. Sie übersahen dabei jedoch ihre atemberaubende Vorstellungskraft. Penelope Lively befand, dass »die Potter-Saga über erstklassige Qualitäten verfügt: eine makellos ausgearbeitete Fantasiewelt, einen unbegrenzten Fundus witziger und provokativer Erfindungen, ein großartiges Erzähltempo. Die Behauptungen, sie sei abgekupfert – ein Mischmasch aus altbekannten Themen und Figuren der Kinderliteratur – sind unberechtigt. Wenn man die Sache so angeht, ist letztlich alles abgekupfert.«

Ich möchte noch zwei Bemerkungen über die Harry-Potter-Saga anschließen: Erstens erinnert sie mich an *Krieg der Sterne*. Voldemort ist Darth Vader, Harry ist Luke Skywalker, Hermine ist Prinzessin Leia, Ron ist Han Solo und Dumbledore ist Obi Wan Kenobi. Zweitens ist Quidditch ein langweiliges Spiel, das einem echten Sportfan bestimmt keinen Spaß machen würde. Es ist nicht sonderlich spannend, und wenn der goldene Schnatz nach zehn Sekunden gefangen wird, ist das Spiel vorbei. Ich glaube, Quidditch hat hervorragende visuelle und kinematografische Möglichkeiten, doch ich persönlich würde nicht nach Wembley fahren, um es mir anzuschauen. Außerdem frage ich mich, wieso das in Hogwarts nur eine Hand voll Schüler spielen? Ron, Hermine, Neville und Co. scheinen überhaupt keinen Sportunterricht zu haben, abgesehen von dem Weg zum Kräuterkundeunterricht und zur Pflege magischer Geschöpfe. Aber eigentlich sollten sie doch nach dem Unterricht auch Sport machen, oder nicht? Wenn ich richtig gerechnet habe, spielen in Hogwarts bloß achtundzwanzig Schüler Quidditch.

Die Welt weiß, dass es sieben Harry-Potter-Bücher geben wird, was Joanne jetzt unter großen Druck setzt. Es wäre eine große Enttäuschung, wenn ihre Ankündigung nicht zufrieden stellend erfüllt werden würde. Und es sind noch so viele Fragen offen. Ich für meinen Teil möchte unbedingt sehen, wie viel Joanne noch von ihrem eigenen Leben einfließen lässt. Wird irgendjemand krank werden, so wie Joannes Mutter Anne erkrankte? Wird Hermine verstehen, dass es im

Leben mehr gibt als akademische Würden? Wird Harry sich in jemand völlig Unpassenden verlieben? Wird Rita Kimmkorn als Harrys Biografin wieder auftauchen? Vor allem möchte ich wissen, wie der Kampf zwischen Harry und Voldemort, zwischen Gut und Böse ausgehen wird. Wird Voldemort vernichtet und für ewig ausgelöscht werden, wird er der Böse bleiben – oder wird er vielleicht erlöst und sucht nach Vergebung, bevor er stirbt, so wie Darth Vader? Eine der interessantesten Beobachtungen in der Harry-Potter-Saga ist, dass die Personen sterben können. Die Magie kann den Tod nicht betrügen.

Nur Joanne selbst weiß die Antworten und leidet vielleicht unter dem Druck, den Erwartungen der Leser entsprechen zu wollen. Ich frage mich, was sie nach Harry Potter schreiben wird. Wenn sie nicht will, muss sie nie wieder etwas veröffentlichen. Selbst wenn sie nie wieder auch nur ein einziges Wort schriebe, wäre Harry Potter dennoch ein Zeugnis ihres außergewöhnlichen Talentes. Ralph Waldo Emerson sagte einmal: »Talent allein macht keinen Autor aus. Es muss ein Mensch hinter dem Buch stehen.« Hinter J.K. Rowling, der Autorin, steht Joanne Rowling, die Frau. Sie ist vielleicht ein bisschen schüchtern und manchmal ängstlich, aber letztendlich ist sie eine leidenschaftliche Frau aus Stahl. Vielleicht haben die schlechten Zeiten – die Armut, die Depression, die schwierige Ehe und schließlich die Krankheit und der Tod ihrer Mutter – ihr Talent nur noch vergrößert.

Am Ende hat sie es mit Hilfe der positiven Erfahrungen in ihrem Leben – zu denen ihre Tochter Jessica, ihre Freunde, die Liebe ihrer Familie und der Zauberlehrling Harry Potter gehören – geschafft.

Danksagungen

Viele haben mir dabei geholfen, dieses Buch zu schreiben. Ich hoffe, ich habe niemanden vergessen. Es gab auch einige, die anonym bleiben wollten, und das muss ich respektieren. Ich danke ihnen und hoffe, dass ihnen das fertige Buch gefällt.

Insbesondere erwähnen möchte ich: Andrea Andrews, Jenny Brown, Professor Keith Cameron, Ken Carruthers, William Clarc, Tanya Cowles, Yvette Cowles, Suzie Cross, Barry Cunningham, Ray Davison, Richard Easton, William Ford, Lindsey Fraser, Giles Gordon, Tim Gray, Alan Hall, Helen Hall, Linda Hay, Catherine Jones, Charles Lewis, Sylvia Lewis, Zoé Longbridge-Berry, Mathilda Mitchell, John Nettleship, Shirley Nettleship, Dale Neuschwander, Alasdair Paterson, Gillie Peacock, Ian Potter, Ruby Potter, John Powell, Rebecca Rampton, Dai Rees, Nigel Reynolds, Dennis Rice, Geoff Roser, Professor Martin Sorrell, Moira Stewart, Keith Wheatley, Paula Whitehouse, Eliane Whitelaw und Jared Wilson.

Ich möchte mich bei Emilia Saunders und TAP Air Portugal für die Organisation meiner Reise nach Porto bedanken, bei Steve Cassidy und Maria Inès Aguiar von der Encounter English School für ihre Gastfreundschaft, während ich dort war, und bei David Higham Associates für die Hilfe in Sachen Elizabeth Goudge sowie beim Yate Heritage Centre.

Michael O'Mara von Michael O'Mara Books möchte ich dafür danken, das Buch in Kommission genommen zu haben, Helen Cumberbatch für ihre endlose Lektorenarbeit, Gabrielle Mander und Toby Buchan für ihre weisen Ratschläge und Judtih Palmer für die Bildbeschaffung. Ganz besonderer Dank gilt Bryony Evens für ihren Enthusiasmus und ihre Hilfe.

Ich bedanke mich auch bei Zoé Lawrence für ihre Hilfe mit dem Manuskript.

Und schließlich danke ich J. K. Rowling dafür, eine Inspiration gewesen zu sein.

Bibliographie

Rowling, J.K., *Harry Potter and the Philosopher's Stone*, Bloomsbury, 1997

Rowling, J.K., *Harry Potter and the Chamber of Secrets*, Bloomsbury, 1998

Rowling, J.K., *Harry Potter and the Prisoner of Azkaban*, Bloomsbury, 1999

Rowling, J.K., *Harry Potter and the Goblet of Fire*, Bloomsbury, 2000

Whisp, Kennilworthy, *Quidditch Through the Ages*, Bloomsbury, 2001 [Gehört zu Harrys Lehrbüchern im ersten Band, heißt dort *Quidditch im Wandel der Zeiten*; auf Deutsch nicht erhältlich. Anm. des Übersetzers]

Scamander, Newt, *Fantastic Beasts & Where to Find Them*, Bloomsbury, 2001 [Gehört zu Harrys Lehrbüchern im ersten Band, heißt dort *Sagentiere und wo sie zu finden sind*; auf Deutsch nicht erhältlich. Anm. des Übersetzers]

Attenborough, John, »Goudge, Elizabeth de Beauchamp«, *Dictionary of National Biography*

Austen, Jane, *Emma*, Penguin, 1996

Barr, Ann & York, Peter, *The Official Sloane Ranger Handbook*, Ebury Press, 1982

Clapp, Brian, *The University of Exeter: A History*, University of Exeter, 1982
Dickens, Charles, *A Tale of Two Cities*, Penguin, 2000
Fraser, Lindsey, *Telling Tales: An Interview with J.K. Rowling*, Mammoth, 2000
Goudge, Elizabeth, *Das kleine weiße Pferd*, Lion, 2000
Leighton, Christine, *Tutshill C of E School 150 Years* in Education, 1999
Leith Academy prospectus 2001
Lewis, C.S., *Die Chroniken von Narnia 2: Der König von Narnia*, Collins, 2001
Mitford, Jessica, *Hons and Rebels*, Quartet, 1979
Potter, Dennis, *The Changing Forest*, Minerva, 1996
Tolkien, J.R.R., *Der Herr der Ringe*, HarperCollins, 1991
Who's Who 2001
Wiseman, Dr. Peter, »Honorary Degree Oration«, University of Exeter, 14. Juli 2001
Wyedean School and Sixth Form Centre prospectus 2001

Boshoff, Alison, »Bringig Harry to Life«, *Daily Mail*, 6. Januar 2001
Bowness, Mark, »US Author Sues«, *Sun*, 16. März 2001
Brocklebank, Jonathan, »J.K.'s Magic Moments«, *Daily Mail*, 18. Dezember 2000
Brown, Annie, »Joanne Will Earn £ 80 m…«, *Daily Record*, 6. März 2000
Buckwell, Andrew, »Potter Over Mrs. Potter«, *Sunday Mirror*, 25. Juni 2000
Carrell, Severin, »Harry Potter and the Horrible Hackette«, *Independent*, 5. September 2000
Carter, Simon, »Wizard Author Honoured«, *Exeter Express & Echo*, 14. Juli 2000
Cleave, Maureen, »Wizard with Words«, *Daily Telegraph*, 3. Juli 1999

Cochrane, Lynne, »Harry's Home«, *Sunday Times*, 2. Juli 2000

Cormack, John and Todd, Stephanie, »For Sale ... the Harry Potter Café«, *Edinburgh Evening News*, 28. April 2001

Cowell, Alan, »All Aboard the Potter Express«, *New York Times*, 10. Juli 2000

Davies, Hugh, »Harry Potter Actor Proves a Wizard«, *Daily Telegraph*, 24. August 2000

English, Rebecca, »I Loved and Lost the Woman who Created Harry Potter«, *Daily Mail*, 10. Juli 2000

Ford, Matthew, »Potter Scenes to be Filmed in City«, *Gloucester Citizen*, 7. August 2000

Gibbs, Eddie, »Tales from a Single Mother«, *Sunday Times*, 29. Juni 1997

Gordon, Giles, »Egg-citing News«, *Edinburgh Evening News*, 6. Januar 2001

Gray, Paul, »The Magic of Potter«, *Time Magazine*, 25. Dezember 2000

Hamilton, Alan, »Monarch Meets the Queens of Fiction«, *The Times*, 23. März 2001

Hardy, James, »Brown Slams Old Boy Universities Network«, *Daily Mirror*, 26. Mai 2000

Harrison, David, »Harry Potter and the Lost Profits of M&S«, *Sunday Telegraph*, 24. Dezember 2000

Hattenstone, Simon, »Harry, Jessie and Me«, *Guardian*, 8. Juli 2000

Henderson, Paul, »Harry Potter Helped Wreck Our Marriage«, *Mail on Sunday*, 14. November 1999

Hill, Amelia, »Harry Potter and the Small Snubbed Fans«, *Observer*, 9. Juli 2000

Jenkins, Simon, »It's Yesterday Once More«, *The Times*, 13. Oktober 1993

Knowles, Matthew, »Sad Final Chapter«, *Daily Mail*, 19. Dezember 2000

Knowles, Matthew, »J. K. Rowling, her Handsome Doctor ...«, *Mail on Sunday*, 13. Mai 2001

Levin, Angela, »She Scribbled her First Book ...«, *Daily Mail*, 10. Oktober 1998

Lewis, Tamzin and McGill, Craig, »Magic Hols for J. K.«, *Sunday Mirror*, 6. Mai 2001

Lively, Penelope, »Harry's in Robust Form«, *Independent*, 13. Juli 2000

Lloyd Davies, Megan, »Wizard of a Book«, *Exeter Express & Echo*, 9. Juli 1999

McCrum, Robert, »It is High Time Writers Reclaimed ...«, *Observer*, 25. März 2001

Mulford, Sarah, »Meet Harry Potter«, *Daily Record*, 3. Juli 2000

Palta, Lisa, »The Universal Popular Phenomenom Harry Potter«, *OK! Magazine*, 23. Februar 2001

Pook, Sally, »J. K. Rowling Given Honorary Degree«, *Daily Telegraph*, 15. Juli 2000

Purvers, Libby, »All Aboard for Hogwarts«, *Times Education Supplement (TES)*, 8. Oktober 1999

Reynolds, Nigel, »Harry Potter Rides to Author's Rescue«, *Daily Telegraph*, 7. Juli 1997

Reynolds, Nigel, »Children's Book of Magic«, *Daily Telegraph*, 8. Juli 1998

Rice, Dennis, »Lost Love who First Saw Harry Potter«, *Express on Sunday*, 14. November 1999

Rice, Dennis, »Potter Millions Mean Nothing«, *Daily Express*, 15. November 1999

Rice, Dennis, »Harry Potter and the Dark Family Secret«, *Sunday Express*, 21. Januar 2001

Rosser, Nigel, »Harry's Bloomsbury Set«, *Evening Standard*, 30. März 2001

Rowling, J. K., »J. K. Rowling's Diary«, *Sunday Times*, 26. Juli 1998

Rowling, J.K., »Did They All Think I was a Scrounger?«, *Sun*, 4. Oktober 2000

Rowling, J.K., »All About My Mother«, *Scotland on Sunday*, 22. April 2001

Seaton, Matt, »The Magic Touch«, *In Style Magazine*, Mai 2001

Smith, David, »Rowling Tells Little White Lie«, *Daily Express*, 26. Dezember 2000

Smith, Emily, »Harry Potter Drugs Shock«, *Sun*, 8. Januar 2001

Sunday Times Rich List 2001

Thompson, Tanya, »First Attempt at Fantasy Becomes £ 100 000 Reality«, *Scotsman*, 8. Juli 1997

Treneman, Ann, »Harry and Me«, *The Times*, 30. Juni 2000

Walsh, John, »Simply Mad About the Girls«, *Independent*, 31. Januar 2001

Weinraub, Bernard, »New Potter Book Casts Spell«, *New York Times*, 3. Juli 2000

Weir, Margaret, »Of Magic and Single Motherhood«, *Salon on-line magazine*, 31. März 1999

Williams, Alexandra, »J.K. Rowling Conjures up new £ 4.5 m Pad«, *Daily Record*, 13. Juli 2000

Wilson, A.N., »A Wizard Way with Politics«, *Evening Standard*, 8. Januar 2001

Woods, Judith, »Coffee in One Hand ...«, *Scotsman*, 20. November 1997

Desert Island Discs, BBC Radio 2, 10. November 2000

With Great Pleasure, BBC Radio 4, 25. Mai 2000

The Magical World of Harry Potter: The Unauthorized Story of J. K. Rowling, DVD, Eaton Entertainment, 2000

Congregation for the Deferment of Degrees, University of Exeter, Visions Unlimited, 2000

Fotonachweis

Laurence Cendrowicz: Seite 1.
Yvette Cowles: Seite 2.
Express Newspapers: Seite 3, 4 oben rechts, 6 oben, 8.
Sean Smith: Seite 4 unten links.
Barry Batchelor / PA Photos: Seite 5 oben.
Jim Wileman / Apex Photo Agency: Seite 5 unten.
Reuters / Popperfoto: Seite 6 unten.
Ian Torrance / Mirror Syndication: Seite 7 oben.
Hugo Philpott / AFP Photo: Seite 7 unten.

Biografien im Europa Verlag

Donald Spoto
Jackie O.
Das Leben der Jacqueline
Bouvier Kennedy Onassis
Gebunden, 3-203-82045-5

Peter Köpf
Stoiber
Die Biografie
Gebunden, 3-203-79144-7

Jürgen Roth
Der Oligarch
Vadim Rabinovich bricht
das Schweigen
Gebunden, 3-203-81527-3

Ralph »Sonny« Barger
Hell's Angel
Mein Leben
Gebunden, 3-203-75536-X